prologo

So findest du dich im Buch zurecht:

! **Wiederholen & weiterarbeiten**	Auf diesen Seiten kannst du üben, was du gelernt hast, und bekommst Ideen zur Weiterarbeit.
Über Sprache nachdenken Nachschlagen und üben **Grammatik**	Auf den blauen Seiten am Ende der Kapitel und im 2. Teil des Buchs geht es um Sprache und Grammatik.
Richtig schreiben Nachschlagen und üben **Rechtschreibung**	Auf den gelben Seiten geht es um Rechtschreibung und Zeichensetzung.
Nachschlagen: **Sprechen und zuhören** Nachschlagen: **Schreiben** Nachschlagen: **Texte und Medien**	Auf den grünen Seiten (S. 255–266) kannst du noch einmal nachlesen, was beim Sprechen und Zuhören, beim Schreiben und beim Umgang mit Texten und Medien wichtig ist.
Textsortenverzeichnis **Stichwortverzeichnis**	Wenn du bestimmte Texte oder Begriffe suchst, kannst du auf den letzten Seiten im Buch nachschlagen (S. 270–272).

prologo

Sprach-Lesebuch
Deutsch 8

westermann

Sprach-Lesebuch
Deutsch 8

Erarbeitet von
Lyane Berndt-Kroese, Tanja Fischer, Angelika Föhl,
Jennifer Hilse, Dirk Johanns, Christa Lippold,
Steffen Riedel, Marlene Thalemann und Elke Ziegeroski

© 2010 Bildungshaus Schulbuchverlage
Westermann Schroedel Diesterweg
Schöningh Winklers GmbH, Braunschweig
www.westermann.de

Das Werk und seine Teile sind urheberrechtlich geschützt.
Jede Nutzung in anderen als den gesetzlich zugelassenen Fällen
bedarf der vorherigen schriftlichen Einwilligung des Verlages.
Hinweis zu § 52 a UrhG: Weder das Werk noch seine Teile dürfen
ohne eine solche Einwilligung gescannt und in ein Netzwerk
eingestellt werden. Dies gilt auch für Intranets von Schulen
und sonstigen Bildungseinrichtungen.
Auf verschiedenen Seiten dieses Buches befinden sich Verweise (Links)
auf Internet-Adressen. Haftungshinweis: Trotz sorgfältiger inhaltlicher
Kontrolle wird die Haftung für die Inhalte der externen Seiten ausgeschlossen. Für den Inhalt dieser externen Seiten sind ausschließlich
deren Betreiber verantwortlich. Sollten Sie bei dem angegebenen Inhalt
des Anbieters dieser Seite auf kostenpflichtige, illegale oder anstößige
Inhalte treffen, so bedauern wir dies ausdrücklich und bitten Sie,
uns umgehend per E-Mail davon in Kenntnis zu setzen, damit
beim Nachdruck der Verweis gelöscht wird.

Druck A [1] / Jahr 2010 P
Alle Drucke der Serie A sind im Unterricht parallel verwendbar.

Redaktion: Stefan Bicker
Herstellung: Andreas Losse
Illustrationen: Thomas Escher, Yaroslav Schwarzstein, Dirk Tonn
Umschlaggestaltung und Layout: Janssen Kahlert Design & Kommunikation,
Hannover
Umschlagfoto: PantherMedia, München
Satz: Jesse Konzept & Text GmbH, Hannover
Druck und Bindung: westermann druck GmbH, Braunschweig

ISBN 978-3-14-**120148**-2

Inhaltsverzeichnis

Kindheit und Jugend – Eine Zeitreise — 8

Sich und andere informieren:
Mindmap
Zeitleiste
schriftliche Zusammenfassung

- 10 — Die Entdeckung der Kindheit
- 10 — Kindheit im 19. Jahrhundert
- 13 — Kinder haben Rechte
- 13 — „Ich möchte nicht zurück zu Mama"
- 16 — Kindheit und Jugend im Nationalsozialismus
- 17 — Hans J. Massaquoi: Neger, Neger, Schornsteinfeger!
- 20 — Zwischen Rebellion und Gemütlichkeit
- 20 — Die 50er-Jahre: Rebellion in Jeans
- 21 — Die 80er-Jahre: … wie eine gigantische Endlosschleife
- 23 — Wiederholen & weiterarbeiten

➜ Seite 215
- 24 — Über Sprache nachdenken
- 24 — Prognosen für die Zukunft stellen

➜ Seite 243–245
- 26 — Richtig schreiben
- 26 — Groß- und Kleinschreibung

Schnuppertour: Betriebe — 28

Sich für ein Praktikum bewerben
Eine Praktikumsmappe führen

- 30 — Einen geeigneten Beruf und Betrieb finden
- 31 — Sich bewerben
- 31 — Interview mit einem Ausbildungsleiter
- 34 — Lebenslauf und Bewerbungsfotos
- 36 — Das Anschreiben (Bewerbungsschreiben)
- 37 — Das Vorstellungsgespräch
- 38 — Eine Praktikumsmappe führen
- 43 — Wiederholen & weiterarbeiten

➜ Seite 218
- 44 — Über Sprache nachdenken
- 44 — Nominalisierungen helfen, etwas knapp wiederzugeben

➜ Seite 245
- 46 — Richtig schreiben
- 46 — In Bewerbungen Rechtschreibfehler vermeiden

Ausgetrickst und reingefallen — 48

Kurze Geschichten untersuchen
Zu kurzen Geschichten schreiben

- 50 — Wie man in den Wald hineinruft …
- 50 — Ephraim Kishon: England
- 51 — Wenn das Wörtchen „wenn" …
- 51 — Leo Tolstoi: Gurkenstehlen
- 52 — Der Versuch, den Schein zu wahren …
- 52 — Kurt Tucholsky: Der Floh
- 53 — Wer andern eine Grube gräbt …
- 53 — Jeremias Gotthelf: Das Testament
- 54 — Wer den Schaden hat …
- 54 — Doris Dörrie: „Es gibt da eine kleine Ente …"
- 56 — Wer zu spät kommt …
- 56 — Pea Fröhlich: Der Busfahrer

	57	Wer nicht lernen will …
	57	*Bertolt Brecht: Der hilflose Knabe*
	58	Wie aus einer Mücke ein …
	58	*Wilhelm Busch: Eine Nachtgeschichte*
	59	Manchmal ist man auf dem falschen …
	59	*Tanja Zimmermann: Eifersucht*
	60	Oft liegen die Dinge anders, als …
	60	*Ilse Aichinger: Das Fenster-Theater*
	63	Wiederholen & weiterarbeiten
➔ Seite 226	64	**Über Sprache nachdenken**
	64	Satzglieder umstellen – Sätze wirkungsvoller verbinden
➔ Seite 228–231	66	**Richtig schreiben**
	66	Das Komma bei Aufzählungen und zwischen Haupt- und Nebensatz

	68	**Klasse, Clique, Community …**
Sich mit einem Jugendbuch auseinandersetzen	70	Was ist eigentlich eine Clique?
	71	Wie Cliquen entstehen
Gesetzestexte verstehen	72	Das Gute an Cliquen – und was an ihnen nervt
Schriftlich Stellung nehmen	74	Wie ich mir eine Clique wünsche
	75	Alles mitmachen, was die Clique will?
Sich und andere informieren: Wandzeitung	77	Virtuelle Cliquen: Communities im Internet
	80	Eine Stellungnahme schreiben
	82	Freizeit bewusst gestalten
	84	Eine Wandzeitung gestalten
	85	Wiederholen & weiterarbeiten
	86	**Über Sprache nachdenken**
➔ Seite 223	86	Adverbien können Meinungen verdeutlichen
➔ Seite 229	87	Konjunktionen helfen, einen Standpunkt zu vertreten
	88	**Richtig schreiben**
➔ Seite 235, 237	88	Wörter mit s, ss und ß

	90	**Zeitungen: Aktuelles vom Tage**
Tageszeitungen untersuchen und vergleichen	92	Der Weg der Nachricht – vom Ereignis zum Leser
	94	Informierende Darstellungsformen
	98	Unterschiedliche Berichterstattung vergleichen
Einen Leserbrief schreiben	100	Meinungsäußernde Darstellungsformen
	104	Einen Leserbrief schreiben
Eine Klassenzeitung erstellen	106	Der Aufbau der Tageszeitung
	108	Nachrichtenagenturen
	109	Wiederholen & weiterarbeiten
	110	**Über Sprache nachdenken**
➔ Seite 215	110	Über etwas Gesagtes berichten – Der Konjunktiv I
	112	**Richtig schreiben**
➔ Seite 230	112	*das* oder *dass*? Konjunktion oder Relativpronomen?

Inhaltsverzeichnis

Sich und andere informieren
Mündlich Stellung nehmen (Rollendiskussion)
Werbung untersuchen

114 ..... **Pizza, Pommes & Co.**
116 ..... Aus der Geschichte der Pizza
119 ..... Pizza beim Italiener essen, bringen lassen – oder selbst machen?
120 ..... Fast Food – ein Dauerbrenner
122 ..... Eine Rollendiskussion führen
124 ..... Fast Food – die ständige Versuchung
124 ..... *Joachim Friedrich: Hmmh! Lecker! Currywurst!*
124 ..... Wie Werbung uns Appetit macht
129 ..... Wiederholen & weiterarbeiten

➜ Seite 225
130 ..... **Über Sprache nachdenken**
130 ..... Attribute – „Zutaten für Nomen"

➜ Seite 238
132 ..... **Richtig schreiben**
132 ..... Wörter mit doppelten Konsonanten

Sich mit einem Thema anhand literarischer Texte auseinandersetzen
Gedichte untersuchen
Zu Gedichten und Geschichten schreiben

134 ..... **Freundschaft, Liebe, liebes Leid**
136 ..... Was Freundschaft ausmacht
138 ..... Wie Freundschaft entsteht
138 ..... *Antoine de Saint-Exupéry: Der kleine Prinz und der Fuchs*
140 ..... Mit wem man sich anfreunden sollte
140 ..... *Gina Ruck-Pauquèt: Freunde*
142 ..... Was man für Freunde tun sollte
142 ..... *Bertolt Brecht: Freundschaftsdienste*
143 ..... Voll verknallt
143 ..... *Jaromir Konecny: Der erste Kuss*
144 ..... Liebesgedichte, Liebeslieder
144 ..... *Bertolt Brecht: Morgens und abends zu lesen*
144 ..... *Nora Clormann-Lietz: Was zum Kuss gehört*
144 ..... *Robert Gernhardt: Geständnis*
145 ..... *Laith Al-Deen: Dein Lied*
146 ..... *Joachim Ringelnatz: Ein männlicher Briefmark*
146 ..... *Heinrich Heine: Ein Jüngling liebt ein Mädchen*
147 ..... Ein Gedicht untersuchen
147 ..... *Manfred Mai: Der erste Schritt*
149 ..... Wiederholen & weiterarbeiten

150 ..... **Über Sprache nachdenken**
150 ..... Vergleiche und Metaphern entschlüsseln

152 ..... **Richtig schreiben**
152 ..... Getrennt und zusammen?

Sich mit einem Buch selbstständig auseinandersetzen **Ein Buch ausführlich vorstellen (schriftliche Literaturarbeit)** **Ein Buch mündlich präsentieren**	154	**Ein Buch vorstellen**
	156	**Vorbereitung**
	156	*Ein Buch auswählen*
	157	*Ein Lesetagebuch anlegen*
	158	*Den Arbeitsplan festlegen*
	159	**Durchführung**
	159	*Über den Autor/die Autorin informieren*
	161	*Die Hauptfiguren und ihre Beziehungen darstellen*
	164	*Den Inhalt des Buches zusammenfassen*
	165	*Eigene Gedanken zum Buch formulieren*
	166	*Weitere Aufgaben auswählen*
	166	*Die Teile der Buchvorstellung zusammenstellen*
	167	*Die mündliche Präsentation vorbereiten*
	169	**Wiederholen & weiterarbeiten**
➔ **Seite 233**	170	**Über Sprache nachdenken**
	170	**Infinitive helfen beim Satzbau**
➔ **Seite 238, 240**	172	**Richtig schreiben**
	172	**Silbentrennendes h oder Dehnungs-h?**

Ein Theaterstück erschließen **Die Arbeit am Theater kennenlernen** **Theaterbesuch planen**	174	**Romeo und Julia – ein unsterbliches Liebespaar**
	176	Die Geschichte von Romeo und Julia
	184	Eine Inszenierung am Jungen Theater Bonn
	190	Berufe am Theater
	191	**Wiederholen & weiterarbeiten**
	192	**Über Sprache nachdenken**
	192	*Wollen, dürfen, sollen – kleine Verben, große Bedeutung*
	193	*Die Frage ist, wer es ist – indirekte Fragesätze*
	194	**Richtig schreiben**
	194	**Arbeit mit dem Wörterbuch**

Eine Praktikumsmappe am PC erstellen	196	**Mit dem Computer arbeiten**
	198	Ein einheitliches Layout wählen
	200	Eine Seite gliedern
	201	Eine Word-Tabelle erstellen
	203	Ein Inhaltsverzeichnis anlegen
	204	Titelseiten gestalten
	205	Gestaltungselemente in Word
	206	Einen längeren Text drucken
	207	**Wiederholen & weiterarbeiten**
➔ **Seite 226, 219**	208	**Über Sprache nachdenken**
	208	**Textbezüge herstellen und verstehen**
	210	**Richtig schreiben**
	210	**Besondere Schreibweise von Fremdwörtern**

Inhaltsverzeichnis

	212	**Nachschlagen und üben: Grammatik**
	212	**Wörter, Wortformen und Wortarten**
	212	**Die Verben**
	212	*Vollverben, Hilfsverben und Modalverben*
Seite 110	213	*Aussagemöglichkeiten und Formen der Verben*
Seite 24	215	*Die Zeitformen*
Seite 44	217	**Die Nomen und ihre Artikel**
Seite 208	219	**Die Pronomen**
	221	**Adjektive und Partizipien**
	222	**Unveränderliche Wortarten**
	222	*Präpositionen*
Seite 86/87	223	*Konjunktionen und Adverbien*
Seite 64, 130, 208	224	**Satzglieder und Attribute**
	227	**Satzarten unterscheiden**
	228	**Sätze gliedern und verbinden**
Seite 66	228	*Aufzählungen und eingeschobene Wortgruppen*
Seite 67	229	*Sätze mit Konjunktionen verbinden*
Seite 170	232	**Sätze mit Fragepronomen und Infinitiven**

	234	**Nachschlagen und üben: Rechtschreibung**
	234	**Rechtschreibstrategien anwenden**
	235	*Wörter in Silben zerlegen, Silben untersuchen*
Seite 88, 132	237	*Wörter verlängern*
Seite 172	239	*Wortverwandte suchen, Wörter ableiten*
Seite 172	240	*Wörter in Bausteine zerlegen*
	242	*Wörter merken*
	243	*Sätze untersuchen*
Seite 26, 46	246	**Fehler erkennen und korrigieren**
	248	**Mit einer Lernwörterkartei arbeiten**
	249	**Mit der Korrekturkarte arbeiten**
	250	**Rechtschreibgespräche führen**
	251	**Wörter mit besonderen Rechtschreibschwierigkeiten**
	253	**Übungsideen**

255	**Nachschlagen: Sprechen und zuhören**
259	**Nachschlagen: Schreiben**
263	**Nachschlagen: Texte und Medien**

267	Autoren- und Quellenverzeichnis
269	Bildquellenverzeichnis
270	Textsortenverzeichnis
271	Stichwortverzeichnis

Kindheit und Jugend –

Die Zeitreise, auf die ihr euch auf den folgenden Seiten macht, zeigt an einigen Stationen beispielhaft, wie Kinder und Jugendliche in den letzten zweihundert Jahren gelebt haben. Die Vorstellungen und Bedingungen von Kindheit und Jugend haben sich in diesem Zeitraum immer wieder geändert – bis heute. Über Kindheit und Jugend heute vor dem Hintergrund der Vergangenheit nachzudenken – das soll der Sinn der Beschäftigung mit diesem Thema sein.

Nach Bearbeitung dieses Kapitels hast du
- *einen Einblick in die unterschiedlichen Bedingungen, unter denen Kinder und Jugendliche lebten und leben, bekommen,*
- *Sachtexte auf verschiedene Arten bearbeitet und dabei dein Textverständnis trainiert,*
- *Zusammenfassungen geschrieben.*

Eine Zeitreise

① Sieh dir die Bilder auf dieser Doppelseite an.

② Beschreibe die Bilder:
  – Gib an, auf welches Bild du dich beziehst.
  – Beschreibe stichwortartig, was auf dem Bild zu sehen ist.
  – Was fällt dir besonders auf, überrascht dich, verwundert dich …?
  – In welche Zeit, vermutest du, gehört das Bild?
    19. Jahrhundert, 1940, 1950, 1970, heute

Lege dazu eine Tabelle an:

Bild	Beschreibung	Besonderheiten	Zeit

Die Entdeckung der Kindheit

❶ Was weißt du über das Leben der Kinder zu Beginn des 19. Jahrhunderts, also vor etwa 200 Jahren? Wie stellst du dir die Lebensumstände zu dieser Zeit vor?
— Schreibe auf, was du dazu weißt bzw. vermutest.
— Tauscht euch über euer Vorwissen und eure Vermutungen aus.

Sachtexte besser verstehen
➔ **Seite 265**

❷ Lies nun den ersten Teil des Textes zu diesem Thema genau.

Kindheit im 19. Jahrhundert

Zu Beginn des 19. Jahrhunderts veränderte die industrielle Revolution entscheidend das Leben der Familien. Es entstanden Fabriken und neue Industriezweige und viele Menschen zog es vom Land in die Stadt, um dort zu arbeiten. So veränderten sich auch die Familien. Zum einen gab es in der Stadt die großbürgerliche Familie, also Grundbesitzer, Fabrikbesitzer und Kaufleute. Sie waren meist reich und lebten in guten Verhältnissen. Zum anderen gab es die Arbeiterfamilien. Sie waren sehr arm, obwohl alle Mitglieder dieser Familien sehr hart arbeiteten.

Kindheit in einer Arbeiterfamilie

Viele Menschen fühlten sich zu dieser Zeit von den Fabriken und der damit verbundenen Aussicht auf Arbeit angezogen und verließen ihre Dörfer auf dem Land, um in den Fabriken der Stadt Arbeit zu finden. Dort angekommen, mussten sie jedoch feststellen, wie hart das Leben als Fabrikarbeiter sein konnte. Sie wohnten in schlecht gebauten Häusern, die oft zu ganzen Mietskasernen für die Fabrikarbeiter zusammengestellt waren. Die Zimmer waren winzig, es gab keine Heizung und die Häuser entsprachen kaum einem Hygienestandard. Oft schliefen alle Mitglieder einer Familie in einem Bett.

Kindheit und Jugend – eine Zeitreise

25 Damit alle überleben konnten, mussten meist auch schon die jüngsten Kinder mitarbeiten. Sie schufteten in den Fabriken und waren beliebte Arbeiter, da sie meist flink und wendig waren und so auch die Arbeiten in den kleinsten Ecken
30 erledigen konnten. Sie wurden schlecht behandelt und viele starben bei der Arbeit. Die meisten Kinder lernten nie Lesen und Schreiben, denn ein Schulbesuch war undenkbar.

Mit 14 Jahren kamen sie mit viel Glück zu einem
35 Lehrmeister, bei dem sie dann auch lebten.
Spielzeug oder Kleidung zum Wechseln hatten die wenigsten dieser Kinder. Ihre Kindheit war geprägt von Arbeit.

3 Ergänze die begonnene Mindmap zu diesem Textteil, indem du sie mit den vier „Ästen" in dein Heft überträgst und die passenden Informationen in Stichworten auf die „Zweige" schreibst.

4 Um den Text schriftlich zusammenzufassen, schreibe die Informationen, die du zu den einzelnene Bereichen in Stichworten in deiner Mindmap festgehalten hast, in ganzen Sätzen auf.

Dabei kannst du so vorgehen:
– Überlege dir, mit welchem Bereich („Ast") du anfangen möchtest, und gib ihm die Nummer eins. Die anderen Bereiche nummeriere entsprechend.
– Schreibe deinen Einleitungssatz auf, der dem Leser verrät, worum es in deiner Zusammenfassung geht.
– Schreibe die Informationen aus den einzelnen Bereichen in ganzen Sätzen darunter.
– Überlege dir einen passenden Schlusssatz.

Kindheit in einer großbürgerlichen Familie

Ganz anders hingegen erging es den Kindern einer großbürgerlichen Familie. Diese Kinder lebten in Familien, für die Geld und die Sorge darum keine Rolle spielten. Ganz im Gegenteil, in diesen Familien entwickelte sich allmählich eine ganz andere Sicht auf Kinder. Man sah sie als Zukunft der Gesellschaft und begann sie auch dementsprechend vorzubereiten.
Dies kann man am Spielzeug der Kinder erkennen. Es galt als Lehrmaterial. Die Jungen wurden mit Kaufmannsläden, Ritterburgen, Zinnsoldaten und Spielzeuggewehren auf ihre zukünftige Rolle als Kaufmann oder Soldat bzw. Beschützer und Ernährer der Familie vorbereitet. Den Mädchen wurde mit Puppen, Puppenstuben und Nähmaschinen Häuslichkeit vermittelt, damit sie gut auf ihre Rolle als Hausfrau und Mutter vorbereitet waren. Die Kinder hatten für ihre Spielzeuge meist eine eigene Spielstube, in der dann auch Kindermöbel standen.

Auch die Kleidung dieser Kinder wurde im Gegensatz zur Zeit vorher lockerer und bequemer. Bei den Jungen wurde zum Beispiel der Matrosenanzug das typische Kleidungsstück.
Kinder dieser Gesellschaftsschicht besuchten natürlich eine Schule oder wurden von Hauslehrern oder Gouvernanten zu Hause unterrichtet. Dabei waren die öffentlichen Schulen zuerst fast ausschließlich Schulen für Jungen. Die Mädchen besuchten bis zum 14. Lebensjahr spezielle Mädchenschulen und lernten danach zu Hause. Außerdem gab es die Möglichkeit, die Jungen durch Hauslehrer und die Mädchen durch Gouvernanten unterrichten zu lassen.
So unterschiedlich das Leben der Kinder in den verschiedenen Schichten auch war, so begann doch im 19. Jahrhundert ein Wandel in der Einstellung zur Kindheit und Kinder wurden langsam als eigenständige Wesen angesehen. Ihr Leben begann sich allmählich vom Leben der Erwachsenen zu unterscheiden.

Gouvernate: Hauslehrerin, Erzieherin

5 Erstelle zu diesem Textteil ebenfalls eine Mindmap. Du kannst dich dabei an der Mindmap zur „Kindheit in der Arbeiterfamilie" orientieren.

6 Schreibe eine Zusammenfassung dieses Textteils.

Kindheit und Jugend – eine Zeitreise

Kinder haben Rechte

„Ich möchte nicht zurück zu Mama"

Im April 1874 zeigt ein Mann namens Henry Bergh die Pflegemutter der neunjährigen Mary Ellen an, weil sie das Kind brutal misshandelt hat. Er überzeugt das Gericht davon, dass die Frau bestraft werden muss. Und sorgt mit der Gründung einer Kinderschutzorganisation dafür, dass Heranwachsende erstmals verbriefte Rechte erhalten.

Mit schnellen Schritten eilen die beiden Männer durch das schäbige Treppenhaus an der 41st Street im New Yorker Armenviertel „Hell's Kitchen". Sie klopfen an die
5 Tür der Familie Connolly. Nichts regt sich. Sie stoßen die Tür auf und treffen auf die 38-jährige Mary Connolly. Man zeigt ihr die Anordnung eines Richters. Die Frau tritt zur Seite.
10 In einer Ecke kauert ein neun Jahre altes Mädchen. Es trägt Lumpen, die Arme und Beine sind voller Striemen und blauer Flecke. Vom Haaransatz über die linke Augenbraue bis zur Wange zieht sich ein
15 nässender Schnitt. Rasch tragen die Männer Mary Ellen – so heißt das Mädchen – hinaus, hüllen sie in eine Decke und fahren zum höchsten Gericht der Stadt.

Mary Ellen trägt Lumpen, ihr Körper ist voller Striemen, als sie vor Gericht ihre Aussage macht.

Dort warten an diesem 9. April 1874 der angesehene Philanthrop Henry
20 Bergh sowie zahlreiche Journalisten. Ihnen hat Bergh, der Präsident der New Yorker Tierschutzgesellschaft, eine unglaubliche Geschichte versprochen, die ihr Blut zum Kochen bringen werde.
Der 60-jährige Bergh braucht die Medien, um mit deren Hilfe den Richter von seiner ungeheuerlichen Idee zu überzeugen: Er will durchsetzen,
25 dass Kinder eigene Rechte erhalten, dass der Staat sie schützt. Und dass brutale Eltern und Vormünder für das Misshandeln, Ausbeuten und Vernachlässigen von Minderjährigen bestraft werden. (…)
Ein Gesetz, das auch Kinder schützt, gibt es nicht. Was Eltern mit ihren Nachkommen anstellen, ist deren Privatangelegenheit. Prügelstrafe und
30 Kinderarbeit sind akzeptiert. Noch immer gilt ein Spruch der alten Griechen: „Wer nicht geschunden wird, wird nicht erzogen." 1867 verurteilt

Philanthrop: *Menschenfreund*

ein Gericht einen Vater, der seinen Sohn tot geprügelt hat, zu einer Strafe von gerade einmal 250 Dollar.

Sieben Jahre später, am 7. April 1874, kommt die methodische Gemeindeschwester Etta Angell Wheeler in Berghs Büro. Sie macht Hausbesuche in New Yorks Armenvierteln und berichtet von einem Mädchen namens Mary Ellen Connolly, das mit der Peitsche geschlagen werde, erzählt von ihrem Schreien, ihrem stundenlangen Weinen. Mrs. Connolly ist nicht Marys leibliche Mutter – sie hat das Kind, wohl eine Halbwaise, aus einem Heim geholt und lässt es im Haushalt wie eine Sklavin schuften.

Drei Monate lang bemüht sich die Gemeindeschwester um Unterstützung für Mary Ellen. Bittet Polizei, Sozialbehörde, den Pastor um Hilfe. Und hört jedes Mal: „Was jemand im eigenen Heim mit der Familie macht, ist seine Sache."(...)

„Ich weiß nicht, wie alt ich bin", sagt das Mädchen vor Gericht aus. „Ich darf nicht mit anderen Kindern spielen. Ich war auch noch nie draußen, auf der Straße. Wenn Mama weggeht, sperrt sie mich im Zimmer ein. Ich schlafe auf dem Boden auf einem Stück Teppich. Mama hat mich fast jeden Tag geschlagen und ausgepeitscht – warum, weiß ich nicht. Ich möchte nicht zurück zu Mama."

Am fünften Prozesstag ziehen sich die Geschworenen zur Beratung zurück. Nach nur 20 Minuten wird Mrs. Connolly schuldig gesprochen und zu einem Jahr Strafarbeit im Gefängnis verurteilt. Der Fall Mary Ellen ist nun Gesprächsthema in New York, dann in den USA, schließlich in Europa.

Das Mitleid ist groß. Wohlhabende Ladys beschenken die Kleine mit Kleidern, Puppen und Zuckerstangen, zahlreiche Adoptionsangebote gehen ein.

Doch Mary Ellen wächst bei Etta Wheelers Schwester auf. Sie behält Narben auf den Armen zurück und bleibt ein ängstliches Kind.

Henry Bergh gründet im Dezember 1874 mit anderen Bürgern eine Gesellschaft zum Schutz der Kinder. Am 27. April 1875 – genau ein Jahr nach der Verurteilung Mary Connollys – geht daraus die weltweit erste Kinderschutzorganisation hervor. Die New York Society for the Prevention of Cruelty to Children (NYSPCC) rettet in den ersten acht Monaten ihres Bestehens 72 Minderjährige vor brutalen Vormündern und bringt 62 Fälle von Kindesmisshandlung vor Gericht.

Schritt für Schritt kämpft sich die NYSPCC voran. 1886 tritt ein Gesetz in Kraft, das Kinder vor Fabrikarbeit und Ausbeutung

methodistisch: *zur Religionsgemeinschaft der Methodisten gehörig*

1875 gründet Henry Bergh in New York die weltweit erste Kinderschutzorganisation.

Kindheit und Jugend – eine Zeitreise

in Betrieben schützen soll. 1889 wird der Tabakverkauf an Minderjährige unterbunden, zudem dürfen sie nicht mehr in Bordellen wohnen.

Die NYSPCC wird zum Vorbild: Nach einem Besuch in New York gründet ein Engländer 1883 in Liverpool eine Kinderschutzorganisation. In Berlin lassen Bürger 1898 den „Verein zum Schutze der Kinder gegen Ausbeutung und Misshandlung" registrieren.

registrieren: eintragen

Regierungen und Parlamente nehmen die Anregungen der NYSPCC auf. 1896 führt das Deutsche Reich Strafen für Eltern ein, die ihre Kinder misshandeln oder sich nicht um sie kümmern. Der Einsatz des Rohrstocks in der Schule bleibt allerdings in Deutschland noch bis 1973 erlaubt. Und erst im Jahr 2000 verbietet der Gesetzgeber Eltern die körperliche Züchtigung ihrer Nachkommen.

Im Bürgerlichen Gesetzbuch steht seither: „Körperliche Bestrafungen, seelische Verletzungen und andere entwürdigende Maßnahmen sind unzulässig."

❶ Was erfährst du über Mary Ellen? Schreibe die Informationen zu den einzelnen Überschriften stichwortartig in dein Heft:
– Aussehen und Alter: …
– Leben vor dem Prozess: …
– Leben nach dem Prozess: …

❷ Der Prozess gegen Marys Pflegemutter hatte weitreichende Folgen. Kannst du erklären, was damit gemeint ist?

❸ Erstelle in deinem Heft eine Art Zeitleiste mit den wichtigsten Ereignissen auf dem Weg zum Schutz der Kinder, wie wir ihn heute kennen.

SCHREIBE SO!

> So kamen die Kinder zu ihren Rechten:
>   1867 – Gerichtsverfahren gegen einen Vater, der seinen Sohn tot geprügelt hat; Strafe: 250 Dollar
> April 1874 –

❹ Schreibe nun eine Zusammenfassung des Textes.

> So kamen die Kinder zu ihren Rechten
>
> Kinder hatten nicht zu allen Zeiten eigene Rechte. Erst 1867 kommt es zu einem ersten Gerichtsverfahren, weil…

Kindheit und Jugend im Nationalsozialismus

Nationalsozialismus nennt man die Vorstellung, die Adolf Hitler und seine Anhänger von der Welt hatten. Hitler wurde 1933 Reichskanzler Deutschlands und sorgte dafür, dass er von nun an allein regieren konnte. Jeder musste dem Führer Adolf Hitler gehorchen, dessen Wille Gesetz war.

Er war der Meinung, dass die Deutschen über allen anderen Menschen stünden. Diese unmenschliche Einstellung verwirklichte er mit vielen Gesetzen und Verbrechen an anderen Menschen. Besonders Juden betrachtete er als Feinde und ließ Millionen von ihnen auf grausame Weise ermorden. Mit kriegerischer Gewalt sollte die Macht Deutschlands vergrößert und neuer „Lebensraum" geschaffen, d.h. anderen Völkern geraubt werden. Mit dem Ende des Zweiten Weltkriegs brach Hitlers Herrschaft 1945 zusammen.

Hitler und die Nationalsozialisten hatten das Ziel, die Jugend vollständig nach ihren Vorstellungen zu formen. Dazu gingen sie rücksichtslos vor: Alle anderen Jugendorganisationen, wie z.B. die Pfadfinder, wurden verboten und die Nazis gründeten eigene Jugendverbände.

Im Alter von 14 bis 18 Jahren wurden die Jungen Mitglied in der Hitlerjugend (HJ) und die Mädchen im Bund Deutscher Mädel (BDM). Der Eintritt in die HJ oder den BDM war Pflicht, wenn man gesund, kräftig und „arisch", das bedeutete vor allem nicht-jüdisch war. Aber auch die Jüngeren wurden von den Nazis nicht vergessen. Die Mädchen zwischen 10 und 14 Jahren dienten beim Jungmädelbund und die Jungen dieses Alters beim Deutschen Jungvolk.

Sport und Mutproben gehörten für die Jungen ebenso zur Tagesordnung wie Kriegsspiele und Disziplin. „Hart wie Kruppstahl, flink wie Windhunde und zäh wie Leder" sollten sie werden. Für die Mädchen ging es vor allem darum, durch Sport und Kenntnisse in Hauswirtschaft und Gesundheit zu guten Ehefrauen und Müttern herangebildet zu werden. Auch wenn sich das zunächst recht fürsorglich und harmlos anhört, so steckten doch eindeutige Absichten dahinter. Die Kinder und Jugendlichen wuchsen in die Ideologie der Nazis hinein und merkten oft gar nicht, dass alles, was mit ihnen passierte, pure Berechnung war. Einziges Ziel Hitlers war es, aus ihnen „ganze Männer für den Krieg" und „treusorgende Mütter von möglichst vielen Kindern" zu machen.

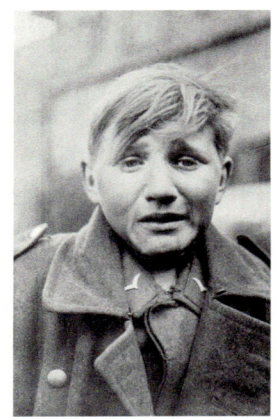

Während des 2. Weltkrieges, als die Bombenangriffe auf deutsche Städte immer zahlreicher wurden, wurden die Kinder aus den gefährdeten Großstädten in ländliche Gebiete verschickt. Sie lebten zum Teil für mehrere Jahre in fremden Familien und gingen dort auch zur Schule. Gegen Ende des Krieges, als eigentlich schon klar war, dass Deutschland den Krieg verlieren würde, wurden viele Jungen aus der Hitlerjugend noch in den Krieg eingezogen. So starben viele von ihnen sinnlos.

Kindheit und Jugend – eine Zeitreise

1 Im ersten Abschnitt sind wichtige Schlüsselbegriffe markiert. Welche Begriffe würdest du in den anderen Abschnitten markieren? Schreibe sie mit Zeilenangabe auf.

2 Schließe jetzt dein Buch und versuche mithilfe der Stichworte einen kurzen Text über „Hitler und die Jugend" zu schreiben.

3 Was hat der Ausspruch Adolf Hitlers „Und sie werden nicht mehr frei ihr ganzes Leben." mit dem Text zu tun? Nimm dazu Stellung.

Hans Jürgen Massaquoi
Neger, Neger, Schornsteinfeger!

Das Buch erzählt die Lebensgeschichte von Hans Jürgen Massaquoi, der 1926 als Kind eines liberianischen Botschaftersohnes und einer deutschen Krankenschwester in Hamburg geboren wird. Dort wächst er zunächst be-hütet im Haus seines Großvaters auf und verbringt glückliche Jahre. Dies ändert sich jedoch schlagartig mit der Machtergreifung Hitlers 1933. Durch seine dunkle Hautfarbe muss sich der Junge ab jetzt immer wieder rassistische Anfeindungen und Drohungen anhören, obwohl er Deutscher ist.

er: Damit ist Herr Wriede, der Direktor von Hans-Jürgens Schule gemeint.

Eines Tages gab er bekannt, dass die Klasse, die als erste geschlossen dem Jungvolk beitrete, mit einem schulfreien Tag belohnt würde.
Unser neuer Klassenlehrer, Herr Schürmann, entwickelte den Ehrgeiz, diese Lorbeeren für unsere Klasse und natürlich auch für sich zu ernten.
5 Er wurde zu einem besessenen Werber und versuchte ununterbrochen, uns zum Beitritt ins Jungvolk zu bewegen. Kernstück seiner Rekrutierungsbemühungen war eine große Graphik, die er mit weißer Kreide auf die Tafel gemalt hatte: ein Rechteck, das in ebenso viele Quadrate unterteilt war, wie es Jungen in unserer Klasse gab. Jeden Morgen erkundigte
10 sich Herr Schürmann als Erstes, wer der HJ beigetreten war, und trug dann die entsprechenden Namen in die Graphik ein. Nach und nach gab es mehr Quadrate mit Namen als ohne.
Ich verfolgte seine Bemühungen relativ desinteressiert, da einige meiner Klassenkameraden und Freunde klipp und klar geäußert hatten, dass sie
15 die HJ langweilig fanden und ihr niemals beitreten würden, ganz gleich, wie sehr Wriede oder Schürmann sich auch ins Zeug legten. Mir war das nur lieb, da auch ich nicht vorhatte, ins Jungvolk zu gehen. Doch allmählich gab einer nach dem anderen Schürmanns unerbittlichem Drängen nach und trat in die Hitlerjugend ein.

20 Eines Morgens nahm Herr Schürmann sich die letzten Zögerer zur Brust und wollte wissen, warum sie „nicht genug Liebe für Führer und Vaterland" empfanden. Einige erklärten, dass sie nichts gegen Führer und Vaterland hätten, dass sie aber die Aktivitäten des Jungvolks – zelten, marschieren, Fanfaren blasen und auf altertümlichen Trommeln herum-
25 hauen – ziemlich langweilig fänden. Andere gaben an, dass ihre Eltern ihnen noch nicht erlaubt hätten beizutreten, woraufhin Herr Schürmann sagte, ihre Eltern sollten zu einem persönlichen Gespräch mit ihm in die Schule kommen. Als ich an die Reihe kam, öffnete ich den Mund, um etwas zu sagen, doch Herr Schürmann schnitt mir das Wort ab: „Schon
30 gut; du bist ja sowieso vom Jungvolk ausgeschlossen."
Ich war wie vom Donner gerührt. Ausgeschlossen? Wieso?

4 Kannst du Hans Jürgen die Frage beantworten?

Bis zum Pausenklingeln war ich in einer Art Schockzustand und außerstande, dem Unterricht zu folgen. Ich fühlte mich von meinen Freunden im Stich gelassen, und die Vorstellung, irgendwann der einzige in der
35 Klasse zu sein, der nicht im Jungvolk war, jagte mir Angst ein. Mit meinen zehn Jahren konnte ich es nicht ertragen, nicht dazuzugehören und wie ein Ausgestoßener behandelt zu werden.
Schürmann forderte mich auf, neben seinem Pult Platz zu nehmen. „Ich dachte, du wüsstest, dass du nicht ins Jungvolk darfst, weil du Nicht-
40 Arier bist", fing er an. „Du weißt doch, dass dein Vater Afrikaner ist und dass Afrikaner und andere nichteuropäische Menschen als Nicht-Arier gelten. Nicht-Ariern ist es untersagt, der Hitlerjugend beizutreten." – „Aber ich bin doch Deutscher", schluchzte ich unter Tränen. „Meine Mutter sagt, dass ich Deutscher bin, so wie alle anderen."
45 „Du bist ein deutscher Junge", räumte Herr Schürmann mitfühlend ein, „aber leider nicht wie alle anderen. Es tut mir leid, mein Junge, ich wünschte, ich könnte dir helfen, aber das geht leider nicht. Die Gesetze sind nun mal so."

Weil Hans Jürgen unbedingt in die HJ eintreten will, geht seine Mutter mit ihm zum nächsten HJ-Heim, um dort seine Mitgliedschaft zu beantragen. Aber auch hier erfährt sie natürlich Ablehnung und wird mit ihrem Sohn rausgeschmissen.

Zwei Tage später war der Moment gekommen, vor dem es mir die ganze
50 Zeit gegraut hatte. Mit an Verzückung grenzender Freude trug Herr Schürmann die letzten zwei Namen in die Graphik ein. Dann wischte er

Kindheit und Jugend – eine Zeitreise

mit einem feuchten Schwamm das letzte leere Quadrat, jenes Quadrat, das mich symbolisierte, von der Tafel und machte so meinen Status als Unperson überdeutlich. „Herzlichen Glückwunsch, Kinder!", verkündete Herr Schürmann. „Von heute an sind alle Jungen unserer Klasse Mitglieder in der HJ. Ich bin stolz auf euch, und ich finde, wir sollten dem Schulleiter die frohe Kunde bringen." Daraufhin verließ er den Klassenraum und kehrte kurz darauf mit Wriede zurück.

Der Schulleiter lobte unsere Klasse, weil „ihr euer Leben Adolf Hitler und seiner Vision des Dritten Reiches gewidmet habt". Dann gab er der Klasse für den folgenden Montag schulfrei, was mit einem ohrenbetäubenden Gejohle quittiert wurde.

Das einzige, was mir ein wenig Auftrieb gab, war der Gedanke, dass ich erst am Dienstag wieder zur Schule musste. Doch als ich nach Schulschluss mit einigen Klassenkameraden auf dem Weg nach draußen war, hörte ich eine mir bekannte Stimme rufen. „Du da, komm mal her!"

Ich wandte mich um und sah den Schulleiter in der Tür zu seinem Büro stehen. „Komm herein, ich muss mit dir reden", erklärte Wriede. Ich hatte keine Ahnung, was der Schulleiter mit mir besprechen wollte, aber ich ahnte, dass es nichts war, was ich gerne hören würde.

„Ich bin ein fairer Mensch", begann Wriede, „und ich hoffe, du bist auch fair."

Ich versicherte ihm, dass ich das sei.

„Schön", fuhr er fort, „dann bist du doch bestimmt mit mir einer Meinung, dass es sehr unfair wäre, dir einen Tag freizugeben, wenn du nichts getan hast, um ihn dir zu verdienen. Deshalb habe ich bereits mit Herrn Dutke gesprochen, dass du am Montag an seinem Unterricht teilnehmen wirst. Das ist alles. Heil Hitler!"

Damit war ich entlassen.

„Heil Hitler!", grüßte ich zurück und ging nach Hause.

5 Warum möchte Hans Jürgen unbedingt zur Hitlerjugend gehören?

6 Wie schafft der Klassenlehrer Schürmann es, dass am Ende doch alle Klassenkameraden von Hans Jürgen in die HJ eintreten?

▶ Buchtipps zum Weiterlesen:
– Max von der Grün: Wie war das eigentlich? Kindheit und Jugend im Dritten Reich
– Inge Auerbacher: Ich bin ein Stern
– Judith Kerr: Als Hitler das rosa Kaninchen stahl

Zwischen Rebellion und Gemütlichkeit

Die 50er-Jahre: Rebellion in Jeans

Der 2. Weltkrieg war seit ein paar Jahren Geschichte und eine Zeit wirtschaftlichen Aufschwungs hatte begonnen. Die Elterngeneration erfreute sich nach den vielen Entbehrungen im Krieg an den Vorzügen der Friedenszeit. Besonders materiell ging es vielen Menschen nun wieder besser.
5 Vielen Jugendlichen war das aber bald zu wenig. Sie wehrten sich gegen das aus ihrer Sicht einseitige Streben nach Wohlstand und Konsum. Sie grenzten sich gegenüber der älteren Generation ab und suchten nach neuen Zielen. Eine eigene Jugendkultur bildete sich heraus.

Dabei spielte auch die Kleidung, insbesondere die
10 Jeans eine wichtige Rolle. Amerikanische Soldaten hatten sie mit nach Deutschland gebracht. Besonders die Erwachsenen in Deutschland regten sich über dieses neue Kleidungsstück auf. In ihren Augen war es ungepflegt und ordentlich. Jeans
15 waren anfangs in Schulen und vielen Firmen ungern gesehen oder sogar verboten. Besonders unbeliebt war sie schon deshalb, weil auch die Mädchen irgendwann begannen, sie zu tragen. In den 50er-Jahren war es üblich, dass Frauen Röcke oder
20 Kleider trugen.

Das konnte aber den Vormarsch der Jeans nicht stoppen. Dazu trug auch bei, dass berühmte Schauspieler wie James Dean, mit denen sich Jugendliche identifizierten, die Jeans in ihren Filmen trugen. Jeans wurden zum Symbol des Protests. Wer sie trug, verband damit Freiheit, Sportlichkeit
25 und Coolness.

5 Erkläre, welche Bedeutung die Jeans für die Jugendlichen in den 50er-Jahren hatte.

5 Gibt es für heutige Jugendliche Kleidung, die etwas Ähnliches ausdrückt wie die Jeans in den 50er-Jahren?
– Beschreibe diese Kleidung. Vielleicht hast du auch Lust, sie zu zeichnen.
– Du kannst auch eine Collage erstellen, indem du aus Zeitschriften passende Kleidungsstücke ausschneidest und aufklebst. Schreibe dazu, was sie dir oder den Leuten, die sie tragen, bedeutet.

Kindheit und Jugend – eine Zeitreise

▶ Findet heraus, wie es mit den rebellischen Jugendlichen in den **60er-Jahren** und später weiterging.

Ihr könnt dazu:
– Zeitzeugen befragen (z. B. eure Eltern oder Großeltern),
– im Internet recherchieren,
– in Büchern nachlesen.

Die 80er-Jahre waren für viele Kinder und Jugendliche in Deutschland eine eher ruhige Zeit. Der Alltag verlief ohne große Sorgen und Herausforderungen. Die neuen Medien wie Computer, Internet, Handy usw. spielten noch keine große Rolle, auch das Privatfernsehen mit seinen vielen Programmen war erst im Entstehen. Da war der Samstagabend mit seinem Fernsehquiz schon etwas Besonderes ...

Florian Ilies

Die 80er-Jahre: ... wie eine gigantische Endlosschleife

Mir geht es gut. Es ist Samstagabend, ich sitze in der warmen Wanne, im Schaum schwimmt das braune Seeräuberschiff von Playmobil. Ich schrubbe mit der Bürste meine Knie,
5 die vom Fußballspielen grasgrün sind. Das Badezimmer ist unglaublich heiß, seit zirka drei Uhr nachmittags heizt meine Mutter vor, damit ich mich nicht erkälte. Nachher gibt es
10 *Wetten, dass ...?* mit Frank Elstner. Dazu kuschle ich mich in den warmen Kapuzenbademantel, den meine Mutter vorgewärmt hat, damit ich mich auch wirklich nicht
15 verkühle. Mit anderen Worten: Ich fühle mich, als hätte der Postbote gerade das Rundum-sorglos-Paket abgegeben, oder wie die Katze, der Frauchen neben das Sheba gerade noch einen Halm
20 Petersilie gelegt hat.

Aktenzeichen XY ungelöst:
Fernsehsendung, bei der ungeklärte Verbrechen nachgestellt werden und die Zuschauer um Hilfe gebeten werden.

Nach dem Bad, es geht auf acht Uhr zu, gibt es Schwarzbrot mit Nutella, die Haare am Nacken sind noch ein wenig nass. Ich bin zwölf und neben den grünen Augen von Sonja, sonntags im Kindergottesdienst, ist das Aufregendste am ganzen Wochenende die Eurovisionsmusik vor *Wetten,* ²⁵ *dass ...?* Es war damals selbstverständlich, dass man *Wetten, dass ...?* mit Frank Elstner guckte, niemals wieder hatte man in späteren Jahren solch ein sicheres Gefühl, zu einem bestimmten Zeitpunkt genau das Richtige zu tun. Das Gefühl, genau das Richtige zu schauen, war genauso präzise wie das Gefühl, das Falsche zu schauen, wenn man unvorsichtigerweise ³⁰ wieder am Freitagabend, die Eltern waren aus, *Aktenzeichen XY ungelöst* mit dem unheimlichen Eduard Zimmermann eingeschaltet hatte und schon während des Zuschauens der nachgestellten Überfallszenen im Keller und Flur rund vierhundert verdächtige Geräusche hörte. Dann doch lieber Frank Elstner, wo die einzige Gefahr darin bestand, dass die ³⁵ Saalwette verloren ging. Wenn ich gesehen hatte, wie ein Gabelstapler auf vier Biergläsern zum Stehen kam und ein schrulliger Schweizer Biermarken am Schnappen der Deckel erkannte, konnte ich mit dem wunderbaren Gefühl einschlafen, am Montag in den Schulpausen mitreden zu können.

❶ Für diesen Jungen irgendwann in den 80er-Jahren ist der Samstagabend etwas ganz besonderes. Warum?

❷ Beschreibe den Ablauf des Abends.

    Nachmittag: Mutter heizt das Bad auf, damit es schön warm ist
    Abend: ...

❸ Habt ihr auch solche oder ähnliche Rituale (feste, immer wiederkehrende Abläufe), wie ihr z. B. einen Samstagabend verbringt? Vielleicht gab es auch früher solche Rituale, als ihr noch kleiner wart.

❹ Schreibt eigene Texte zu euren jetzigen oder früheren „Samstagabend-Ritualen".
– Ihr könnt z. B. kleine Geschichten, Gedichte oder eine Collage aus Bildern und Texten gestalten.
– Ihr könnt auch aufschreiben, wie ihr euch eure Samstagabende wünschen würdet oder als Kind gern erlebt hättet.

❺ Was schaut oder tut ihr am Wochenende, um am Montag in der Schule mitreden zu können? Was ist das Besondere daran?

Kindheit und Jugend – eine Zeitreise

❗ Wiederholen & weiterarbeiten

▶ Nun bist du dran! Schreibe einen eigenen Text zur **Kindheit in deiner Zeit**. Dazu kannst du so vorgehen:

1 Erstelle zuerst eine Mindmap zu deiner Zeit.:

2. Überlege dir zu den einzelnen Bereichen passende Stichworte, die für dich und deine Zeit gelten und schreibe sie auf.

3. Schreibe nun eine schriftliche Zusammenfassung, wie du es in diesem Kapitel gelernt hast.

▶ **Reise durch das Kapitel:** Suche folgende Stichworte in den Texten des Kapitels und schreibe mit deinen eigenen Worten auf, was du darüber weißt:
– *Wandel der Kindheit*
– *weltweit erste Kinderschutzorganisation*
– *Hitlerjugend*
– *Jeans*
– *Samstagabend-Ritual*

▶ **Kindheit und Jugend zu unterschiedlichen Zeiten**
Du hast im Kapitel schon einiges über das Leben von Kindern und Jugendlichen zu verschiedenen Zeiten erfahren. Vielleicht gibt es ja eine Zeit, die dich interessiert und die nicht behandelt wurde.
– Überlege, welche Zeit dich noch interessiert: Kindheit und Jugend im Mittelalter, in den 70er-Jahren, in den 90er-Jahren …
– Erstelle eine Mindmap und versuche diese mithilfe von Büchern oder dem Internet zu füllen.

Prognosen für die Zukunft stellen

Die Zeitformen
➡ **Seite 215**

Zukunftsforscher stellen Prognosen, wie sich unser Leben durch den technischen Fortschritt verändern wird. Einige von ihnen gehen z. B. davon aus, dass es möglich sein wird, den Computer und das menschliche Gehirn direkt miteinander zu verbinden. Man könnte dann Menschen einen elektronischen Wissensspeicher ähnlich einer heutigen CD einpflanzen:

„Mit einem Lexikon als zweitem Gehirn wird man zukünftig über viel mehr Wissen verfügen. Mithilfe einer Sprachkarte lernt man innerhalb von Sekunden fließend Chinesisch oder kann sich sämtliche Kenntnisse aneignen, über die ein Arzt verfügen muss.
5 Mit dem zweiten Gehirn können wir uns in der Zukunft Wissen verschaffen, von dem wir zurzeit nur träumen können. Aber dieses Wissen wird Erfahrung, Vernunft und Intelligenz nicht ersetzten. Wir werden zwar reich an Wissen sein, das heißt aber nicht, dass wir automatisch weise werden. Die Schulstunden der Zukunft werden vor allem davon
10 handeln, wie man mit Wissen vernünftig umgeht."

❶ Suche aus diesem Textausschnitt alle Formulierungen heraus, die deutlich machen, dass über zukünftige Ereignisse gesprochen wird. Das können besondere Verbformen oder hinweisende Ausdrücke sein.

Um Voraussagen zu machen, was in der Zukunft eintritt, kann man die Zeitform des **Futur I** *benutzen. Sie wird gebildet aus einer Form von* **werden** *und dem* **Infinitiv eines Verbs**:
Das Leben der Jugendlichen <u>wird sich verändern</u>.
Auch Zeitangaben (in (der) Zukunft, zukünftig …) *oder andere Formulierungen* (von denen wir zurzeit nur träumen können …) *können darauf hinweisen, dass Prognosen aufgestellt wurden.*

❷ Welche Konsequenzen hat es deiner Meinung nach, wenn man in der Zukunft Computer und Gehirn direkt verknüpfen kann? Wie könnte dann das Leben von Kindern und Jugendlichen aussehen?
Denke an mögliche Änderungen in Schule, Freizeit, Arbeitswelt usw. und formuliere selbst Voraussagen für die Zukunft. Nutze dazu alle grammatischen Möglichkeiten.

Du kannst so beginnen: *In der Zukunft werden …*

Die Möglichkeiten, direkte Verbindungen zwischen Gehirn und Computer zu schaffen, führen auch zu düsteren Prognosen:

Wenn die direkte Verbindung von Gehirn und Computer technisch möglich <u>geworden sein wird</u>, wird man auch Computerspiele oder Filme direkt in das Gehirn einspeisen können. <u>Sind</u> diese Produkte der Unterhaltungsindustrie direkt in eine Person <u>eingespeist</u>, wird diese Person
5 Schwierigkeiten haben, Realität und Ausgedachtes zu unterscheiden. Das Computerspiel z. B. wird ihr so real vorkommen wie der Gang zum Supermarkt. Wenn es immer schwerer <u>geworden ist</u>, Realität und Fiktion zu unterscheiden, befürchten viele, dass sich gerade Jugendliche in eine Scheinwelt flüchten werden, deren Ablauf sie bestimmen können. Wenn
10 es soweit <u>gekommen sein wird</u>, werden sich nur Wenige dafür interessieren, wie die wirklichen Probleme in der realen Welt zu lösen sind.

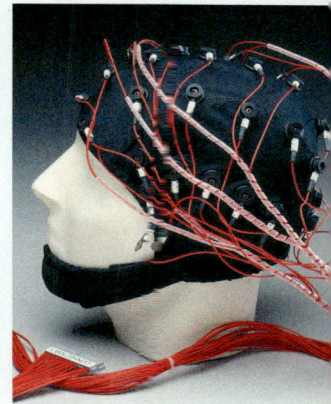

> *Um auszudrücken, dass in der Zukunft etwas eingetreten ist, bevor noch etwas anderes passiert, wird das* **Futur II** *benutzt:*
> *In 10 Jahren* <u>wird</u> *sich das Leben der Jugendlichen* <u>verändert</u> <u>haben</u>.
> *Es wird gebildet aus einer Form von* werden, *dem* Partizip II *und* haben *oder* sein. *Diese Form ist etwas ungebräuchlich und wird oft durch das Perfekt ersetzt:* In 10 Jahren <u>hat</u> sich das Leben der Jugendlichen <u>verändert</u>.

 MERKEN

3 Übernimm die folgende Tabelle in dein Heft und ordne die im Text oben markierten Verbformen in die richtige Spalte ein:

Futur II	*Perfekt*

4 Ergänze den folgenden Dialog, indem du das Futur II oder das Perfekt benutzt.
    Esra: Wenn die Menschen sich direkt an die Konsolen angeschlossen haben werden, werden die Maschinen endgültig die Arbeit der Menschen erledigen.
    Rene: Wenn die Maschinen …, werden die Menschen überflüssig sein.
    Esra: Wenn die Menschen …, …
    Rene: Wenn …

5 Formuliere eine ähnliche Prognosekette mit deinen Voraussagen aus Aufgabe 2.

> **TIPP**
> Du kannst auch eine Prognosekette zu der Voraussage erstellen, dass Modehäuser neue Modelle direkt in das Gehirn der Kundinnen einspeisen.

Groß- und Kleinschreibung

MERKEN

> *Zur Erinnerung:*
> **Nomen** *werden* großgeschrieben. Erkennungszeichen *für Nomen sind Artikel* (ein, der …) *oder Pronomen* (sein, ihr …). *Der Artikel kann manchmal in einer Präposition „versteckt" sein* (im = in dem, am = an dem …).
> *Oft erkennt man Nomen auch an ihren besonderen Endungen* (-ung, -heit, -keit, -tum, -nis, -schaft …)
> *Zwischen Artikel und Pronomen steht oft ein Adjektiv* (das kleine Kind).
> *Manchmal stehen Nomen auch ohne Begleiter. Du kannst dann zur Probe einen hinzufügen:* (die) Kinder …

Vereinte Nationen: *Zusammenschluss von vielen Staaten zur Sicherung des Weltfriedens*

Konvention: *Vereinbarung, Vertrag*

kinder haben rechte
1989 haben die vereinten nationen eine konvention über die rechte des kindes beschlossen. Darin haben sie festgelegt, dass jedes kind das recht auf eine kindgerechte entwicklung, auf eine gute versorgung, auf einen schutz vor seelischer und körperlicher gewalt und auf mitbestimmung
5 hat.
Die kinderrechtskonvention gilt in deutschland seit 1992. Doch ins grundgesetz sind die kinderrechte noch nicht aufgenommen worden. Dafür kämpfen die kinderschutzorganisationen, die es in vielen städten gibt. Außerdem können sich kinder und jugendliche an die kinderschutz-
10 organisation wenden, wenn sie hilfe brauchen oder ihre rechte nicht geachtet werden.

❶ Schreibe aus dem Text oben alle Nomen mit ihren Begleitern heraus.
Notiere auch, um welches Erkennungszeichen es sich handelt.
Schreibe so: *(die)* Rechte →*Nomen ohne Begleiter, …*

Aus dem Internetauftritt des Museums Kindheit und Jugend, Berlin
„Die große Welt im **Kleinen**. Historisches Spielzeug aus zwei Jahrhunderten."
„Vom **Schreiben** und **Lesen** – Historische Schreibübungen mit Gänsekiel, Federhalter, Schiefertafel mit Griffel in der Schreibstube."

❷ In den Sätzen oben sind Wörter hervorgehoben.
  – Um welche Wortarten handelt es sich dabei?
  – Warum sind die Wörter großgeschrieben?

❸ Vervollständige den Merkkasten auf der nächsten Seite in deinem Heft.

Richtig schreiben

> ░░░░ oder ░░░░ können zu Nomen werden. Sie werden dann ░░░░. **MERKEN**
> Erkennungszeichen sind
> – ein Artikel allein vor dem Adjektiv oder Verb: <u>das</u> Gute, <u>das</u> Spielen …
> – eine Präposition + Artikel (= versteckter Artikel) vor dem Verb:
>   <u>beim</u> (= bei dem) Lesen …
> – ein Pronomen vor dem Verb: <u>sein</u> (ihr) Singen …
> – Mengenwörter (einiges, nichts, wenig, viel, etwas, alles) vor Adjektiven:
>   <u>nichts</u> Neues, <u>einiges</u> Langweilige …

4 Schreibe die Sätze a–i in dein Heft. Überprüfe jeweils, ob das Verb oder Adjektiv groß- oder kleingeschrieben wird.
  a) Heute kommt nichts INTERESSANTES im Fernsehen.
  b) Das BELLEN des Hundes ist sehr NERVIG.
  c) Das ROT unseres NEUEN Autos ist sehr KNALLIG.
  d) Ich habe Seitenstiche vom vielen LAUFEN.
  e) Beim KOCHEN hatte er sich die Finger verbrannt.
  f) Jan und Tobias sind zu JUNG, um allein in die Disko zu gehen.
  g) Sein SCHNARCHEN bringt mich um den GESUNDEN Schlaf.
  h) Meine Ferien waren nicht sehr AUFREGEND.
  i) Das SCHÖNSTE an den Ferien ist das LANGE SCHLAFEN.

5 Wie erklärst du dir die Kleinschreibung der Adjektive in folgenden Sätzen?
An deiner Stelle würde ich das **blaue** Fahrrad kaufen. Das **rote** ist nicht verkehrstauglich.

> *Manchmal wird nach einem Adjektiv das* **Nomen eingespart**, *weil es in demselben Satz oder im vorherigen Satz bereits genannt worden ist.* **MERKEN**
> *Das Adjektiv wird in diesen Fällen kleingeschrieben, obwohl es allein mit einem Artikel steht. Beispiel:*
> *Den meisten Kindern schmeckt weiße Schokolade gut, aber <u>bittere</u> mögen sie meist nicht so gern.*

6 Klein oder groß? Ausgespartes Adjektiv oder Adjektiv als Nomen?
  a) Ich mag gern Eis. Das BESTE gibt es in Italien.
  b) Das SCHÖNSTE am Urlaub ist, dass man jeden Tag in die Eisdiele gehen kann.
  c) Ich nehme ein kleines Eis. Das GROSSE schaffe ich nicht.
  d) Selbstgemachte Waffeln schmecken besser als die GEKAUFTEN.
  e) Alles SELBSTGEMACHTE schmeckt meist besser.

Sätze untersuchen
➔ Seite 243–245

Schnuppertour: Betriebe

- Bewerbung
- Ausführlicher Tagesbericht
- Anschreiben
- Gepflegtes Äußeres
- Tabellarischer Tagesbericht
- Informationen zum Betrieb sammeln

Telefonische Anfrage beim Betrieb

Im letzten Schuljahr hast du bereits einiges über Berufe gelernt und ein Plakat zu einem ausgewählten Beruf gestaltet. Das war ein erster Schritt, um deine beruflichen Wünsche zu erkunden. Wahrscheinlich wirst du im 8. Schuljahr schon erste Berufserfahrungen in einem Praktikum sammeln können. Vorbereitung, Durchführung und Nachbereitung des Praktikums ist das Thema dieses Kapitels.

Du lernst,
– einen Beruf für das Praktikum auszusuchen,
– komplette und ansprechende Bewerbungsunterlagen zusammenzustellen,
– dich in einem Vorstellungsgespräch gut zu präsentieren,
– eine Praktikumsmappe anzufertigen
– und dein Praktikum auszuwerten, um daraus wichtige Informationen für deine Berufswahl zu gewinnen.

Ein besonderer Tag im Praktikum

Bewerbungs-foto

Lebenslauf

Praktikumsauswertung

Beschreibung der Firma

Skizze und Beschreibung des Arbeitsplatzes

Tätigkeitsbeschreibung

① Überlegt gemeinsam: Was steckt hinter den Begriffen, die auf dieser Doppelseite verteilt sind? Was stellt ihr euch darunter vor?

② Welche Begriffe gehören zusammen? Übernimm die folgende Tabelle in dein Heft und sortiere die Begriffe ein.

Vor dem Praktikum	Während des Praktikums	Nach dem Praktikum

Vergleicht anschließend eure Zuordnung.

Einen geeigneten Beruf und Betrieb finden

Zuerst musst du dir überlegen, welchen Beruf du dir in deinem Praktikum näher ansehen möchtest. Vielleicht hat dich der Beruf, mit dem du dich im letzten Schuljahr näher beschäftigt hast, angesprochen.

- Hast du schon Ideen, was du im Praktikum machen möchtest? Schreibe sie auf.

- Vielleicht hast du noch keine Idee. Dann überlege zuerst, was du gern machen möchtest. Folgende Fragen können dir dabei helfen. Beantworte sie schriftlich:
  - Möchtest du gern im Freien oder lieber in einem Gebäude arbeiten?
  - Arbeitest du gern mit anderen zusammen?
  - Arbeitest du lieber mit den Händen, an Maschinen und mit dem Computer?
  - Gibt es etwas, dass du besonders gut kannst? Gibt es einen dazu passenden Beruf?

- Du kannst dich außerdem
  - im Internet über verschiedene Berufe informieren,
  - mit deinen Eltern oder deinen Lehrern darüber sprechen, denn die kennen dich gut und können einschätzen, was dir vielleicht Spaß macht.

1 Sammelt eure Ideen für interessante Berufe im Praktikum in der Klasse und stellt sie aus.

2 Für welchen Beruf hast du dich entschieden? Schreibe ihn auf und notiere, was du darüber weißt und was du dir darunter vorstellst.

- Wenn du dich für einen Beruf entschieden hast, musst du zuerst wissen, wo dieser Beruf in deiner Nähe ausgeübt wird. Dazu nimmst du am besten das Telefonbuch „Gelbe Seiten" zu Hilfe.

- Denke auch daran, dir für deine Telefonate oder persönlichen Besuche bei den Betrieben einen Notizzettel vorzubereiten, auf dem du den Namen und die vollständige Adresse des Betriebs und den Namen deines Ansprechpartners notierst.

- Informiere dich in dem Betrieb, ob und welche Bewerbungsunterlagen erwartet werden.

Schnuppertour: Betriebe

Sich bewerben

In dem Begriff „Bewerbung" steckt schon das Wort „Werbung". Du musst mit deinen Bewerbungsunterlagen und dem Eindruck, den du bei einem Vorstellungsgespräch hinterlässt, Werbung für dich machen.

Was gehört zu den Bewerbungsunterlagen?

❶ Überlegt gemeinsam, was zu vollständigen Bewerbungsunterlagen gehört.

Sarah aus der Klasse 8b hat einen Experten zum Thema „Bewerbung" befragt. Herr Schneider ist bei einer großen Krankenkasse für die Auswahl der Auszubildenden zuständig. Da er viele Bewerbungen sieht und damit auch eine Menge Fehler in den Bewerbungen, geht er oft in Schulen und vermittelt den Schülerinnen und Schülern, worauf sie achten müssen.

Interview mit einem Ausbildungsleiter

Guten Tag, Herr Schneider. Schön, dass sie Zeit haben, uns ein Interview zum Thema „Bewerbung" zu geben.
Sehr gern. Was willst du denn wissen? Schieß los!

Was gehört alles in vollständige
5 Bewerbungsunterlagen?
Also, zu vollständigen Bewerbungsunterlagen gehört natürlich ein Anschreiben. Darin schreibst du, was du von der Firma möchtest und was du zu bieten hast. Außerdem ein Lebenslauf, ein Foto,
10 Zeugniskopien, Bescheinigungen über gemachte Praktika und über Zusatzqualifikationen. Dies alles sollte ordentlich mit einem Deckblatt versehen in einer sauberen Klemmmappe zusammengestellt werden. All das zusammen nennt man
15 dann eine Bewerbung.

Das ist ja eine ganze Menge! Anschreiben, Lebenslauf und Zeugniskopien habe ich ja schon gewusst, aber die anderen Sachen müssen Sie mir erklären.

Am besten erkläre ich die Sachen in der Reihenfolge, wie sie in deiner
20 Mappe abgeheftet sein sollen. Zuerst machst du ein Deckblatt. Darauf sollten deine persönlichen Angaben stehen, als was du dich bewirbst – und natürlich darf dein Foto nicht fehlen. Danach kommen das Anschreiben und der Lebenslauf. Nun folgen deine Zeugnisse. Viele Firmen wollen mittlerweile mehrere Zeugnisse sehen und nicht wie früher nur
25 das letzte Zeugnis.

Jetzt kommen die Sachen, mit denen du punkten kannst. Falls du schon einmal ein Praktikum gemacht hast, solltest du dir darüber unbedingt eine Bescheinigung ausstellen lassen und diese dann hinter den Lebenslauf legen. Zum Schluss fügst du noch Bescheinigungen bei, die dir
30 zusätzliche Schlüsselqualifikationen bescheinigen. Das kann die Betreuung einer Jugendgruppe oder Fußballtraining mit Jüngeren sein oder auch die Organisation von Klassenausflügen. – Darf ich dich auch etwas fragen?

Aber klar doch!

35 Du hast gesagt, mit Bewerbung und Lebenslauf kennst du dich aus. Was ist denn dabei wichtig und was gehört denn hinein?

Tja, äh ...

2 Kannst du Sarah helfen, die Frage von Herrn Schneider zu beantworten? Schreibe in dein Heft.

> **TIPP**
> Fertige deine Tabelle über eine ganze Seite an. Du wirst sie später ergänzen.

Anschreiben	Lebenslauf
– ...	– ...

Oh je, jetzt habe ich dich aber eiskalt erwischt. Ich werde dir helfen. Im Anschreiben schreibst du zunächst deine Anschrift, die Anschrift der
40 Firma und den Grund deines Schreibens. Dann kommt die Begrüßung. Dabei ist es immer gut, wenn man den Namen des Ansprechpartners kennt.

Jetzt kommt der eigentliche Text. Darin muss stehen, wie du auf diese Firma oder Stelle gekommen bist, was du gerade machst, warum du

Schnuppertour: Betriebe

45 diesen Beruf in dieser Firma kennenlernen möchtest, deine Zusatzqualifikationen und deine Hobbys.
Zum Abschluss kommt die Verabschiedung. Du darfst auch ruhig schreiben, dass du dich über ein Gespräch freuen würdest.

Ganz schön viel, was da rein muss. Mir ist inzwischen auch wieder ein-
50 gefallen, was in einen Lebenslauf gehört. Also zuerst kommen meine persönlichen Angaben mit Adresse, Eltern und Geschwistern. Dann meine Schulbildung und Praktika und am Schluss meine persönlichen Fähigkeiten und Interessen, also was ich gut kann und mag.
Sehr gut! Hast du noch Fragen, Sarah?

55 Mir fällt im Moment nichts mehr ein …

3 Welche Fragen habt ihr noch? Sammelt eure Fragen zuerst einzeln und dann gemeinsam in der Klasse. Dazu schreibt ihr sie am besten auf ein Plakat. Versucht im Laufe der Arbeit Antworten zu finden. Ihr könnt natürlich auch Experten befragen.

Das ist eigentlich alles, was du zunächst wissen musst. Viele Fragen tauchen sicher noch auf, wenn du deine Bewerbungsunterlagen zusammenstellst. Ich bin mir aber sicher, eure Lehrerinnen und Lehrer sind immer für euch mit Rat und Hilfe zur Stelle.

60 Vielen Dank, Herr Schneider, dass sie sich so viel Zeit genommen haben.
Gern geschehen.

4 Nun hast du eine Menge zum Anschreiben und zum Lebenskauf erfahren. Vervollständige deine Tabelle aus Aufgabe 1 mithilfe des Interviews.

▶ Schreibe einen Artikel für die Schülerzeitung zum Thema „Bewerbung". Nimm deine Tabelle zu Hilfe.

5 Auf der nächsten Seite findest du Sarahs tabellarischen Lebenslauf. Lies ihn aufmerksam.

Der tabellarische Lebenslauf

Lebenslauf

Persönliche Angaben

Nachname/Vorname	Heinzelmann, Sarah
Adresse	Meisenweg 5, 50170 Erfttal
E-Mail	s.heinzelmann@wbm.de
Telefon	(02253) 5556699
Staatsangehörigkeit	deutsch
Geburtsdatum	12.09.1996
Geburtsort	Berlin
Eltern	Heinzelmann, Peter (Technischer Zeichner), Heinzelmann, Rita (Krankenschwester)
Geschwister	Heinzelmann, Patrick, 12 Jahre

Schulbildung

20.. – 20..	Grundschule Quadrath-Ichendorf
20.. – 20..	Realschule Flutstadt
seit 20..	Hauptschule Erfttal
Schulabschluss	Hauptschulabschluss, voraussichtlich im Juni 20..

Praktika

20..	Schnupperpraktikum (3 Tage)
Name des Arbeitgebers	Nails-Wellness-Beauty Kosmetik- und Nagelstudio

Persönliche Fähigkeiten/Interessen

Muttersprache	Deutsch
Sonstige Sprachen	Englisch
Besondere Kenntnisse	PC- Kenntnisse Word und Excel
Interessen	Lesen, Mode

Erfttal, 6. August 20..

Sarah Heinzelmann

> **TIPP**
> Erkundige dich, wie dein Schulabschluss genau heißt.

Schnuppertour: Betriebe

Nachdem du Sarahs Lebenlauf gelesen hast, kannst du sicher deinen eigenen tabellarischen Lebenslauf schreiben.

6 Notiere zunächst auf einem Stichwortzettel
- deinen Geburtsort,
- die vollständigen Namen und Berufe deiner Eltern,
- von wann bis wann du welche Schule besucht hast,
- die genaue Bezeichnung des Schulabschlusses, den du anstrebst,
- Fähigkeiten und Interessen, die du nennen möchtest.

7 Schreibe jetzt deinen Lebenslauf zunächst in dein Heft.
Du kannst deinen Lebenslauf auch direkt in den Computer eintippen, wenn du die Gelegenheit dazu hast. Denke daran, abzuspeichern.

TIPP
Achte darauf, die Namen der Schulen vollständig und richtig zu schreiben. Sieh z. B. in deinen Zeugnissen nach.

Das Bewerbungsfoto

Um sich ein Bild von dir zu machen, gehört natürlich zu deinem Lebenslauf auch ein Foto. Auch mit dem Foto solltest du Werbung für dich machen.

8 Sieh dir zuerst alle Fotos genau an:

9 Schreibe auf, wie das Mädchen auf den einzelnen Fotos auf dich wirkt. Folgende Begriffe können dir helfen: *streng, verführerisch, geheimnisvoll, eingebildet, sympathisch ...*

10 Überlegt gemeinsam, wozu das Mädchen die einzelnen Fotos vielleicht verwenden könnte und welches Foto für eine Bewerbung geeignet ist.

Das Anschreiben (Bewerbungsschreiben)

Herr Schneider hat Sarah außerdem noch eine Musterbewerbung gegeben. Daran kann sie sich orientieren, wenn sie eine Bewerbung schreibt:

Peter Meier
Meierstr. 7
12345 Erfttal

Erfttal, 18. März 2009

Tischlerei Lebensart
Herrn Lauber
Müllerstr. 97
12345 Erfttal

Bewerbung um einen Praktikumsplatz

Sehr geehrter Herr Lauber,

durch ein persönliches Gespräch mit Ihnen am … (während eines Telefonats mit Herrn/Frau … am …, von meinem/r Klassenlehrer/in …) habe ich erfahren, dass Sie Praktikumsplätze anbieten. Da ich mich für den Beruf des Tischlers sehr interessiere, bewerbe ich mich um einen Praktikumsplatz in Ihrem Unternehmen.

Zurzeit besuche ich die … Klasse der … schule in … In diesem Praktikum möchte ich mehr über die Berufswelt des Tischlers erfahren.
Das Praktikum wird von unserer Schule in der Zeit vom … bis … durchgeführt.

Über eine Einladung zu einem persönlichen Gespräch freue ich mich sehr.

Mit freundlichen Grüßen

Peter Meier

Anlage:
Lebenslauf

---

❶ Sarah hat von ihrer Tante Sabine Heinzelmann, die in der Bäckerei Müller (Klöppelstr. 17 in 12345 Erfttal) als Verkäuferin arbeitet, erfahren, dass dort noch Praktikanten für den Beruf der Bäckerin/des Bäckers gesucht werden. Da das Praktikum schon vom 02. 03.–20. 03. stattfinden soll, muss sie sich mit der Bewerbung beeilen. Schreibe eine Bewerbung für Sarah in dein Heft.

Das Vorstellungsgespräch

Wenn du alle Tipps und Hilfen der letzten Seiten befolgt hast, bekommst du mit etwas Glück eine Einladung zu einem Vorstellungsgespräch. Auch auf ein Vorstellungsgespräch sollte man sich sorgfältig vorbereiten.

Sarah und einige ihrer Klassenkameraden haben sich darüber unterhalten, was beim persönlichen Gespräch in einem Betrieb wichtig ist:

Auf jeden Fall ziehe ich Klamotten an, die ich mag. Schließlich will ich mich wohlfühlen.

Das Outfit muss aber auf jeden Fall zum Beruf passen. Ein Anzug mit Krawatte in der Kfz-Werkstatt ist unpassend.

Meine Mutter meint, geputzte Schuhe und ordentliche Kleidung sind schon eine gute Eintrittskarte.

Natürlich sollte man auch wissen, warum man diesen Beruf genauer ansehen möchte.

Auch wenn ich das doof finde, aber die Begrüßung per Handschlag ist Pflicht.

Unsere Lehrerin sagt ja immer, man soll seinem Gegenüber in die Augen sehen. Das gilt hier ganz sicher auch.

Außerdem solltest du nicht so auf dem Stuhl herumhampeln, wie du es hier in der Klasse machst.

Neben dem Styling ist aber auch wichtig zu wissen, was man sagt. Man sollte zum Beispiel etwas über den Betrieb wissen.

❶ Sprecht über die Aussagen der einzelnen Schüler
   – zum Styling und zum Benehmen beim Vorstellungsgespräch,
   – zu den Fragen, auf die man sich einstellen muss.

❷ Welche Verhaltensregeln findet ihr außerdem wichtig?

❸ Erstellt eine Checkliste zum Thema „Vorstellungsgespräch".

Eine Praktikumsmappe führen

Nach all den bisherigen Anstrengungen ist es dir hoffentlich gelungen, einen geeigneten und interessanten Praktikumsplatz zu finden.
Während deines Praktikums wirst du eine Praktikumsmappe erstellen.
In dieser Mappe dokumentierst du dein Praktikum. Das ist wichtig, um dir die Wahl eines Berufes zu erleichtern.
Auf den folgenden Seiten lernst du an einem Beispiel, wie eine solche Praktikumsmappe aussehen kann. Ab und zu wirst du auch im Computerkapitel (S. 196–211) wichtige Informationen finden, besonders zum Layout.

Aufbau einer Praktikumsmappe

Titelseiten gestalten
➔ Seite 204

Eine Praktikumsmappe kann aus ganz verschiedenen Teilen bestehen:
– einem Deckblatt,
– den Bewerbungsunterlagen für diesen Betrieb (Anschreiben, Lebenslauf),
– deinen Erwartungen an das Praktikum,
– einer Beschreibung der Firma,
– mindestens einem ausführlichen Tagesbericht,
– einem Wahlthema: „Ein besonderer Tag im Praktikum" oder
   „Skizze und Beschreibung des Arbeitsplatzes" oder
   „Beschreibung einer Tätigkeit/eines Arbeitsablaufs",
– deiner Reflexion/Bewertung des Praktikums.

Meine Praktikumsmappe

von: **Sarah Heinzelmann**
Hauptschule Erfttal
Zeit: 4. Mai bis 15. Mai 2009
Betrieb: Bäckerei Müller, Erfttal

Einige Bestandteile der Mappe kannst du schon vor dem Praktikum bearbeiten. Dies solltest du auch tun, denn während des Praktikums wirst du merken, wie anstrengend ein Arbeitstag sein kann und wie wenig Zeit dann noch bleibt. Andere Teile der Mappe musst du während des Praktikums erledigen und wieder andere danach.

❶ Überlegt gemeinsam, welche Teile der Praktikumsmappe ihr am besten vor, während oder nach dem Praktikum bearbeitet.

Auf den folgenden Seiten wirst du sehen, wie die verschiedenen Teile der Praktikumsmappe aussehen können.

Schnuppertour: Betriebe

Erwartungen an das Praktikum

Sarah hat zuerst aufgeschrieben, was sie von ihrem Praktikum erwartet:

> Ich werde mein Praktikum in einer Bäckerei machen. Normalerweise gehe ich ja nur in den Laden und kaufe die fertigen Brötchen oder süßen Leckereien. Von meinem Praktikum erwarte ich zu erfahren, wie diese entstehen. Ich weiß, dass man in diesem Beruf sehr früh aufstehen muss, und ich hoffe, ich schaffe das. Sicher ist dieser Beruf anstrengend, da man viel steht und läuft. Ich hoffe auch, dass alle nett zu mir sind und nicht so streng, wenn ich etwas falsch mache.

▶ Was erwartest du von deinem Praktikum? Schreibe einen Text wie Sarah.

Beschreibung der Firma

Die Betriebe, in denen Praktika stattfinden, können ganz verschieden sein: Geschäfte, Kindergärten, Handwerksbetriebe oder auch große Firmen mit mehreren Abteilungen und viel Personal. Viele Betriebe haben eine Homepage im Internet, auf der sie sich vorstellen. Dort kann man sich Informationen besorgen, die man für einen Praktikumsbericht braucht.

TIPP
Viele Firmen erwarten schon beim Vorstellungsgespräch, dass man etwas über die Firma weiß.

① Die folgende Firmenbeschreibung hat Sarah selbst geschrieben. Lies sie dir durch und achte darauf, was du über den Betrieb erfährst.

> Die Bäckerei Müller ist in Erftal in der Klöppelstr. 17. Es gibt einen Verkaufsraum und die Backstube, im hinteren Teil außerdem einen Aufenthaltsraum und eine Toilette.
> In der Bäckerei arbeiten ein Bäckermeister und zwei angestellte Bäcker. Zudem gibt es eine Auszubildende im zweiten Ausbildungsjahr.
> Die Bäckerei Müller bietet Backwaren wie Brot, Brötchen, Gebäck und Torten an. Auch auf Bestellung werden bestimmte Backwaren gefertigt.

② Zu welchen Oberbegriffen hat die Schülerin Informationen gesammelt?

③ Was müsste noch ergänzt werden, wenn es sich um eine größere Firma handeln würde?

TIPP
Falls vorhanden, kannst du auch Prospekte beilegen und Fotos in den Text einfügen.

▶ Beschreibe deinen Praktikumsbetrieb.

Tagesberichte

Um deine Tagesberichte interessant und abwechslungsreich zu gestalten, ist es wichtig, genau zu berichten, was du wann gemacht hast. Dazu ist es sinnvoll, zuerst Stichpunkte zu deinem Arbeitstag zu sammeln. Dies kannst du auch leicht in der Pause erledigen.
Eine Tabelle kann dir dabei helfen. Daraus kannst du dann später deinen ausführlichen Tagesbericht schreiben.

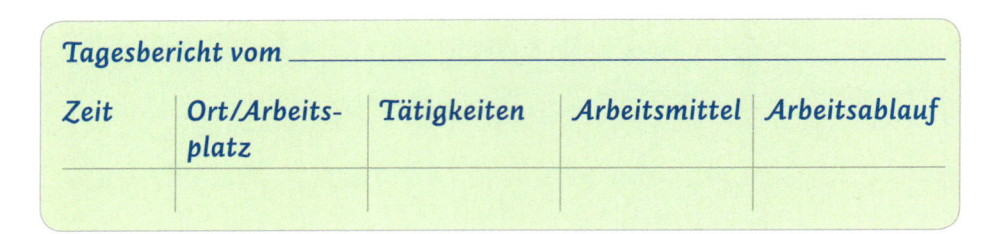

SCHREIBE SO!

Tagesbericht vom _____				
Zeit	Ort/Arbeits-platz	Tätigkeiten	Arbeitsmittel	Arbeitsablauf

Nun formulierst du deinen Tagesbericht, indem du aus deinen Stichpunkten Sätze bildest. Am Ende sollte der Leser wissen, wie dein Arbeitstag aussah. Achte darauf, sachlich zu berichten und weniger zu erzählen.

Auf den folgenden Seiten lernst du drei mögliche **Wahlthemen** kennen. Daraus kannst du dir später eines aussuchen, dass zu deinem Praktikum passt.

Ein besonderer Tag im Praktikum

❶ Auf der nächsten Seite hat Sarah einen besonderen Praktikumstag geschildert. Was ist das Besondere an Sarahs Praktikumstag?

❷ Woran kann man erkennen, dass dieser Tag besonders für Sarah war?

Beschreibung einer Tätigkeit/eines Arbeitsablaufs

Sarah hat bei ihrer Beschreibung des besonderen Tages im Praktikum auch schon einen Arbeitsablauf genau beschrieben.

❸ Welchen Arbeitsablauf hat Sarah beschrieben?

❹ Finde die Teile dieser Beschreibung in ihrem Bericht und schreibe sie in dein Heft. Dazu musst du den Text etwas umformen: eine Beschreibung ist sachlich (ohne Gefühle) und steht im Präsens.

Ein besonderer Tag in meinem Praktikum

Ich habe mein Praktikum in der Bäckerei Müller in Erfttal gemacht. Jeden Tag musste ich um 6.00 Uhr da sein, obwohl die anderen Bäcker schon um 3.00 Uhr morgens anfangen. Das durfte ich aber leider nicht, was ich sehr schade fand. Ich hätte gern gewusst, was nachts so alles passiert. Nach einer Woche kam mein Chef und sagte mir, dass er eine Überraschung für mich hätte. Er hatte mit meinen Eltern, der Schule und den Behörden gesprochen und so durfte ich ausnahmsweise einmal auch schon um 3.00 Uhr beginnen. Ich war neugierig und sehr aufgeregt und freute mich total!

Als in dieser Nacht mein Wecker um 2.00 Uhr klingelte, fand ich das allerdings nicht so lustig, aber die Neugier war doch groß. In der Backstube angekommen, bekam ich von meinem Chef einen richtig starken Kaffee – und dann konnte es losgehen.

Zuerst sollte ich mit einem Kollegen Laugenbrezeln machen. Nachdem der Teig fertig war, teilten wir kleine Stücke ab und drehten sie so lange auf dem Tisch, bis sie wie eine Schlange aussahen. Der Teig fühlte sich komisch an, so wabbelig.
Der nächste Arbeitsschritt war ziemlich schwer, obwohl es leicht aussah. Mein Kollege formte mit wenigen Handgriffen eine Brezel. Damit es schneller ging, machte er diese Arbeit und tauchte die Brezeln anschließend in die Lauge. Ich durfte sie dann einschneiden und mit Salz bestreuen. Zum Schluss wurden sie gebacken.

Als Nächstes machten wir Brot und Brötchen. Dass das so viel Arbeit ist, hätte ich nicht gedacht. Danach hatten wir Pause und konnten die ersten frischen Brötchen des Tages genießen. Die waren lecker! Mittlerweile war es 6.00 Uhr und jetzt hätte mein normaler Praktikumstag begonnen. Ich kam also immer erst, wenn die Brötchen und Brote fast fertig waren. Jetzt fehlten nur noch die Kuchen und anderes süßes Gebäck. Um 10 Uhr war dann endlich alles fertig. Nun begann das große Aufräumen. Alle Maschinen und Geräte wurden gründlich gereinigt und ich durfte danach glücklich und todmüde nach Hause. So anstrengend hatte ich mir das nicht vorgestellt, aber es hat riesigen Spaß gemacht!

Skizze und Beschreibung des Arbeitsplatzes

Sarah hat ihren Arbeitsplatz, die Bäckerei, genau beschrieben. Nun will sie noch eine übersichtliche Skizze dazu zeichnen:

> *Mein Arbeitsplatz teilt sich in zwei wichtige Räume, nämlich den Verkaufsraum und dahinter die Backstube. Neben der Backstube gibt es noch einen kleinen Raum, in dem die Kühlschränke und Gärschränke stehen. Im Verkaufsraum gibt es eine lange Theke für Brötchen und Kuchen. Die Kuchen stehen links und die Brötchen und das süße Gebäck liegen rechts. Hinter der Theke an der Wand sind lange Bretter angebracht, auf denen die Brote liegen. Dazwischen gibt es eine Tür zur Backstube.*
>
> *Hier steht ein riesiger Ofen, in dem alles gebacken wird. Er steht links in der Ecke. An der Stirnseite dieses Raumes gibt es eine lange Arbeitsfläche, also einen Tisch zum Formen der Brote und Brötchen. Rechts im Raum stehen die große Rührmaschine und der Brötchenformer. In der Mitte steht eigentlich nur der Wagen, auf dem die fertigen Backwaren abgestellt werden.*

5 Kannst du Sarah helfen, eine Skizze zu zeichnen. Zeichne auf einem karierten Blatt Papier und klebe die Skizze dann in dein Heft.

Das Praktikum reflektieren

reflektieren: über etwas nachdenken

▶ Beantworte nach deinem Praktikum die folgenden Fragen sorgfältig und in ganzen Sätzen:

- Wie hat dir das Praktikum gefallen?
- Welche guten Erfahrungen hast du gemacht?
- Welche schlechten Erfahrungen hast du gemacht?
- Gibt es Erfahrungen, mit denen du nicht gerechnet hast?
- Was hast du Neues gelernt?
- Wie würdest du deine Kollegen beschreiben?
- Könntest du dir vorstellen, später in diesem Beruf zu arbeiten?
- Welche Dinge, die du in der Schule lernst, konntest du brauchen?
- Was musst du in Zukunft noch besser können, um im Berufsleben erfolgreich zu sein?
- Sieh dir noch einmal deine Erwartungen vor dem Praktikum an. Was stellst du fest?
- Hat das Praktikum etwas für deine Berufswahl gebracht?

Schnuppertour: Betriebe

[!] Wiederholen & weiterarbeiten

Ideen für deine Praktikumsmappe

Mit dem Computer arbeiten
→ Seite 196–206

- ▶ Sammle **Info-Material** zu deiner Praktikumsfirma (Flyer, Infobroschüren). Diese Broschüren kannst du am besten in einer Klarsichthülle in deiner Mappe abheften. Dann kann sie der Leser herausnehmen und sich ansehen.

- ▶ Frage nach, ob du in deinem Praktikumsbetrieb **Fotos** machen darfst. Du kannst sie dann in deiner Mappe mit kurzen Beschreibungstexten (Bildunterschriften) präsentieren:

Die Chefin, Frau Müller, mit der Verkäuferin, Frau Neubert.

- ▶ Erstelle ein **Fachwörterlexikon** für deine Praktikumsmappe. Hier erklärst du Wörter aus deinem Arbeitsbereich, die vielleicht nicht jeder kennt. So können die Leser deiner Mappe deine Berichte besser verstehen.

> *Auslängen:* Formen von Teigsträngen aus Teigstücken für geflochtene oder geschlungene Backwaren.
>
> *Brezelsalz:* Ein besonders grobes Salz, mit dem Laugengebäck (Laugenbrezeln, Salzstangen …) vor dem Backen bestreut wird.

SCHREIBE SO!

- ▶ Füge **Arbeitsproben oder Gegenstände** bei, die interessant sind. Dabei solltest du darauf achten, dass deine Arbeitsproben oder Gegenstände beschriftet sind, damit die Leser wissen, worum es sich handelt. Sind die Arbeitsproben sehr groß, dann packe sie extra ein. So bleibt deine Mappe handlich und gut zu lesen.

Nominalisierungen helfen, etwas knapp wiederzugeben

Lennart macht ein Praktikum bei einem Fahrradhändler. Nach einer Woche darf er das erste Fahrrad reparieren. Danach notiert er sich schnell ein paar Stichworte für ihren Tätigkeitsbericht:

- Ausbau des Hinterrades
- Herauslassen der Luft
- Abheben des Fahrradmantels von der Felge
- Herausnehmen des Schlauchs aus dem Mantel
- Aufpumpen mit Luft
- Durchführung der Wasserprobe
- Markierung des Loches mit einem blauen Stift.
- Öffnen des Ventils

Abends beschreibt er ausführlich, wie man ein Loch im Schlauch findet:

SCHREIBE SO!

Ich hebe den Fahrradmantel mithilfe eines Reifenhebers von der Felge ab und nehme den Schlauch aus dem Mantel. Dann ...

❶ Setze Lennarts Tätigkeitsbericht fort.

MERKEN

Nominalisierungen von Verben sind hilfreich, wenn man stichwortartig eine Tätigkeit wiedergeben will. Die Tätigkeiten werden dann nicht mehr durch Verben ausgedrückt, sondern durch Nomen, die aus den Verben entstanden sind: *Dann wird das Ventil geöffnet.* → *Öffnen des Ventils*

Manche Verben können zusätzlich eine Endung bekommen, wenn sie sich in ein Nomen verwandeln: *öffnen* → *das Öffnen* oder *die Öffnung*.
Bei anderen Verben wird das Nomen nur aus dem Infinitiv gebildet:
aufpumpen → *das Aufpumpen*.

Nominalisierung
→ Seite 218

Über Sprache nachdenken

2 Bilde Nominalisierungen und fasse so den weiteren Ablauf des Fahrradflickens in Stichworten zusammen: *Anrauen des markierten Schlauchabschnitts, Auftragen …*

Lennarts raut den markierten Schlauchabschnitt mit Schmirgelpapier an und trägt aus einer Tube die Vulkanisierungsflüssigkeit auf. Er wartet, bis der Kleber etwas antrocknet, platziert den Flicken auf die angeraute Fläche und presst ihn kräftig auf den Schlauch. Jetzt legt er den Schlauch wieder in den Mantel hinein. Vorsichtig schiebt er den Mantel über die Kante der Felge. Wenn der Mantel wieder auf seinem richtigen Platz sitzt, pumpt er das Rad auf und baut das Rad wieder ein.

Lennart hat von seinem Meister eine Richtlinie erhalten, in der steht, was vor Auslieferung eines reparierten Fahrrads zu tun ist. Durch die vielen Nominalisierungen enthält dieser kurze Text zwar viele Informationen, er ist aber auch schwerer verständlich:

Vor der Auslieferung eines reparierten Fahrrades ist die durchführende Reparaturkraft verpflichtet, sich von der Verkehrssicherheit des Zweirades durch eine Endprüfung zu überzeugen. Diese Endprüfung besteht aus einer Fahrprobe, die mindestens 100 Meter betragen muss und einen Brems- und Ventiltest einschließt. Beim Ventiltest ist für das vollständige Herauslassen der Luft zu sorgen. Die anschließende Befüllung des Reifens wird durch eine Messung mit einem Luftdruckgerät abgeschlossen. Nach einer Wartezeit von einer halben Stunde erfolgt eine weitere Messung. Wenn die Messwerte gleich bleiben, darf die Auslieferung erfolgen.

> *Nominalisierungen werden häufig in der Behördensprache und in Geschäftsbriefen benutzt, um viele Informationen auf wenig Raum unterzubringen. Oft führt das aber dazu, dass diese Texte weniger lebendig und schwerer zu verstehen sind. Dann kann es hilfreich sein, die Nominalisierungen wieder in Verben umzuwandeln.*

MERKEN

3 Schreibe die nominalisierten Ausdrücke aus diesem Text heraus und wandle sie in Formulierungen mit Verben um:
Vor der Auslieferung eines reparierten Fahrrades → *Bevor ein repariertes Fahrrad ausgeliefert wird …*

4 Schildere aus Lennarts Sicht, was er vor der Auslieferung des reparierten Fahrrads tun muss: *Bevor ich ein repariertes Fahrrad ausliefere, überprüfe ich, ob …*

In Bewerbungen Rechtschreibfehler vermeiden

Bevor du deine Bewerbung abschickst, solltest du überprüfen, ob sie fehlerfrei ist. Häufige Fehlerquellen bei Bewerbungen sind Anredepronomen, die Schreibung von Straßennamen und Zeitangaben.

MERKEN

*Das **Anredepronomen** Sie und die zugehörigen **Pronomen** Ihr, Ihnen, Ihren und Ihrem schreibt man in Briefen **groß**.*
*Bei den Anredepronomen du und ihr sowie den zugehörigen Pronomen dein, euer, deine, dich, eure, euern kann man in Briefen wählen, ob man **groß-** oder **kleinschreiben** möchte.*

1 Schreibe den Ausschnitt aus dem Bewerbungsschreiben ab und setze die richtigen Anredepronomen ein. Achte auf die Großschreibung.

Sehr geehrter Herr Meyer,
durch ein Telefonat mit ▓▓▓▓ Mitarbeiterin Frau Müller habe ich gestern erfahren, dass ▓▓▓▓ Praktikumsplätze zur Verfügung stellen. Ich interessiere mich sehr für den Beruf des Gärtners und bewerbe mich in ▓▓▓▓ Gärtnerei um einen Praktikumsplatz …

MERKEN

*Diese **Zeitangaben** schreibt man **groß**:*
— *Wochentagsnamen: Montag …*
— *Zeitangaben, vor denen ein Artikel, ein Pronomen oder eine Präposition steht: der Nachmittag, dieser Morgen, gegen Abend …*
— *Tageszeiten nach den Adverbien heute, gestern, vorgestern, morgen, übermorgen: heute Mittag, morgen Abend …*

*Diese Zeitangaben schreibt man **klein**:*
— *Adverbien, die eine Zeit angeben. Sie haben oft ein s am Ende: heute, nachts, morgens …*
— *Uhrzeitangaben: halb sieben, um neun …*

Zeitangaben
➔ Seite 245

2 Schreibe die Regeln zur Schreibung von Zeitangaben ab und ergänze sie mit folgenden Beispielen:

an diesem Mittag   gestern Vormittag   um halb eins   Sonntag
dienstags   übermorgen   Dienstagmorgen   heute Abend
der Vormittag   am Nachmittag   Samstagabend   mittags   gestern
um zwölf   früh   am Dienstag

Richtig schreiben

> *Straßennamen*, die aus mehreren Nomen zusammengesetzt sind, schreibt man in der Regel zusammen: *Königstraße, Stephansplatz, Kirchgasse …*

3 Erfinde aus den Wortreihen a) und b) möglichst viele Straßennamen:
   a) Bahnhof   Rathaus   Beethoven   Schloss   Park   Neu   Lang
   b) Platz   Ring   Markt   Gasse   Straße   Allee

> Ist ein Adjektiv Bestandteil eines zusammengesetzten Straßennamens, schreibt man den Straßennamen nur dann zusammen, wenn das Adjektiv in seiner Grundform steht: *Altstraße, Neumarkt …*
> Bei gebeugten Adjektiven (mit angehängten Endungen) wird der Straßenname getrennt geschrieben: *Alte Straße, Neuer Markt …*

4 Setze die Adjektive und Nomen zu Straßennamen zusammen:
   alt   lang   Gasse   hoch   Straße   grün   Weg   Allee
   Schreibe so: *Altstraße – Alte Straße …*

> Hat ein Orts- oder Ländername die Endung -er, schreibt man den Straßennamen getrennt: *Kölner Straße, Hamburger Ring …*

5 Setze aus den Orten links und den Straßenbezeichnungen rechts möglichst viele Straßennamen zusammen: *Leipziger Ring …*
   Leipzig   Frankfurt   Hamburg   Kiel   Ring   Straße   Weg   Allee

> In Straßennamen werden Adjektive und Zahlwörter großgeschrieben.
> Das gilt auch für das erste Wort des Straßennamens.
> Artikel und Präpositionen werden nur am Anfang großgeschrieben.

6 Schreibe die Straßennamen in richtiger Groß- und Kleinschreibung auf:
   Zur Alten Gärtnerei   Am Alten Weiher   Im Langen Bruch
   An den Vier Linden   Auf dem Breiten Feld   In der Hütte

> Straßennamen, die aus mehrteiligen Namen zusammengesetzt sind, schreibt man mit Bindestrichen: *Willy-Brandt-Allee …*

7 Suche im Stadtplan nach Beispielen für Straßennamen mit Bindestrich.

Ausgetrickst und reingefallen

Jeremias Gotthelf
(1797–1854)
war das Pseudonym des schweizerischen Pfarrers und Schriftstellers Albert Bitzius.

Leo Tolstoi
(1828–1910)
war ein russischer Schriftsteller.

Wilhelm Busch
(1832–1908)
war einer der bedeutendsten humoristischen deutschen Dichter.

In diesem Kapitel lernst du Geschichten kennen, die zu ganz unterschiedlichen Zeiten entstanden sind. Sie erzählen von Menschen, deren Schwächen sie zu Opfern werden lassen. Sie werden ausgetrickst oder stellen sich selbst ein Bein. In einigen Geschichten geht es darum, dass Situationen falsch eingeschätzt werden. Alle Geschichten haben jedoch eines gemeinsam: Ihr Ende ist anders, als man das zunächst erwartet hat.

Wenn du dieses Kapitel bearbeitet hast,
– hast du einige kurze Geschichten kennengelernt,
– weißt du, woran man die Textsorte „Kurzgeschichte" erkennt,
– hast du einige Geschichten um- und weitergeschrieben und
– einige Redensarten ergänzt.

Bertolt Brecht
(1898–1956)
war einer der bedeutendsten deutschen Schriftsteller und Dramatiker.

Ilse Aichinger
(geboren 1921)
ist eine österreichische Schriftstellerin.

Kurt Tucholsky
(1890–1935)
war ein bekannter deutscher Journalist und Schriftsteller.

Ephraim Kishon
(1924–2005)
war ein israelischer Schriftsteller, Journalist und Regisseur

Doris Dörrie
(geboren 1955)
ist eine deutsche Schriftstellerin, Regisseurin und Filmproduzentin.

Pea Fröhlich
(geboren 1943)
ist Schriftstellerin und Drehbuchautorin.

① Hier seht ihr die Autorinnen und Autoren, von denen die Geschichten in diesem Kapitel geschrieben wurden.
Kennt ihr eine oder einen von ihnen? Und habt ihr schon einmal etwas von ihnen gelesen?

Wie man in den Wald hineinruft ...

Ephraim Kishon

England

Auf immer neue Art wird der Ausländer von der Selbstdisziplin und den guten Manieren der Inselbewohner beeindruckt.
Ich werden nie den Tag vergessen, an dem ein beleibter Mann auf einer Londoner Bahnstation einen bereits zum Bersten überfüllten Zug zu besteigen versuchte. Er schob und stieß mit Schultern und Ellbogen, um für sich und seine drei Koffer Platz zu schaffen.
In jedem anderen Land wären ihm schon nach kurzer Zeit sämtliche Zähne eingeschlagen worden. Die wohlerzogenen Engländer begnügten sich damit, seine Anstrengungen stumm zu beobachten. Sie fanden es unter ihrer Würde, in irgendeiner Form einzugreifen.
Endlich ließ ein älterer Herr sich vernehmen: „Warum drängeln Sie, Sir? Auch andere Leute sitzen gerne."
„Das kümmert mich nicht", fauchte der Angeredete und gebärdete sich weiterhin wie ein wild gewordener Stier. „Nur weil die anderen sitzen wollen, werde ich nicht bis Southampton stehen."
Niemand würdigte ihn einer Entgegnung. Man ignorierte ihn. Und als er sich tatsächlich auf einen der Sitzplätze gezwängt hatte, ließ man ihn ruhig sitzen. Keiner der Fahrgäste verlor ein Wort an ihn.
Umso weniger, als der Zug nach Birmingham fuhr, also genau in die entgegengesetzte Richtung von Southampton.

Inselbewohner: gemeint sind hier die Engländer
beleibt: dick

❶ Habt ihr ähnliche Situationen erlebt? Erzählt davon.

❷ Was erfährst du über den Reisenden?

❸ Wie beschreibt Ephraim Kishon die Engländer in seiner Geschichte? Schreibe die Textstellen heraus.

❹ Schreibe den Text weiter: Der Zug kommt in Birmingham an. Wie reagiert der beleibte Reisende? Wie seine Mitreisenden?

SCHREIBE SO!

> Der Zug lief schließlich im Bahnhof ein. Plötzlich sah der beleibte Reisende das Schild „Birmingham Hauptbahnhof". Er ....

Ausgetrickst und reingefallen

Wenn das Wörtchen „wenn" …

Leo Tolstoi

Gurkenstehlen

Ein Mann wollte aus einem fremden Gemüsegarten Gurken mitgehen lassen. Als er so unter den Gurken herumkriecht, denkt er: Also, den Sack mit den Gurken werde ich wegbringen und verkaufen. Für das Geld kaufe ich mir ein Hühnchen.
5 Das Huhn legt mir Eier, darauf setze ich die Bruthenne, das gibt eine Menge Küken. Die Küken zieh ich auf und verkauf sie. Davon kauf ich mir ein Ferkelchen und daraus wird ein Schwein. Das Schwein wirft Ferkelchen, die Ferkel verkauf ich, kauf eine Stute; die Stute bringt mir Fohlen, die Fohlen zieh ich groß und verkauf sie;
10 kauf mir ein Haus und lege einen Gemüsegarten an, zieh mir Gurken: Und – Stehlen kommt nicht in Frage. Mächtig werde ich aufpassen. Auf Posten werde ich ziehen, mich in die Gurken legen und eigenhändig werde ich nach dem Dieb greifen und werde schreien.
Oho, haltet ihn. – Fester! He!
15 Und der Mann schreit aus vollem Hals. – Wächter hören es, springen herbei, packen ihn und verbläuen den Gurkendieb.

verbläuen: verprügeln

❶ Der Text ist in zwei Farben gedruckt. Warum wohl?

❷ Was will der Gurkendieb in der Geschichte verkaufen und kaufen?
   1. ein Sack voll Gurken, 2. ein Hühnchen, 3. …

❸ Warum geht der Traum des Gurkendiebs nicht in Erfüllung?

❹ Schreibe einen Bericht aus der Sicht eines der Wächter im Gemüsegarten. Überprüfe deinen Bericht anschließend anhand der Checkliste:
   Gestern Abend hatte ich Wache im Gemüsegarten. Zuerst war alles ruhig …

Einen Bericht schreiben:

[✓] Ereignisse kurz in der richtigen Reihenfolge wiedergegeben?
[✓] W-Fragen beantwortet: Wann? Wo? Was? Wie? Warum? Wer?
[✓] Im Präteritum geschrieben?
[✓] Auf Gefühle und Gedanken verzichtet?
[✓] Keine wörtliche Rede verwendet?

CHECKLISTE [✓]

Der Versuch, den Schein zu wahren …

Kurt Tucholsky

Der Floh

Im Departement du Gard – ganz richtig, da, wo Nîmes liegt und der Pont du Gard: im südlichen Frankreich – da saß in einem Postbüro ein älteres Fräulein als Beamtin, die hatte eine böse Angewohnheit: Sie machte ein bisschen die Briefe auf und las sie. Das wusste alle Welt. Aber wie das so
5 in Frankreich geht: Concierge, Telefon und Post, das sind geheiligte Institutionen, und daran kann man schon rühren, aber daran darf man nicht rühren, und so tut es denn auch keiner.
Das Fräulein also las die Briefe und bereitete mit ihren Indiskretionen den Leuten manchen Kummer.
10 Im Departement wohnte auf einem schönen Schlosse ein kluger Graf. Grafen sind manchmal klug, in Frankreich. Und dieser Graf tat eines Tages Folgendes: Er bestellte sich einen Gerichtsvollzieher auf das Schloss und schrieb in seiner Gegenwart an einen Freund:

Lieber Freund!
15 *Da ich weiß, dass das Postfräulein Emilie Dupont dauernd unsre Briefe öffnet und sie liest, weil sie vor lauter Neugier platzt, so sende ich Dir inliegend, um ihr einmal das Handwerk zu*
20 *legen, einen lebendigen Floh.*
Mit vielen schönen Grüßen
Graf Koks

Und diesen Brief verschloß er in Gegenwart des Gerichtsvollziehers.
25 Er legte aber keinen Floh hinein.
Als der Brief ankam, war einer drin.

Concierge: Hausmeister/in
Institution: Einrichtung, Behörde
Indiskretion: Vertrauensbruch

❶ Warum verschließt der Graf den Brief im Beisein des Gerichtsvollziehers?

❷ Was glaubt Emilie Dupont, als sie den Brief liest? Was macht sie deshalb?

❸ Graf Koks stellt Emilie Dupont mithilfe des Gerichtsvollziehers zur Rede. Was wird er ihr erklären? Schreibt das Gespräch auf.
Ihr könnt auch eine Spielszene dazu ausarbeiten und proben.

Ausgetrickst und reingefallen

Wer anderen eine Grube gräbt …

Jeremias Gotthelf

Das Testament

Schon manche haben einige bei dem Tode eines Menschen wohl angewandte Minuten wohlhabend gemacht. Die Erben sind oft nicht gleich bei der Hand, und wer sich nicht fürchtet, aus dem noch nicht erkalteten Hosensack die Schlüssel zu nehmen, kann bis zu ihrer Ankunft viel auf
5 die Seite schaffen. Fatal ist's, wenn der Verstorbene so plötzlich von hinnen gerufen wird, dass er für die, welche zunächst um ihn sind, nicht testamentlich sorgen konnte, und das geschieht oft; denn solche Leute testieren nicht gerne, sie hoffen noch der Tage viel.

fatal: unangenehm

testieren: sein Testament machen

❶ Gebt in euren Worten wieder, was ihr im ersten Abschnitt erfahren habt.

Aber auch da wussten sich einmal schlaue Leute wohl zu helfen. Sie
10 schleppten den Gestorbenen in eine Rumpelkammer, und in das noch nicht erkaltete Bett legten sie einen vertrauten Knecht, setzten ihm die Nachtkappe des Gestorbenen auf und liefen nach Schreiber und Zeugen. Schreiber und Zeugen setzen sich an den Tisch am Fenster, rüsteten das Schreibzeug und probierten, ob guter Wein in den weißen Kannen sei.
15 Unterdessen ächzte und stöhnte es im dunklen Hintergrunde hinter dem dicken Umhang, und eine schwache Stimme frägt, ob der Schreiber nicht bald fertig sei – es gehe nicht mehr lange mit ihm. Der Schreiber nimmt hastig das Glas vom Munde und dagegen die Feder und lässt diese flüchtig übers Papier gleiten, aber immer halblinks schauend, wo das Glas
20 steht. Da diktiert leise und hustend die Stimme hinter dem Umhang das Testament, und der Schreiber schreibt, und freudig hören die Anwesenden, wie sie Erben würden, von vielem Gut und Geld. Aber blasser Schrecken fährt über ihre Gesichter und faustdicke Flüche quellen ihnen im Hals, als die Stimme spricht: „Meinem treuen Knecht aber, der
25 mir so viele Jahre treu gedient hat, vermache ich 8000 Pfund."

❷ Mit welchem Trick wollen die „schlauen Leute" ein Testament produzieren?

❸ Wie nutzt der Knecht die gute Gelegenheit für seine Zwecke aus?

❹ Erzähle die Geschichte aus der Sicht eines Erben. Schreibe so:
Eines Abends starb plötzlich mein lieber Onkel Fritz, ohne dass er ….

Wer den Schaden hat ...

Doris Dörrie
„Es gibt da eine kleine Ente ..."

Wolgakarpfen: Karpfen, die in dem russischen Fluss Wolga leben

Palmengarten: Park in Frankfurt

Die beiden Polizisten glotzten ihn an wie zwei Wolgakarpfen. „Ich würde mich gern im Palmengarten von jemandem verabschieden", brachte Arkardij nur stotternd heraus, als sei es ihm peinlich, „es gibt da eine kleine Ente. Ich habe sie gerettet. An meinem ersten Tag in Frankfurt. Sie
5 war noch ein Küken und hatte einen gebrochenen Flügel. Unter meinem Mantel habe ich sie rausgeschmuggelt, mit Brot gefüttert und gepflegt, bis sie wieder gesund war. Und dann habe ich sie zurückgebracht. Sie heißt Durak ..."
Seine Augen fingen an zu glänzen. Dafür brauchte er nur die beiden
10 Wörter „nie wieder" zu denken. Sie reichten aus, um ihm das Wasser in die Augen zu treiben. Nie wieder Marianne. Nie wieder Handkäs mit Musik. Nie wieder der warme Kaufhof an der Hauptwache im Winter.

Handkäs mit Musik: eine hessische Spezialität, ein Sauermilchkäse mit Zwiebelsoße

Hauptwache: bekannter Platz in der Stadtmitte Frankfurts

„O Gott", stöhnte der Polizist, der fuhr. „Die verfluchte russische Seele", sagte der andere, „und außerdem hat der Palmengarten längst geschlos-
15 sen." Arkardij spürte, wie das Wasser aus seinem linken Auge hervorquoll und in einer dicken Träne langsam die Wange hinunterrann. Er wandte sein Gesicht zum Fenster in den Neonschein der Straßenbeleuchtung wie Greta Garbo ins Scheinwerferlicht. Der Fahrer drehte sich nach ihm um. „Wo fährst du denn hin?", blökte der andere Polizist. „Mein
20 Gott, es ist schließlich Weihnachten", erwiderte der Fahrer.

Greta Garbo: berühmte, schwedische Schauspielerin

❶ Beantwortet die folgenden Fragen zum Text:
– Wann und wo spielt die Geschichte?
– Was erfahrt ihr im Text über Arkardij?
– Wieso ist Arkardij wohl mit zwei Polizisten unterwegs?
– Was bewegt den einen Polizisten, der Bitte Arkardijs nachzugeben?

Es war stockdunkel im Palmengarten. Der Polizist, der gefahren war, hielt Arkardij wie ein Kind fest an der Hand, während der andere laut vor sich hin schimpfte und damit drohte, eine Dienstaufsichtsbeschwerde einzulegen.
Auf dem runden Teich in der Mitte des Parks dümpelten ein paar Enten vor sich hin. „Durak, Durak", rief Arkardij und gab piepende Laute von
25 sich. Die Enten sahen ihn gleichgültig an. „Und? Welche ist es?", fragte der Polizist, der Arkardijs Hand fest umklammert hielt, streng. Arkardij zeigte auf die Nächstbeste. „Komm her, du blödes Vieh", murmelte er

Ausgetrickst und reingefallen

auf Russisch, „komm her und rette mich. Verdammt. Jetzt komm schon!"
Die Ente legte den Kopf schief. „Du sollst deinen Entenarsch hierher be-
30 wegen!", flehte Arkardij. Die Ente rührte sich nicht. „Du lädst ewige
Schuld auf dich", rief Arkardij wütend. „Du wirst als Weihnachtsente der
Gojim enden!" Das hatte gesessen. Die Ente setzte sich in Bewegung,
schwamm geradewegs auf Arkardij zu und wühlte ihren Schnabel in
seine Hand. „Sie hat Hunger, die Arme", sagte er auf Deutsch, „hat einer
35 von Ihnen vielleicht ein bisschen Brot dabei?" „Nur 'ne Apfeltasche",
sagte der Polizist, ließ Arkardijs Hand los und wühlte in seiner Jacke.
Arkardij federte ein-, zweimal auf den Zehenspitzen, bevor er losrannte. Quer über die Wiese, am Steingarten vorbei, dort hatte
er Marianne an die Brust gefasst, sie dann hinter die Kasta-
40 nie am Wegrand gezogen, dort weiter hinter die Hecke,
wo sie sich ohne weitere Aufforderung auf den Rasen
gelegt hatte. Die Hecke, die Hecke, da war sie. Ja, er
war richtig, dort musste es sein, die kalte Luft stach in
seinen Lungen wie Stecknadeln, er hörte die beiden
45 Polizisten hinter sich hecheln, mit den Händen riss er
den Stacheldraht beiseite, zwängte sich durch das
Loch, und erst als er den sicheren Asphalt der Straße
unter den Füßen hatte, lachte er im Laufen laut auf.
Durak, lachte er, das heißt auf Deutsch „Dummkopf".

Gojim: im Hebräischen Begriff für nichtjüdische Völker

❷ Wo erkennt man, dass Arkardij sich gut im Palmengarten auskennt?

❸ Warum bittet er die Polizisten in Wahrheit um etwas zu essen für die Ente?

❹ Nachdem Arkardij weggelaufen ist, macht der eine Polizist dem anderen Vorwürfe. Was denken sich die beiden aus, um den Verlust Arkadijs zu erklären? Schreibt das Gespräch auf.

MERKEN

Diese Geschichte ist eine typische **Kurzgeschichte**.
– Sie hat einen **offenen Anfang**: Die Geschichte beginnt ohne Einleitung, man erfährt zunächst nicht, warum die Polizisten mit Arkadij unterwegs sind.
– Sie hat einen **offenen Schluss**: Arkadijs weiteres Schicksal bleibt unklar, ebenso wissen wir nicht, wie die Polizisten die Geschichte erklären werden.
– Sie hat einen überraschenden **Wendepunkt**: Arkadij federte ein-, zweimal auf den Zehenspitzen, bevor er losrannte.
– Sie spielt **im Alltag**: Die Geschichte erzählt von einer normalen Situation.
– Sie ist in **Alltagssprache** geschrieben: Die Polizisten glotzen ihn an.

Wer zu spät kommt …

Pea Fröhlich

Der Busfahrer

Er wusste, dass sie an der nächsten Station einsteigen würde, und freute sich. Wenn Platz war, saß sie immer so, dass er sie im Rückspiegel sehen konnte. Meistens las sie. Manchmal schaute sie auch auf die Straße.
Er konnte an ihrem Gesicht ablesen, ob es ihr gut ging. Im Winter trug
5 sie einen braunen Pelz mit einem passenden Käppchen und im Sommer weiße oder blaue Kleider. Einmal hatte sie die Haare aufgesteckt, es stand ihr nicht und jemand musste es ihr gesagt haben, denn am nächsten Tag sah sie wieder aus wie sonst. Sie war ihm sehr vertraut und er hätte sie gerne angesprochen, aber er wagte es nicht.
10 Er fürchtete sich nur davor, dass sie einmal nicht mehr einsteigen würde. Vielleicht, dass sie die Arbeitsstelle wechselte. Für ihn war das die schönste Zeit am Tag, die fünf Stationen, die sie immer mit ihm fuhr. Diesmal sah er sie schon von Weitem. Sie stand da und lachte einen Mann an, der den Arm um sie ge-
15 legt hatte. Sie verpasste das Einsteigen, weil der Mann sie küsste.

❶ Was erfährst du über die Person der Frau?
 – *steigt immer an einer bestimmten Station in den Bus*
 – *setzt sich …*

❷ Was erfährst du über den Busfahrer?

❸ Der Busfahrer erzählt einem Freund von der Frau. Der Freund gibt ihm Ratschläge, wie er die Frau ansprechen könnte. Schreibt dieses Gespräch in Partnerarbeit oder in Gruppen auf und spielt es den anderen vor.

❹ Was geht wohl im Busfahrer vor, als er die Frau zusammen mit dem Mann sieht?

❺ Schreibt die Geschichte um, z. B. so:
 – Der Busfahrer traut sich, die Frau anzusprechen.
 – Die Frau merkt, dass sie dem Busfahrer gefällt, und spricht ihn an.
 – Der Busfahrer und die Frau treffen sich bei einer Party.
 – …

❻ Ist diese Geschichte auch eine typische Kurzgeschichte? Begründe.

Ausgetrickst und reingefallen

Wer nicht lernen will ...

Bertolt Brecht
Der hilflose Knabe

Herr K. sprach über die Unart, erlittenes Unrecht stillschweigend in sich hineinzufressen, und erzählte folgende Geschichte: „Einen vor sich hin weinenden Jungen fragte ein Vorübergehender nach dem Grund seines Kummers. ‚Ich hatte zwei Groschen für das Kino beisammen', sagte der
5 Knabe, ‚da kam ein Junge und riß mir einen aus der Hand', und er zeigte auf einen Jungen, der in einiger Entfernung zu sehen war. ‚Hast du denn nicht um Hilfe geschrien?' fragte der Mann. ‚Doch', sagte der Junge und schluchzte ein wenig stärker. ‚Hat dich niemand
10 gehört?' fragte ihn der Mann weiter, ihn liebevoll streichelnd. ‚Nein', schluchzte der Junge. ‚Kannst du denn nicht lauter schreien?' fragte der Mann. ‚Nein', sagte
15 der Junge und blickte ihn mit neuer Hoffnung an. Denn der Mann lächelte. ‚Dann gib auch den her', sagte er, nahm ihm den letzten Groschen aus der Hand und ging
20 unbekümmert weiter."

❶ Warum weint der Junge?

❷ Was erwartet der Junge von dem Mann?

❸ Wodurch weckt der Mann Hoffnungen in dem Jungen?
Suche solche Textstellen heraus.

❹ Wie beurteilst du das Verhalten des Mannes am Ende der Geschichte?

❺ Was würdest du anstelle des Jungen tun, nachdem der Mann dir auch den zweiten Groschen weggenommen hat?

❻ Bertolt Brecht hat die Geschichten vom Herrn Keuner geschrieben, um den Menschen Lehren zu vermitteln. Was meinst du, was man aus dieser Geschichte lernen soll?

Wie aus einer Mücke ein …

Wilhelm Busch

Eine Nachtgeschichte

Vor einiger Zeit kehrte spätabends im „Goldenen Löwen" zu Kassel ein elegant, aber nachlässig gekleideter Fremder ein, der augenscheinlich eine längere Fußtour gemacht hatte. Aus seinen schmerzlichen Zügen sprach stille Verzweiflung, ein heimlicher Kummer musste seine Seele
5 belasten. Er aß nur äußerst wenig und ließ sich bald sein Schlafzimmer anweisen.

Es mochte wohl eine Viertelstunde später und nahezu Mitternacht sein, als der Kellner an Nr. 6, dem Zimmer des Fremden, vorüberkam. Ein lautes, herzzerreißendes Ächzen
10 und Stöhnen drang daraus hervor. Dem erschrockenen Kellner erstarrte das Blut in den Adern. Irgend etwas Entsetzliches musste da vorgehen. Schleunige Hilfe tat not; er stürzte also zur Polizei.

Unterdessen hat die Regierungsrätin v. Z.,
15 welche in Nr. 7 schläft, dieselbe schreckliche Entdeckung gemacht und bereits das ganze Wirtshaus in Alarm gebracht, bis der Kellner mit der Polizei zurückkommt. Man dringt nun sofort in das Zimmer des Fremden. Aber leider kam die Hilfe zu spät: …

❶ Was erfahren wir über den Fremden? Suche die Textstellen und schreibe sie auf.

❷ Was könnte im Zimmer 6 des Gasthofes „Goldener Löwe" passiert sein? Sammelt Stichwörter und schreibt dann die Geschichte weiter.

❸ Vergleicht eure Ergebnisse mit dem tatsächlichen Ende der Geschichte. Das steht auf Seite 63.

❹ Der Polizist muss einen Bericht über den Vorfall schreiben:

SCHREIBE SO!

Der Kellner des Gasthauses „Goldener Löwe" in Kassel kam gegen Mitternacht in das Polizeirevier. Er berichtete, dass …

Manchmal ist man auf dem falschen …

Tanja Zimmermann

Eifersucht

Diese Tussi! Denkt wohl, sie wäre die Schönste. Juhu, die Dauerwelle wächst schon heraus. Und diese Stiefelchen von ihr sind auch zu albern. Außerdem hat sie sowieso keine Ahnung. Von nix und wieder nix hat die ,ne Ahnung.

5 Immer, wenn sie ihn sieht, schmeißt sie die Haare zurück wie 'ne Filmdiva.

Das sieht doch ein Blinder, was die für 'ne Show abzieht. Ja, okay, sie kann ganz gut tanzen. Besser als ich. Zugegeben. Hat auch 'ne ganz gute Stimme, schöne Augen, aber dieses ständige Getue. Die geht einem ja
10 schon nach fünf Minuten auf die Nerven.

Und der redet mit der … stundenlang. Extra nicht hingucken. Nee, jetzt legt er auch noch den Arm um die. Ich will hier weg! Aber aufstehen und gehen, das könnte der so passen. Damit die ihren Triumph hat.

Auf dem Klo sehe ich in den Spiegel, finde meine Augen
15 widerlich, und auch sonst, ich könnte kotzen. Genau, ich müsste jetzt in Ohnmacht fallen, dann wird ihm das schon leidtun, sich stundenlang mit der zu unterhalten.

Als ich aus dem Klo komme, steht er da: „Sollen wir gehen?" Ich versuche es betont gleichgültig mit einem
20 Wenn-du-willst, kann gar nicht sagen, wie froh ich bin. An der Tür frage ich, was denn mit Kirsten ist. „O Gott, eine Nerventante, nee, vielen Dank!" … „Och, ich find die ganz nett, eigentlich", murmel ich.

❶ Wie erklärst du dir das Ende der Geschichte?

❷ Warum ist die Erzählerin eifersüchtig? Kennst du solche Situationen?

❸ Schreibe die Geschichte aus Kirstens Sicht auf:
Kürzlich war ich in der Disko. Da sprach mich ein ganz netter Typ an …

❹ Die Erzählerin spricht und denkt in Jugend- und Umgangssprache. Suche solche Wörter und Wortgruppen im Text und schreibe sie auf.

❺ Heute würdet ihr manches anders ausdrücken. Schreibe eine modernisierte Fassung der Geschichte.

Oft liegen die Dinge anders als ...

Ilse Aichinger

Das Fenster-Theater

Die Frau lehnte am Fenster und sah hinüber. Der Wind trieb in leichten Stößen vom Fluss herauf und brachte nichts Neues. Die Frau hatte den starren Blick neugieriger Leute, die unersättlich sind. Es hatte ihr noch niemand den Gefallen getan, vor ihrem
5 Haus niedergefahren zu werden. Außerdem wohnte sie im vorletzten Stock, die Straße lag zu tief unten. Der Lärm rauschte nur mehr leicht herauf. Alles lag zu tief unten. Als sie sich eben vom Fenster abwenden wollte, bemerkte sie, dass der Alte gegenüber Licht angedreht hatte. Da es noch ganz hell war, blieb dieses Licht für sich
10 und machte den merkwürdigen Eindruck, den aufflammende Straßenlaternen unter der Sonne machen. Als hätte einer an seinen Fenstern die Kerzen angesteckt, noch ehe die Prozession die Kirche verlassen hat. Die Frau blieb am Fenster.
Der Alte öffnete und nickte herüber. Meint er mich? dachte die
15 Frau. Die Wohnung über ihr stand leer und unterhalb lag eine Werkstatt, die um diese Zeit schon geschlossen war. Sie bewegte leicht den Kopf. Der Alte nickte wieder. Er griff sich an die Stirne, entdeckte, dass er keinen Hut aufhatte, und verschwand im Inneren des Zimmers.
20 Gleich darauf kam er in Hut und Mantel wieder. Er zog den Hut und lächelte. Dann nahm er ein weißes Tuch aus der Tasche und begann zu winken. Erst leicht und dann immer eifriger. Er hing über die Brüstung, dass man Angst bekam, er würde vornüberfallen. Die Frau trat einen Schritt zurück, aber das schien ihn zu be-
25 stärken. Er ließ das Tuch fallen, löste seinen Schal vom Hals – einen großen bunten Schal – und ließ ihn aus dem Fenster wehen. Dazu lächelte er. Und als sie noch einen weiteren Schritt zurücktrat, warf er den Hut mit einer heftigen Bewegung ab und wand den Schal wie einen Turban um seinen Kopf. Dann kreuzte er die
30 Arme über der Brust und verneigte sich. Sooft er aufsah, kniff er das linke Auge zu, als herrsche zwischen ihnen ein geheimes Einverständnis. Das bereitete ihr so lange Vergnügen, bis sie plötzlich nur mehr seine Beine in dünnen, geflickten Samthosen in die Luft ragen sah. Er stand auf dem Kopf. Als sein Gesicht gerötet, erhitzt
35 und freundlich wieder auftauchte, hatte sie schon die Polizei verständigt.

Ausgetrickst und reingefallen

❶ Warum verständigt die Frau wohl die Polizei?

❷ Was erfahrt ihr im Text über die Frau?

❸ Wie stellt ihr euch das Leben der Frau vor?

Und während er, in ein Leintuch gehüllt, abwechselnd an beiden Fenstern erschien, unterschied sie schon drei Gassen weiter über dem Geklingel der Straßenbahnen und dem gedämpften Lärm der
40 Stadt das Hupen des Überfallautos. Denn ihre Erklärung hatte nicht sehr klar und ihre Stimme erregt geklungen. Der alte Mann lachte jetzt, sodass sich sein Gesicht in tiefe Falten legte, streifte dann mit einer vagen Gebärde darüber, wurde ernst, schien das Lachen eine Sekunde lang in der hohlen Hand zu halten und warf es dann hin-
45 über. Erst als der Wagen schon um die Ecke bog, gelang es der Frau, sich von seinem Anblick loszureißen.

Sie kam atemlos unten an. Eine Menschenmenge hatte sich um den Polizeiwagen gesammelt. Die Polizisten waren abgesprungen, und die Menge kam hinter ihnen und der Frau her. Sobald man die
50 Leute zu verscheuchen suchte, erklärten sie einstimmig, in diesem Hause zu wohnen. Einige davon kamen bis zum letzten Stock mit. Von den Stufen beobachteten sie, wie die Männer, nachdem ihr Klopfen vergeblich blieb und die Glocke allem Anschein nach nicht funktionierte, die Tür aufbrachen. Sie arbeiteten schnell und mit
55 einer Sicherheit, von der jeder Einbrecher lernen konnte. Auch in dem Vorraum, dessen Fenster auf den Hof sahen, zögerten sie nicht eine Sekunde. Zwei von ihnen zogen die Stiefel aus und schlichen um die Ecke. Es war inzwischen finster geworden. Sie stießen an einen Kleiderständer, gewahrten den Lichtschein am Ende des
60 schmalen Ganges und gingen ihm nach. Die Frau schlich hinter ihnen her.

Als die Tür aufflog, stand der alte Mann mit dem Rücken zu ihnen gewandt noch immer am Fenster. Er hielt ein großes weißes Kissen auf dem Kopf, das er immer wieder abnahm, als bedeutete er je-
65 mandem, dass er schlafen wolle. Den Teppich, den er vom Boden genommen hatte, trug er um die Schultern. Da er schwerhörig war, wandte er sich auch nicht um, als die Männer auch schon knapp hinter ihm standen und die Frau über ihn hinweg in ihr eigenes finsteres Fenster sah.

70 Die Werkstatt unterhalb war, wie sie angenommen hatte, geschlossen. Aber in die Wohnung oberhalb musste eine neue Partei eingezogen sein. An eines der erleuchteten Zimmer war ein Gitterbett geschoben, in dem aufrecht ein kleiner Knabe stand. Auch er trug sein Kissen auf dem Kopf und die Bettdecke um die Schultern. Er sprang und winkte herüber und
75 krähte vor Jubel. Er lachte, strich mit der Hand über das Gesicht, wurde ernst und schien das Lachen eine Sekunde lang in der hohlen Hand zu halten. Dann warf er es mit aller Kraft den Wachleuten ins Gesicht.

4 Was tut der Mann alles, um das Kind zu unterhalten?
Schreibe es in Stichworten auf. Die Abbildungen in der Randspalte helfen dir.
– *Mann fasst sich an die Stirn*
– *er ...*

5 Der Mann erzählt am nächsten Morgen einem Bekannten die Geschichte. Erzähle die Geschichte, wie der alte Mann sie sieht. Beginne so:

SCHREIBE SO!

Stell dir vor, was mir gestern passiert ist ...

Später habe ich erfahren, dass ...

6 Begründe, warum diese Geschichte eine Kurzgeschichte ist.

Wiederholen & weiterarbeiten

Das ist das Ende der „Nachtgeschichte" von Wilhelm Busch auf Seite 58:

… denn der hatte bereits in Ermangelung eines anderen Instrumentes mit eigener Hand unter Schmerzen und Wehklagen seine – engen Stiefel ausgezogen.

- Stellt ein Plakat für euer Klassenzimmer mit den Merkmalen der Kurzgeschichte her.

- Überprüft die anderen Geschichten in diesem Kapitel mit den Merkmalen der Kurzgeschichte.

- Studiert in Gruppen eine der Geschichten als szenisches Spiel ein und spielt sie euch gegenseitig vor.

- Sucht euch eine Person aus einer der Geschichten aus und schreibt aus deren Sicht einen Tagebucheintrag.

- Habt ihr auch schon einmal eine Reingefallen-Geschichte erlebt? Erzählt sie und schreibt sie auf.

- Sammelt weitere Sprichwörter und Redensarten sowie deren übertragene Bedeutung auf Karteikarten und macht daraus ein Klassenquiz.

- Sucht zu den Autorinnen und Autoren der Geschichten Informationen und gestaltet eine Ausstellung mit Steckbriefen:

Über Autoren informieren
➜ Seite 159/160

Name:

geboren:

gestorben:

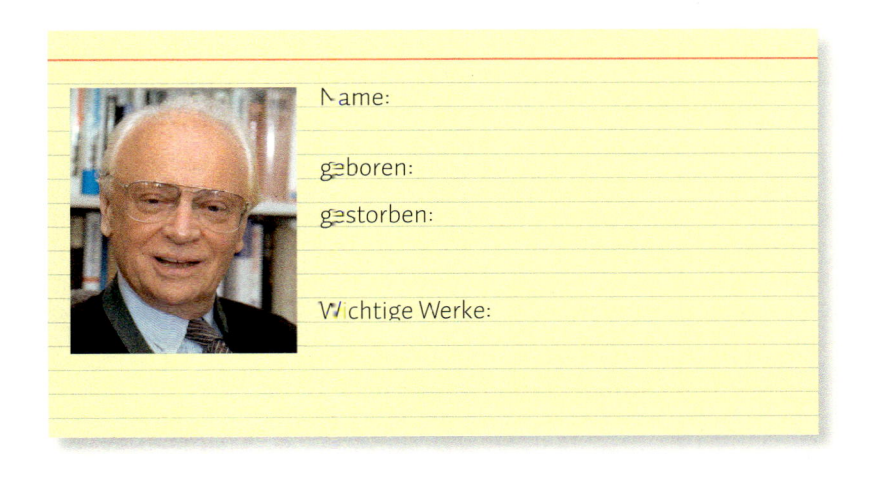

Wichtige Werke:

Satzglieder umstellen – Sätze wirkungsvoller verbinden

Kurioses Ende eines Fußballspiels
Letzter Spieltag der Bundesligasaison 1991. Der 1. FC Nürnberg muss das Spiel gegen Wattenscheid gewinnen, um den Klassenerhalt zu sichern. Kurz vor Spielende steht es 1:0 für den FC und damit scheint alles klar zu sein. Aber in der 85 Minute kommt es zu einer fatalen Fehleinschätzung eines Nürnberger Feldspielers und der Nürnberger Fans, was zu einem turbulenten Saisonende führt …

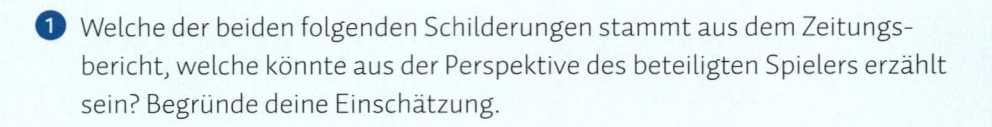

❶ Welche der beiden folgenden Schilderungen stammt aus dem Zeitungsbericht, welche könnte aus der Perspektive des beteiligten Spielers erzählt sein? Begründe deine Einschätzung.

a) Einige Fans liefen nach der 85 Minute aufgrund eines Pfiffes des Schiedsrichters irrtümlicherweise auf den Rasen.

b) Den lang erwarteten Pfiff hörte ich. Mit hochgerissenen Armen bejubelte ich den vermeintlichen Abpfiff. Auf den Rasen stürmten die Fans.

❷ Bestimme die Satzglieder aus den beiden Schilderungen und ordne sie in die folgende Tabelle ein:

Subjekt	Prädikat	Adverbiale Bestimmungen (Zeit, Art und Weise, Grund)	Objekte (Dativ oder Akkusativ)

❸ Wie unterscheidet sich die Reihenfolge der Satzglieder in den beiden Schilderungen?

MERKEN

In der Regel gilt bei deutschen Sätzen folgende **Reihenfolge der Satzglieder**: *Subjekt – Prädikat – Adverbiale Bestimmungen – weitere Satzglieder (wie z. B. Objekte).*
Um Satzglieder zu betonen, kann man davon aber auch abweichen und durch Umstellung bestimmte Satzglieder betonen und dadurch Abwechslung und Spannung erzeugen.

Satzglieder und Attribute
➔ Seite 226

Über Sprache nachdenken

4 Stelle einige der folgenden Sätze so um, dass die Schilderung der Ereignisse spannender und abwechslungsreicher klingt:

a) Die jubelnden Fans zogen mir mein Trikot aus.
b) Ich überreichte ihnen meine Schuhe.
c) Das Spiel wurde überraschenderweise fortgesetzt.
d) Der Schiedsrichter hatte nur einen Freistoß gepfiffen.
f) Ich stand ohne Schuhe und mit nacktem Oberkörper am Spielfeldrand.
g) Ein Fan warf mir meinen rechten Schuh vor die Füße.
h) Ein anderer Fan lieh mir ein Fantrikot ohne Nummer.
f) Der Assistenztrainer gab mir seinen linken, viel zu großen Fußballschuh.
g) Ich spielte bis zum wirklichen Schlusspfiff mit zwei verschiedenen Fußballschuhen und einem viel zu großem Trikot.

> Man kann auch eine adverbiale Bestimmung ganz herauslösen und nachstellen, um dem Satz ein überraschendes Ende zu geben. Die nachgestellte adverbiale Bestimmung muss dann allerdings durch ein Komma abgetrennt werden:
> Ich spielte bis zum wirklichen Schlusspfiff, mit zwei verschiedenen Fußballschuhen und einem viel zu großem Trikot.

MERKEN

3 Bilde mithilfe des Satzbaukastens selbst Sätze, um das kuriose Ende dieses Spiels aus der Sicht des Spielers zu erzählen.
Verwende mindestens einmal eine nachgestellte adverbiale Bestimmung.
Tipp: Die Prädikate geben die Reihenfolge der Ereignisse an.

Subjekt	Prädikat	Dativobjekt	Akkusativobjekt	Adverbiale Bestimmungen
Ich	rannten	mir	mich	nackt
Sie	umringten		keine Gnade	in die Kabine
Die Zeitungen	zogen … aus		mich	jubelnd
Meine Unterhose	fand		ein Bild meines nackten Körpers	auf den Rasen
Die Fans	stand			erneut
Sie	floh		Trikot, Schuhe, Strümpfe und Schienbeinschützer	auf dem Spielfeld
Meine Mannschaftskameraden	lachten … aus			schamrot
Ich	druckten			am nächsten Tag
				dröhnend

Das Komma bei Aufzählungen und zwischen Haupt- und Nebensatz

Wilhelm Busch verfasste Kurzgeschichten, Bildergeschichten, Gedichte, Märchen und Erzählungen. Zu seinen bekanntesten Werken zählen „Max und Moritz", „Hans Huckebein" und „Die fromme Helene". Der Zeichner, Maler und Dichter Wilhelm Busch wurde 1832 geboren, er starb im Jahre 1908.

1 Begründe die Kommas in den Sätzen oben.

MERKEN

> *Zur Erinnerung*:
> Bei **Aufzählungen** werden einzelne Wörter, Wortgruppen oder ganze Sätze *durch Kommas getrennt*. Das **Komma entfällt**, wenn ein *und* zwischen zwei Gliedern einer Aufzählung steht.

2 Im folgenden Text über Bertolt Brecht fehlen die Kommas bei den Aufzählungen. Schreibe den Text ab und ergänze die fehlenden Satzzeichen.

Ob in Japan Amerika oder Indien: Überall kennt liest und spielt man die Werke von Bertolt Brecht.
Der Dichter wurde am 10. Februar 1898 als Eugen Berthold Friedrich Brecht geboren und starb am 14. August 1956 an den Folgen eines Herzinfarkts. In seiner Kindheit wurde er „Eugen" gerufen erst später nannte er sich nach seinem zweiten Vornamen. Brecht soll ein schüchternes kränkelndes Kind gewesen sein. Der Schriftsteller schloss 1917 die Schule mit dem Notabitur ab danach ging er zum Militär und wurde im Oktober 1918 als Soldat in den Ersten Weltkrieg eingezogen.

Notabitur: *verkürztes Abitur in Kriegszeiten*

3 Beantworte zu dem Satzgefüge unten folgende Fragen:
 – Welcher Satz ist der Hauptsatz, welcher der Nebensatz?
 – Mit welchen Wort beginnt der Nebensatz?
 – Mit welchem Wort/Satzteil endet der Nebensatz?
 – Wie werden Hauptsatz und Nebensatz optisch voneinander abgetrennt?

Brecht wollte lieber als Schriftsteller arbeiten, obwohl er ein Studium der Medizin und Naturwissenschaften begonnen hatte.

4 Vervollständige den Merksatz auf den Seite 67 oben in deinem Heft mit diesen Wörtern: *Ende, Hauptsatz, Konjunktion, Nebensatz, Komma*.

Richtig schreiben

> *Zur Erinnerung:*
> ▒▒▒ und ▒▒▒ werden immer durch ein ▒▒▒ abgetrennt. Der Nebensatz wird oft durch eine ▒▒▒ eingeleitet: weil, wenn, während, falls, als, damit, obwohl, bevor, nachdem, da, seitdem, dass, bis, wie, solange …
> Das Verb steht immer am ▒▒▒ des Nebensatzes.

MERKEN

5 Verbinde die Sätze unten sinnvoll miteinander.
Wandle dazu den zweiten Satz in einen Nebensatz um, indem du jeweils eine Konjunktion aus dem Merkkasten benutzt.
Denke an das Komma und die richtige Stellung des Verbs:
Ich höre keine Musik, während ich meine Hausaufgaben mache.

a) Ich höre keine Musik. Ich mache meine Hausaufgaben.
b) Petra übt für die Mathearbeit. Sie verbessert ihre Note.
c) Der Täter war schon geflohen. Die Polizei kam an.
d) Meine Schrift ist besser geworden. Ich schreibe mit dem Füller.
e) Martin ist heute zur Schule gegangen. Er hat Fieber.
f) Es dauert noch eine Stunde. Wir kommen in der Jugendherberge an.

> *Zur Einnerung:*
> Der **Nebensatz** kann verschiedene Stellungen einnehmen:
> a) Hinter dem Hauptsatz (H, N):
> *Ich höre keine Musik, während ich meine Hausaufgaben mache.*
> b) Vor dem Hauptsatz (N, H):
> *Während ich meine Hausaufgaben mache, höre ich keine Musik.*
> c) In den Hauptsatz eingeschoben (H, N, H):
> *Ich höre, während ich meine Hausaufgaben mache, keine Musik.*

MERKEN

6 Schreibe die folgenden Sätze ab. Unterstreiche im Nebensatz jeweils die Konjunktionen rot, die Verben blau. Schreibe auf, welche Stellung Hauptsatz und Nebensatz jeweils einnehmen.

a) Wenn ich anderen helfen kann, freue ich mich.
b) Ich habe gedacht, dass wir heute hitzefrei bekommen.
c) Ich gehe, wenn die Sonne morgen scheint, ins Schwimmbad.
d) Bevor ich zu spät komme, stehe ich lieber zehn Minuten früher auf.

7 Stelle die Sätze aus Aufgabe 6 so um, dass Hauptsatz und Nebensatz jeweils eine andere Stellung einnehmen.

Sätze gliedern und verbinden
➜ Seite 228–231

Klasse, Clique, Community ...

Jugendliche verbringen viel Zeit in Gruppen: in der Familie, in der Klasse, im Verein oder in Freundescliquen – in der Schule und in der Freizeit. Viele beteiligen sich auch an virtuellen Gruppen im Internet, z. B. SchülerVZ. Was an Gruppen gut, weniger gut und vielleicht auch problematisch sein kann – damit beschäftigt ihr euch in diesem Kapitel. Und ihr macht euch schlau, welche unentdeckten Freizeitmöglichkeiten vielleicht in eurer Umgebung schlummern ...

Während der Arbeit mit diesem Kapitel wirst du
– Einblicke in ein interessantes Jugendbuch zum Thema „Cliquen" erhalten,
– dich mit unterschiedlichen Vorstellungen von Clique auseinandersetzen,
– zu Problemen mit virtuellen Cliquen Stellung nehmen und
– alternative Freizeitmöglichkeiten kennenlernen und anderen vorstellen.

1 Was erkennt ihr auf den Fotos? Beschreibt die abgebildeten Situationen.

2 In welchen Situationen findet ihr euch wieder?

3 Welche typischen Situationen heutiger Jugendlicher fehlen eurer Meinung nach?

▶ Sammelt zu den Themen „Freizeitaktivitäten" und „Cliquen" Bild- und Textmaterial. Durchsucht dazu Zeitschriften, Prospekte, Werbung, Poster und so weiter. Das gesammelte Material könnt ihr während der Arbeit an diesem Kapitel gut gebrauchen.

Was ist eigentlich eine Clique?

Habt ihr euch schon einmal Gedanken darüber gemacht, was das Dazugehören zu einer Clique für euch bedeutet? Jeder aus der Klasse hat wahrscheinlich unterschiedliche Vorstellungen und Erwartungen zu diesem Thema.

❶ Mit wem verbringt ihr häufig eure Freizeit? Was macht ihr gemeinsam? Berichtet davon.

❷ Was verstehst du unter dem Begriff **Clique**? Sammle deine Ideen mithilfe eines Clusters.

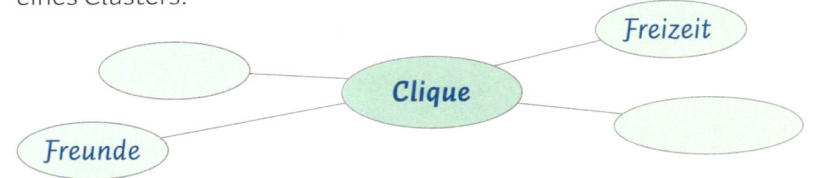

Freizeit — *Clique* — *Freunde*

❸ Schreibe einen zusammenhängenden Text darüber, was der Begriff **Clique** für dich bedeutet. Halte dich dabei an folgende Arbeitsschritte:
a) Markiere in deinem Cluster die Begriffe, die du für deinen Text gebrauchen möchtest.
b) Schreibe die markierten Begriffe in der Reihenfolge auf, in der du sie in deinem Text verwenden willst. Das hilft dir als Schreibvorbereitung.
c) Schreibe nun deinen Text: *„Clique" bedeutet für mich …*

❹ Stellt eure Ergebnisse vor.

❺ Was haben die Begriffe **Clique**, **Klasse**, **Verein** und **Familie** gemeinsam, worin unterscheiden sie sich? Arbeitet gemeinsam Unterschiede und Gemeinsamkeiten heraus.

❻ Sammelt Gründe dafür, warum sich Menschen überhaupt in einer Clique oder anderen Gruppen zusammenschließen.

Wie Cliquen entstehen

1 Lies den Klappentext des Jugendbuchs „Die Clique":
Worum geht es in diesem Buch? Wer sind die Hauptfiguren?

Lara ist raus aus der Clique. Ihrem Tagebuch vertraut sie an, wie alles begonnen hat mit ihrer großen Liebe Carus, ihrer Freundin Sonja und ihrer Clique. Wie sie alles zusammen gemacht haben: Radtouren, Schwimmen gehen und Partys feiern. Wie schön es war, einfach dazuzugehören. Und wie es dann anfing mit Bier und Rotwein und weiterging mit bunten Tabletten ... Lara mochte das alles nicht. Aber sie wusste: wenn sie nicht mitmacht, dann ist sie draußen.
Erfolgsautorin Brigitte Blobel beschreibt einfühlsam das emotionale Chaos junger Leute, die den Weg finden müssen zwischen Individualität und Akzeptanz in der Gruppe.

Brigitte Blobel
Die Clique (1)

An diesem 13. Mai jedenfalls sagte Carus, dass er mit dem Gedanken spiele, eine richtige Clique zu gründen. Ich hab das am Anfang nicht kapiert, weil ich immer dachte, eine Clique, die entsteht von alleine, das entwickelt sich irgendwie. Aber er fand das offenbar nicht. Er sagte, dass
5 es ihn total nerve, dass es überall nur Cliquen gäbe und dass man überhaupt keine Chance habe, in eine Clique reinzukommen (ausgerechnet er sagte so was!!!!!), und dass es doch viel besser sei, wenn man sich die Leute selber zusammensucht. Dann passt es.
„Und nach was für einem Prinzip willst du da vorgehen?", fragte ich.
10 Und er darauf: „Ich geh einfach danach, wen ich nett finde. Wen ich gern um mich hätte. Und in der Hoffnung, dass die anderen mich auch gern um sich haben. Das muss man halt austesten."

2 Was hältst du von Carus' Weg, eine Clique zu bilden? Schreibe deine Gedanken dazu auf und tausche dich mit deinem Partner aus.

3 Wie entstehen eurer Meinung nach Cliquen?

4 Die Mitglieder einer Clique haben immer eine Gemeinsamkeit, die sie verbindet, z. B. dass alle aus derselben Klasse kommen. Nennt weitere mögliche Gemeinsamkeiten, die Grundlage einer Clique sein können.

Das Gute an Cliquen – und was an ihnen nervt

Brigitte Blobel
Die Clique (2)

Lara hat ihrem Tagebuch einiges zum Thema „Clique" anvertraut.

Unsere Clique gibt es genau seit zwölf Monaten. Bis auf Noah und Jackie (eigentlich heißt sie Jacqueline) gehen wir alle in die 8b. Noah und Franzi gehen in die 8a. Aber wir haben zusammen Sport. Und Franzi ist in meiner AG. Wir wollen eine Homepage für die Schule herstellen. (…)
5 Bevor wir die Clique gründeten, habe ich eigentlich nichts vermisst. Ich hab die anderen in der Klasse nie beneidet, wenn die sich schon gleich auf dem Schulhof zusammengerottet haben und im Pulk ins Cockpit gezogen sind. Oder zur Bushaltestelle, um da irgendwelchen Blödsinn zu machen. Am liebsten die Kleinen ärgern oder alte Omis erschrecken. Ich
10 kenne einen Haufen Leute, die allein total nett sind, bloß wenn man sie zusammentut, dann entwickelt sich daraus ein Monster. So eins mit vielen Köpfen. Wie heißt das noch mal? Leute in der Gruppe benehmen sich arschig. Da ist zum Beispiel die rote Rita, das ist ein Mädchen aus meiner Klasse, das schon zweimal sitzen geblieben ist. Rita ist also prak-
15 tisch schon sechzehn und sieht aus wie zwanzig. Kommt immer total geschminkt und gestylt in die Schule, auf Schuhen, in denen sie kaum gehen kann, und mit Miniröcken, die so kurz sind, dass man ihren Slip sieht, wenn sie sich nach einem Radiergummi bückt. Komischerweise fällt ja gerade solchen Mädchen der Radiergummi immerzu runter. Be-
20 sonders in der Mathestunde. Unser Mathelehrer ist der Star an unserer Schule. (…) Aber ich hab seinetwegen noch nie meinen Radiergummi auf den Boden geworfen.
Ritas Clique ist das Letzte. Da ist keiner dabei, mit dem ich freiwillig einen halben Nachmittag verbringen würde. Wirklich keiner. Aber die
25 würden wahrscheinlich auch keinen halben Nachmittag mit mir verbringen.
In Ritas Clique geht es bloß ums Äußerliche. Eigentlich nicht mal so sehr um das Gesicht oder die Figur als darum, welche Klamotten man trägt. Rita und ihre Clique stehen auf dem Schulhof oder lümmeln an Straßen-
30 ecken rum und checken jeden ab, der vorbeigeht. Die Frisur, die Jacke, die Hose, die Schuhe. Alles kommt dran. Wenn die Sachen kein angesagtes Label haben oder gerade nicht in sind und mindestens fünfzig Euro kosten, dann kommen die Bemerkungen: abfällig, hämisch. Die denken sich richtig fiese Sachen aus, die sie den Leuten sagen. Einmal

Cockpit: *hier: ein Treffpunkt für Jugendliche*

Klasse, Clique, Community ...

35 haben sie Tobias aus der siebten Klasse gefragt, ob er die Klamotten, die er immer trägt, seinem Opa aus dem Sarg geklaut hat. Nee, hat der gesagt und verlegen gegrinst, wieso?
Weil sie so gruftmäßig aussehen, hat Rita gesagt.
Und nach Moder stinken, hat Vera hinzugefügt. Und dann haben sie sich
40 totgelacht, auch wenn ich beim besten Willen nicht erkennen konnte, was daran lustig war. Bloß Tobias, das ist so ein ganz empfindlicher, der ist feuerrot geworden und weggelaufen. Und am nächsten Tag, als ich ihn trösten wollte, hab ich ihn nirgends entdeckt. Jemand hat dann gesagt, Tobias sei krank.
45 Es gibt einen Haufen Leute, die keinen Bock mehr auf Schule haben, bloß weil sie von Hirnamputierten wie Rita und ihrer Clique fertig gemacht werden. Wegen Klamotten. Oder weil ihre Eltern einfach nicht so viel Geld haben. Heute musst du dich dafür entschuldigen, dass deine Mutter arbeitslos ist und Sozialhilfe bekommt. Oder besser: Du musst es
50 verschweigen. Sonst machen sie dich deswegen fertig. Das Einzige, was zählt, ist das Geld, das die Eltern haben, oder die Höhe des Taschengeldes. Irgendwie ätzend. Ich würde niemals in Ritas Clique wollen, abgesehen davon, dass ich nicht solche Klamotten habe, die vor Ritas Augen Gnade finden.
55 In unserer Klasse gibt es zwei richtige Cliquen. Also Gruppen, von denen jeder weiß, wer dazugehört und wer nicht.

❶ Was stört Lara an Ritas Clique? Suche die Textstellen heraus und notiere sie unter Angabe der Zeile in deinem Heft.

Zeile	Textstelle
34	In Ritas Clique geht es bloß ums Äußerliche.
...	...

❷ Wäre es dir genug, wenn es in deiner Clique nur um Äußerlichkeiten ginge? Was ist dir bei einer Clique sonst noch wichtig?
Sammle deine Ideen und Vorstellungen und notiere sie stichpunktartig. Sieh dir dazu auch noch einmal den Cluster an, den du zu diesem Thema erstellt hast (S. 70)

Aussehen: ist mir nicht so wichtig, jeder soll sich wohlfühlen
Musik: ...
Ideen/Vorstellungen: ...
Freizeitgestaltung: .

SCHREIBE SO!

Wie ich mir eine Clique wünsche

Collage: *Der Begriff kommt aus dem Französischen. Dort bedeutet das Verb „coller" kleben.*

Sebastian (links) und Lisa (rechts) haben sich Gedanken gemacht, wie sie sich eine Clique wünschen. Dazu haben sie Collagen angefertigt:

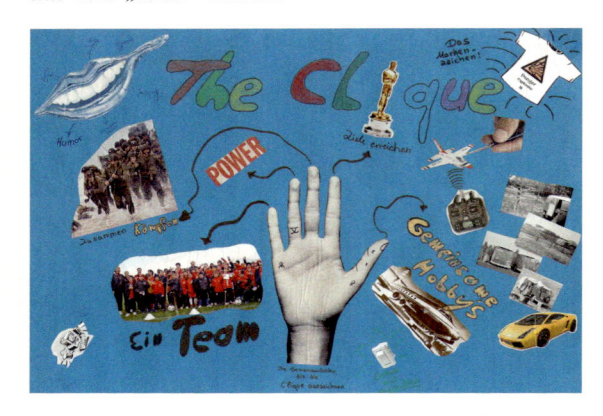

❶ Seht euch die Collagen an und findet heraus, was Sebastian und Lisa an ihrer Wunschclique wichtig ist.

Im Mittelpunkt von Sebastians Collage steht eine Hand. An den fünf Fingern kann man die wichtigsten Aspekte einer Clique abzählen: ein Team sein …

❷ Untersucht die Collagen genauer: Wie sind sie gemacht?
Denkt über folgende Aspekte nach:
– Darstellung des Themas,
– Aufbau der Seite: Überschriften, Bereiche, verbindende Pfeile …
– Gestalterische Bestandteile: Schriften, Farben, Bilder, Symbole …

❸ Ihr habt euch schon Gedanken zu euren Wunschcliquen gemacht. Gestaltet nun eigene Collagen. Dazu braucht ihr die Materialien, die ihr zu diesem Thema vielleicht schon gesammelt habt.

METHODE

Eine Collage gestalten

1. Geeignetes Bild- und Textmaterial aussuchen.
2. Ergänzende Zeichnungen und Aufschriften anfertigen.
3. Bild- und Textmaterial lose auf Tonpapier anordnen.
4. Das Material aufkleben und die Collage fertigstellen.

❹ Organisiert mit euren Collagen eine Ausstellung.
– Hängt die Collagen aus und betrachtet sie.
– Jeder sucht sich eine Collage aus und schreibt auf, wie er sie versteht.
– Hängt die Texte zu den Collagen und betrachtet die Ausstellung erneut.

Klasse, Clique, Community ...

Alles mitmachen, was die Clique will?

Brigitte Blobel
Die Clique (3)

Lara verbringt viel Zeit mit ihrer Clique. Sie besucht mit ihren Freunden nicht nur dieselbe Klasse, sondern sie haben auch dieselbe Sport-AG gewählt. Nebenbei wollen sie gemeinsam eine Homepage für die Schule erstellen. Das ist schon viel gemeinsame Zeit! Nichtsdestotrotz finden sie sich in ihrer Freizeit zu gemeinsamen Aktivitäten zusammen. ...

Die Jungen sind dann los, nachdem wir die Zelte aufgebaut haben, mit leeren Rucksäcken, „einkaufen" für das Fest am Abend. Wir wollten grillen. Ohne Grill, auf offenem Feuer. Benni war früher bei den Pfadfindern, der wusste, wie so was geht.

5 Die Jungen kamen zurück, bepackt wie die Weihnachtsmänner. Würste, Brote, Tomaten, Koteletts, was man so mitbringt für einen Grillabend. Und jede Menge Alkohol. Die packten eine Flasche nach der anderen aus und mir fielen fast die Augen aus dem Kopf. Aber Sonja war total begeistert. „Mann! Ihr habt Gin gekauft!"

10 „Und hier: eine Drei-Liter-Flasche Rotwein!" „Und Whisky!" „Das kann man mit Gin mischen", sagte Carus, „gibt einen geilen Cocktail."
„Rotwein und Gin? Ihr spinnt ja!" Jackie hatte den Durchblick, wie immer, und sagte auch, was sie dachte. Und ich war froh, dass ich es nicht sagen musste.

15 Wir haben dann Fackeln angezündet, uns auf unseren Schlafsäcken ausgestreckt, ins Feuer geguckt, geraucht und uns Geschichten erzählt. Was uns so einfiel. War echt eine tolle Stimmung. Die Rotweinflasche kreiste, die Ginflasche kreiste und ich trank meine Limo. Weil ich immer Limo trinke. Da hatte bislang auch nie jemand was dagegen, dass ich nicht
20 mitmachte bei der Sauferei. Und es war ja auch vorher noch nie irgendwie ausgeartet. Bis zu der Nacht, in der Noah 15 wurde.

❶ Was denkt Lara, als sie den Alkoholvorrat sieht? Und was sagt sie dazu? Wie reagiert Jackie?

❷ Lara ist froh, dass Jackie den Mund aufmacht. Warum wohl? Und weshalb hat sie selbst nichts gesagt?

▶ Was passierte wohl in der Nacht, als Noah 15 wurde? Schreibe Laras Tagebucheintrag weiter.

TIPP
Vielleicht könnt ihr eure Ideen erst gemeinsam sammeln.

Ist das eigentlich erlaubt?

Lara hat schon so einiges mit ihrer Clique erlebt. Aber sind diese Aktivitäten eigentlich mit dem Jugendschutzgesetz vereinbar?

1 Beantworte die Fragen a-f zur rechtlichen Situation einiger dir vertrauter oder bekannter Fälle. Nutze dazu die Grafik.

Das Jugendschutzgesetz (JuSchG)

Eltern müssen nicht alles erlauben, was das Gesetz gestattet. Sie tragen bis zur Volljährigkeit die Verantwortung.

- 🟩 = erlaubt
- 🟥 = nicht erlaubt (Dieses Gesetz gilt nicht für verheiratete Jugendliche)
- 🟢 = zeitliche Beschränkungen/Begrenzungen (werden durch die Begleitung einer erziehungsbeauftragten Person aufgehoben)

		Kinder unter 14 Jahre	Jugendliche unter 16 Jahre	Jugendliche unter 18 Jahre
§ 4	Aufenthalt in Gaststätten	🟢	🟢	bis 24 Uhr
	Aufenthalt in Nachtbars, Nachtclub oder vergleichbaren Vergügungsbetrieben	🟥	🟥	🟥
§ 5	Anwesenheit bei öffentliche Tanzveranstaltungen, u.a. Discos (Ausnahmegenehmigung durch zuständige Behörde möglich)	🟢	🟢	bis 24 Uhr
	Anwesenheit bei Tanzveranstaltungen von anerkannten Trägern der Jugendhilfe. Bei künstl. Betätigung oder zur Brauchtumspflege	bis 22 Uhr	bis 24 Uhr	bis 24 Uhr
§6	Anwesenheit in öffentlichen Spielhallen. Teiln. an Spielen mit Gewinnmöglichkeiten	🟥	🟥	🟥
§7	Anwesenheit bei jugendgefährdenden Veranstaltungen und in Betrieben (Die zuständige Behörde kann Alters- und Zeitbegrenzungen sowie andere Auflagen anordnen.)	🟥	🟥	🟥
§8	Aufenthalt an jugendgefährdenden Orten (Die zuständige Behörde kann Maßnahmen zur Gefahrenabwehr treffen.)	🟥	🟥	🟥
	Abgabe / Verzehr von Branntwein, branntweinhaltigen Getränken u. Lebensmitteln	🟥	🟥	🟥
§9	Abgabe / Verzehr anderer alkoholischer Getränke; z.B. Wein, Bier o.ä. (Ausnahme: Erlaubt ab 14- u. 15-jährigen in Begleitung einer personensorgeberechtigten Person [Eltern])	🟥	🟥	🟩
§10	Abgabe und Konsum von Tabakwaren	🟥	🟥	🟩
§11	Kinobesuche Nur bei Freigabe des Films und Vorspanns: „ohne Altersbeschr. / ab 6/12 /16 Jahren" (Kinder unter 6 nur mit einer erziehungsbeauftrgten Person. Die Anwesenheit ist grundsätzlich an die Altersfreigabe gebunden! Ausnahme: „Filme ab 12 Jahren": Anwesenheit ab 6 Jahren in Begleitung einer personensorgeberechtigten Person [Eltern] gestattet.)	bis 20 Uhr	bis 22 Uhr	bis 24 Uhr
§12	Abgabe von Filmen oder Spielen (auf DVD, Video usw.) nur entsprechend der Freigabekennzeichen: „ohne Altersbeschr./ ab 6/12/16 Jahren"	🟥	🟩	🟩
§13	Spielen an elektr. Bildschirmspielgeräten ohne Gewinnmöglichkeiten nur nach den Freigabekennzeichen: „ohne Altersbeschr./ ab 6/12/16 Jahren"	🟥	🟩	🟩

Text des Jugendschutzgesetzes vom 23. Juli 2002 (BGBl. I S. 2730) ist auf der Rückseite abgedruckt - Auszug - Zuletzt geändert durch Art. 3 und 7 des Gesetzes zum Schutz vor den Gefahren des Passivrauchens vom 20.07.2007 (BGBl. I S. 1595). **gültig ab 01. September 2007**

a) Dürfen dir deine Eltern erlauben, mit 15 Jahren Bier zu trinken, wenn sie dabei sind?

b) Darfst du mit 12 Jahren Videospiele spielen, die erst mit 16 Jahren freigegeben sind?

c) Darfst du mit 13 Jahren Wein kaufen?

d) Darfst du mit 16 Jahren nach 24.00 Uhr in der Disko bleiben, wenn du eine Aufsichtsperson bei dir hast, die dich auch wirklich beaufsichtigt?

e) Darfst du mit 17 Jahren in eine Spielhalle gehen und Roulette spielen?

f) Darfst du mit 17 in der Öffentlichkeit rauchen?

Paragraphen werden bei der Einteilung von Gesetzen und Vorschriften verwendet.

2 Gegen welche Paragraphen (§) des Jugendschutzgesetzes haben Lara und die Clique während der Zeltnacht verstoßen (Text auf S. 75)?

3 Begründe für zwei Paragraphen des Jugendschutzgesetzes, warum diese aus deiner Sicht für den Schutz der Jugendlichen wichtig sind.

Klasse, Clique, Community ...

Virtuelle Cliquen: *Communities* im Internet

Heutzutage bedeutet das Bilden einer Clique nicht immer, dass man persönlich Zeit miteinander verbringt. Viele Cliquen bilden sich im Internet. Dort tauscht man sich in sogenannten Social Networks oder Communities aus. Online eine Clique zu bilden macht Spaß, birgt aber auch Gefahren.

❶ Erklärt mit eigenen Worten, was eine Community ist. Könnt ihr Beispiele nennen?

❷ Was ist eurer Meinung nach das Gute daran, wenn man Mitglied in einer virtuellen Clique ist? Sprecht darüber.

Community bedeutet auf Deutsch „Gemeinschaft". Im Internet wird damit eine Gruppe von Leuten bezeichnet, die bestimmte Seiten immer wieder besuchen. In der Community tauscht man sich aus, lernt sich kennen und lernt voneinander. Manche Communities entwickeln auch gemeinsame Ideen im Netz.

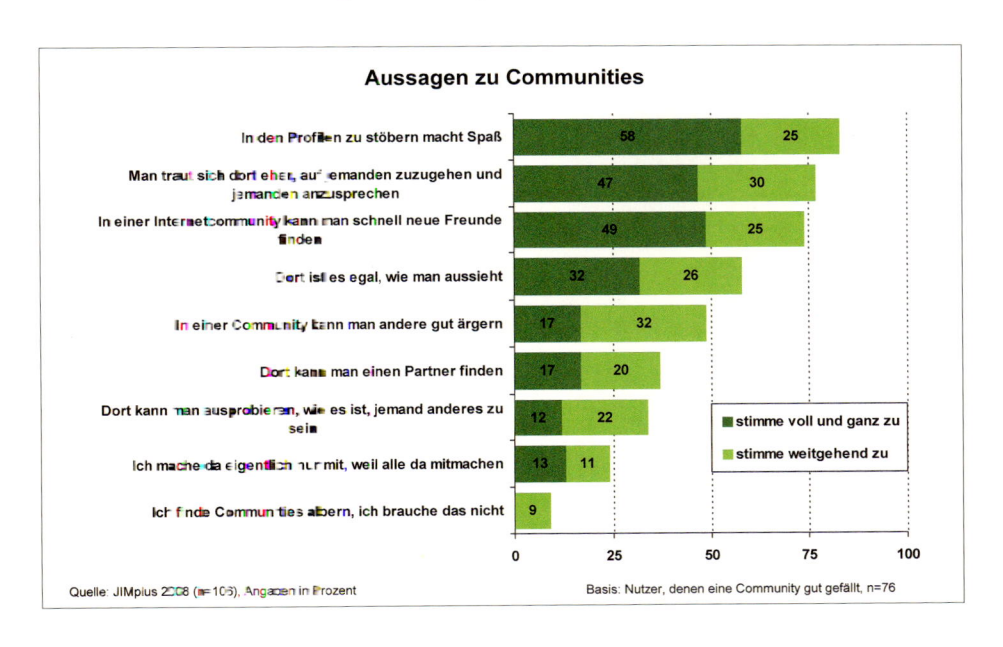

In der JIM-Studie werden jährlich 12- bis 19-Jährige zu ihrem Umgang mit Medien und Informationen befragt. Die Ergebnisse der Befragung werden in Schaubildern wie dem folgenden dargestellt:

Aussagen zu Communities

Aussage	stimme voll und ganz zu	stimme weitgehend zu
In den Profilen zu stöbern macht Spaß	58	25
Man traut sich dort eher, auf jemanden zuzugehen und jemanden anzusprechen	47	30
In einer Internetcommunity kann man schnell neue Freunde finden	49	25
Dort ist es egal, wie man aussieht	32	26
In einer Community kann man andere gut ärgern	17	32
Dort kann man einen Partner finden	17	20
Dort kann man ausprobieren, wie es ist, jemand anderes zu sein	12	22
Ich mache da eigentlich nur mit, weil alle da mitmachen	13	11
Ich finde Communities albern, ich brauche das nicht	9	

Quelle: JIMplus 2008 (n=106), Angaben in Prozent
Basis: Nutzer, denen eine Community gut gefällt, n=76

❸ Lest die Überschrift und die Erläuterungen. Worum geht es in dem Schaubild?

❹ Seht euch das Schaubild genauer an:
  – Welchen Aussagen stimmen die meisten Jugendlichen zu?
  – Welche Aussagen werden für nicht so wichtig gehalten?
  – Welche Aussagen zu Communities findet ihr interessant, überraschend, unerklärlich? Begründet eure Meinung.

❺ Nicht immer ist es gut, wenn man das eigene Profil sorglos ins Netz stellt. Lest selbst, was einer Schülerin passiert ist:

Schülerin im Internet gemobbt

Die 17-jährige Chantal wurde auf der Plattform SchülerVZ gemobbt. In dem sozialen Netzwerk tauchten plötzlich zwei Kopien von ihrem Profil auf, eines davon mit einem Hitler-Bild. Die Betreiber von SchülerVZ benötigten fast vier Tage, um die falschen Profile zu entfernen.

❻ Sind euch ähnliche Beispiele bekannt? Sammelt sie und sprecht darüber.

❼ Diese Grafik beschreibt Probleme, die sich für Mitglieder, aber auch für Nichtmitglieder einer virtuellen Clique ergeben können.
Wertet die Grafik schriftlich aus. Verwendet dabei den folgenden Aufbau.
Die Satzanfänge in Klammern können euch beim Schreiben helfen:

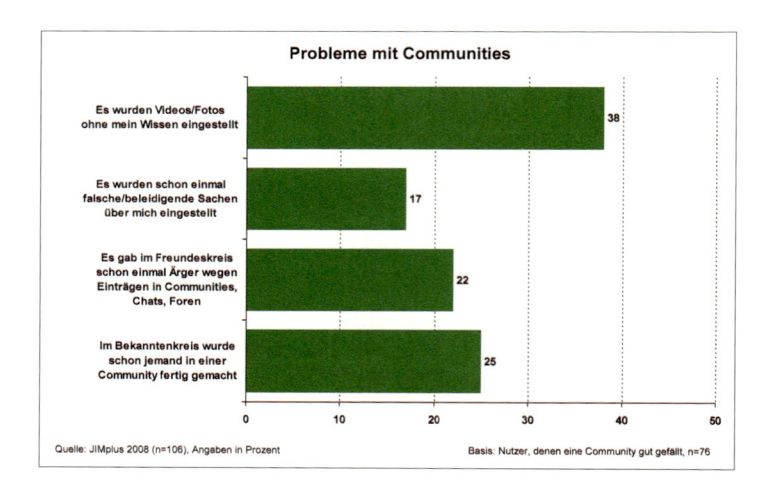

Probleme mit Communities

- Es wurden Videos/Fotos ohne mein Wissen eingestellt: 38
- Es wurden schon einmal falsche/beleidigende Sachen über mich eingestellt: 17
- Es gab im Freundeskreis schon einmal Ärger wegen Einträgen in Communities, Chats, Foren: 22
- Im Bekanntenkreis wurde schon jemand in einer Community fertig gemacht: 25

Quelle: JIMplus 2008 (n=106), Angaben in Prozent. Basis: Nutzer, denen eine Community gut gefällt, n=76

Einleitung
– Art und Thema der Grafik (*Das Balkendiagramm zeigt Aussagen …
Die Grafik geht der Frage nach …*)
– Verfasser und Entstehungsjahr (*Die Untersuchung wurde im Jahr …
Die Erhebung stammt aus dem Jahr …*)
– Datenbasis (*Befragt wurden … An der Befragung nahmen … teil*)

Hauptteil
– Beschreibung der Ergebnisse (*An erster Stelle … Es folgen … Den höchsten Wert verzeichnet die Aussage …*)
– Besonderheiten (*Auffallend ist, dass …*)

Schluss
– Ergänzungen und eigene Meinung (*Ich finde interessant/überraschend/
unerklärlich … Erschreckt hat mich … Der Wert, der mich besonders überrascht …*)

Klasse, Clique, Community ...

Fast drei Viertel der 12- bis 19-Jährigen Internet-Nutzer haben inzwischen Erfahrungen mit Online-Communities gemacht, 41 Prozent besuchen diese Plattformen täglich, weitere 16 Prozent mehrmals pro Woche. Von den täglichen Nutzern schaut sich die Hälfte sogar mehrmals am Tag in der Community um. 45 Prozent der Jugendlichen waren schon einmal bei „SchülerVZ", mit Abstand folgen Angebote wie „studiVZ" (12 %), „MySpace" (10 %) oder „ICQ" (7 %).

8 Erstellt eine Rangliste der im Text genannten beliebtesten Communities.

9 Wie sieht es in eurer Klasse aus? Befragt eure Mitschülerinnen und Mitschüler und erstellt eine Rangliste der beliebtesten Communities.

10 Lest auch den folgenden Text: Was erfahrt ihr über die Weitergabe persönlicher Daten in Communities?

Ob auf Plattformen wie „SchülerVZ" oder auf der eigenen Homepage – Jugendliche gehen recht unbedarft mit persönlichen Angaben im Internet um. Drei Viertel der Internetnutzer haben Informationen zu ihren Vorlieben oder Hobbys online gestellt. Weit verbreitet ist auch Bild- oder Fotomaterial, auf dem die Befragten selbst zu sehen sind (60 %) oder Freunde bzw. Familienmitglieder (46 %). Auch die eigene E-Mail-Adresse ist bei mehr als 40 Prozent im Internet einsehbar, knapp ein Drittel hat die Nummer ihres Instant Messengers eingestellt. Mehr Zurückhaltung gibt es bei Handy- oder Festnetznummern, die nur sieben Prozent im Internet angegeben haben. Mädchen präsentieren häufiger als Jungen Bilder von sich und Dritten im Netz, Jungen geben zu einem größeren Anteil die E-Mail-Adresse oder die Nummer für Instant Messaging preis.
(JIM Studie, 2008)

11 Wo seht ihr die Probleme bei der Weitergabe persönlicher Daten?
Und wie sollte man sich deshalb in Communities verhalten?

Wie kommt Klaus an das Foto von mir?

Eine Stellungnahme schreiben

In ihrer Schülerzeitung haben Schülerinnen und Schüler die Möglichkeit, sich auf der Leserbriefseite zu aktuellen Schulthemen zu äußern.

❶ Lies dir die Stellungnahmen von Kevin und Melek durch. Welche Standpunkte vertreten sie zur Teilnahme an Communities?

Wir haben uns im Unterricht mit dem Thema „Social-Networks und Communities" beschäftigt, dazu die Umfrageergebnisse der JIM-Studie untersucht und unsere Meinungen über die Beteiligung an Communities ausgetauscht.
Ich bin davon überzeugt, dass man sich nicht an Communities beteiligen sollte. Meiner Meinung nach sprechen die Umfrageergebnisse der JIM-Studie absolut dagegen. Das wichtigste Argument ist, dass oft Videos und Fotos ohne das Wissen der betreffenden Personen ins Netz gestellt werden. Oftmals handelt es sich um peinliche Situationen, die keinen etwas angehen. Ich möchte nicht bei einem Bewerbungsgespräch gefragt werden, was ich mir dabei gedacht habe. Der Betrieb soll keinen schlechten Eindruck von mir erhalten. Ein weiteres Argument, das gegen eine Beteiligung spricht, ist, dass man keinen Einfluss darauf hat, was andere über einen schreiben. Es ist sehr feige, wenn man von anderen im Netz fertig gemacht wird. Sollte jemand mit mir nicht zurechtkommen, dann soll er es mir selber sagen. Andere brauchen davon nichts zu wissen und sollen sich da auch nicht einmischen, denn sie kennen oft meine Seite der Geschichte nicht.
Ich finde, dass es zu viele Gründe gibt, die gegen eine Beteiligung an Communities sprechen. Der persönliche Kontakt mit Menschen ist immer noch der sicherste Weg des Austausches. Die Stimme, die Körperbewegung und die Mimik verraten mehr über einen Menschen als nur das geschriebene Wort.
Kevin

Im Unterricht haben wir Auszüge aus der JIM-Studie 2008 gelesen und eine Diskussion über die Vor- und Nachteile der Online-Communities geführt.
Ich finde Online-Communities toll und kann nur jedem dazu raten, sich online mit Freunden zu treffen. Es ist einfach klasse, sich mit Freunden online auszutauschen, ohne sich vorher verabreden zu müssen. Man ist besser und spontaner erreichbar. Ganz viele Jugendliche sind täglich online und dies sogar mehrmals. Ein weiteres wichtiges Argument ist, dass man bei Communities eine ganze Menge anderer Jugendlicher kennenlernt. Und schreibend in Kontakt zu treten, ist immer noch einfacher, als jemanden auf der Straße anzusprechen.
Das wichtigste Argument ist meines Erachtens, dass man sich die Profile und Bilder der Mitglieder ansehen kann. So kann man sich erst Informationen über eine Person einholen, ehe man sich mit dieser austauscht.
Abschließend möchte ich meine Meinung nochmals bekräftigen: Communities sind eine tolle Sache. Wer sich vorher über eine Community informiert und Vorsichtsmaßnahmen ergreift, der hat viel Spaß.
Melek

❷ Beide begründen ihre Meinung mit Argumenten und Beispielen. Suche aus dem Text die jeweiligen Argumente und Beispiele heraus. Lege für Kevin und Melek jeweils eine Tabelle an und notiere darin deine Ergebnisse:

Kevin	Argumente gegen Comm.	Beispiele
	Videos und Fotos …	Der Betrieb soll keinen schlechten Eindruck von mir erhalten.

❸ Sammle weitere Argumente und Beispiele, die für und gegen die Beteiligung an Communities sprechen und trage sie in die Tabellen ein.

Klasse, Clique, Community ..

4 Für das Schreiben deiner eigenen Stellungnahme hast du schon einige Vorarbeiten geleistet. Es fehlen nicht mehr viele Schritte und dein Text ist fertig formuliert.

> **TIPP**
> Die Texte von Kevin und Melek können dir bei der Formulierung deiner Stellungnahme helfen.

a) Du musst dich entscheiden, ob du für oder gegen eine Beteiligung an Communities bist. Welchen **Standpunkt** vertrittst du?

b) Überlege dir eine **Einleitung**, in der du das Thema vorstellst.

c) Jetzt folgt der **Hauptteil** deiner Stellungnahme.

– Beginne diesen Teil mit deinem Standpunkt.
   *Meiner Meinung nach ...   Ich bin der Meinung, dass ...
   Ich stehe auf dem Standpunkt, dass ...
   Ich glaube/denke/meine/bin davon überzeugt, dass...*

– Als Nächstes folgt die Begründung deines Standpunktes.
   Führe Argumente und Beispiele auf, die deine Meinung am besten begründen – die besonders überzeugend sind.
   *Zu dieser Meinung komme ich, weil ...
   Ich vertrete diesen Standpunkt, weil ...
   Ich denke so, denn ...*

d) Der **Schluss** sollte möglichst kurz sein. Hier bekräftigst du noch einmal deinen Standpunkt.
   Abschließend möchte ich meine Meinung ...   Zum Schluss ...

Wörter, die deine Gedanken verbinden:
denn   da   weil   obwohl   nämlich   vor allem   aber
trotzdem   deshalb   immer wieder   außerdem   allerdings
andererseits   zuletzt   aber auch   vielfach   ...

5 Überarbeite deinen Text mithilfe der Checkliste.

CHECKLISTE [✓]

Eine Stellungnahme überarbeiten
- [✓] Hast du deinen Standpunkt eindeutig formuliert?
- [✓] Hast du überzeugende Argumente und Beispiele verwendet?
- [✓] Hast du unterschiedliche Satzanfänge gewählt?
- [✓] Hast du deine Sätze und Gedanken gut miteinander verknüpft?
- [✓] Hast du im Präsens geschrieben?

Freizeit bewusst gestalten

Wisst ihr eigentlich, wie eure Klassenkameraden ihre Freizeit nutzen und was deren liebste Freizeitbeschäftigungen sind?

1 Schreibe deine drei liebsten Freizeitbeschäftigungen auf.

2 Sammelt eure liebsten Freizeitbeschäftigungen an der Tafel. Mehrfachnennungen berücksichtigt ihr in einer Strichliste. Auf diese Weise erhaltet ihr eine Rangfolge.

Eine Befragung Berliner Jugendlicher zeigte diese Ergebnisse:

> Als Gemeinsamkeit lässt sich feststellen, dass sowohl Mädchen als auch Jungen in ihrer Freizeit gerne Musik hören (Mädchen 86,7 %, Jungen 71,9 %) und sich mit ihren Freund/innen bzw. ihrer Clique treffen (Mädchen 81,0 %, Jungen 70,6 %). Auch der Gang ins Kino ist bei beiden Gruppen sehr beliebt (Mädchen 56,8 %, Jungen 67,1 %). Doch dann gehen die Interessen signifikant auseinander:
> - Fernsehen und Videos gucken belegt bei den Jungen den ersten Platz (78,9 %), bei den Mädchen nur den vierten (62,9 %).
> - Sport/sportliche Betätigung schätzen 64,9 % der Jungen; bei den Mädchen sind es nur 41,9 %.
> - 69,7 % der Jungen spielen in ihrer Freizeit am Computer und vergleichbaren Geräten, doch nur 28,9 % der Mädchen.
> - Mit Fahrrad, Moped, Motorrad, Auto beschäftigen sich 52,5 % der Jungen, jedoch nur 24,7 % der Mädchen.
> - Deutlich mehr Mädchen als Jungen zählen Shopping/Schaufensterbummel zu ihren beliebten Freizeitaktivitäten (74,7 % vs. 34,1 %) und
> - deutlich mehr Mädchen als Jungen lesen Bücher und besuchen Bibliotheken (45,5 % vs. 26,7 %).

signifikant: *aussagekräftig, bezeichnend*

vs.: *versus = gegenüber*

3 Setzt die Informationen aus dem Text in zwei Balkendiagramme um: eines über die Jungen (blau), das andere über die Mädchen (rot).

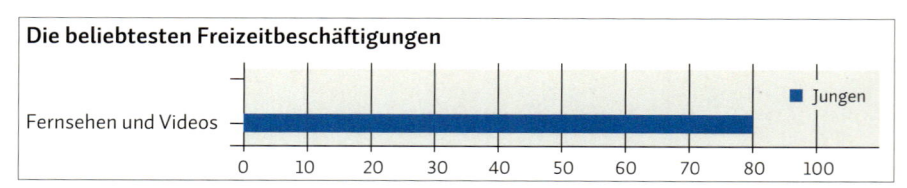

Die beliebtesten Freizeitbeschäftigungen

Fernsehen und Videos — ■ Jungen
0 10 20 30 40 50 60 70 80 100

▶ Ihr könnt auch versuchen, die Informationen aus dem Text in einem gemeinsamen Balkendiagramm zusammenzuführen. Behaltet jedoch die Farben der verschiedenen Balken bei.

TIPP

Für das Erstellen eines Balkendiagramms:
- Material: Karopapier
- 1 cm (2 Rechenkästchen) entsprechen 10 %
- Rangliste der Angaben vorher stichpunktartig notieren

Klasse, Clique, Community ...

④ Betrachtet die Bilder und benennt, welche Freizeitbeschäftigungen dargestellt sind.

⑤ Sammelt weitere Freizeitbeschäftigungen, die nicht auf den Bildern dargestellt sind.

⑥ Stell dir vor, dir würde jede Woche ein freier Nachmittag geschenkt – unter der Bedingung, dass du diesen mit einer Freizeitaktivität, die dir Spaß macht, ausfüllst. Geld spielt in diesem Gedankenspiel keine Rolle. Entscheide dich für eine Freizeitaktivität und erkläre, warum du sie gern machen möchtest.
An meinem „geschenkten" Nachmittag würde ich am liebsten ..., weil ...

Eine Wandzeitung gestalten

Schülerinnen und Schüler einer 8. Klasse haben sich auf die Suche nach interessanten Freizeitaktivitäten begeben und ihre Ergebnisse auf einer Wandzeitung präsentiert:

❶ Über welche Aspekte des Jugendrotkreuzes informiert diese Wandzeitung?

❷ Untersucht die Wandzeitung genauer: Wie ist sie gemacht? Bezieht euch bei euren Aussagen über die Wandzeitung auf folgende Aspekte:
– Darstellung des Themas,
– Aufbau der Seite,
– Struktur: Überschriften und Abschnitte,
– Gestalterische Bestandteile: Schriftart, Farben, Bilder, Symbole …

❸ Sammelt Ideen, welche weiteren Unterthemen bei der Gestaltung einer Wandzeitung zum Thema „Jugendrotkreuz" aufgegriffen werden könnten. Was würdet ihr als Leser noch über das Jugendrotkreuz erfahren wollen?

❹ Findet heraus, welche Freizeitmöglichkeiten es in eurer Umbebung gibt. Tragt die Ergebnisse zusammmen.

❺ Entscheidet euch als Gruppe für eine Freizeitbeschäftigung. Beschafft euch Informationsmaterial und gestaltet gemeinsam eine Wandzeitung.

❻ Präsentiert eure Ergebnisse und holt euch Meinungen von den Betrachtern eurer Wandzeitung ein.

TIPP
- Überlegt wen ihr fragen könnt.
- Sucht Turnhallen auf: Dort findet ihr Informationen von Vereinen.
- Schaut euch die Homepage eurer Stadt an.

Klasse, Clique, Community ...

⚠ Wiederholen & weiterarbeiten

▶ Erstelle ein Quiz:
- Überlege dir zehn schwierige Fragen zu den Texten des Kapitels und schreibe diese mit den passenden Antworten auf.
- Gib die Fragen einem Partner, damit er sie beantworten kann.
- Kannst du seine Fragen beantworten?

> **TIPP**
> Die Texte über das Jugendschutzgesetz und virtuelle Cliquen eignen sich besonders gut für dieses Quiz.

▶ Verfasse eine schriftliche Stellungnahme zu folgendem Thema
Wirkt sich ständiges SMS-Schreiben negativ auf die Deutschnote aus?

Vielleicht verfügt deine Klasse über eine Wand, auf der Schülermeinungen veröffentlicht werden können. Präsentiere dort deine Stellungnahme.

▶ Führt eine Umfrage zu dem Thema „Freizeitgestaltung" in eurer Jahrgangsstufe durch und präsentiert die Ergebnisse mithilfe von Balkendiagrammen.

Hier ein paar Tipps:
- Formuliert mindestens fünf verschiedene Fragen.
- Erstellt anschließend den Fragebogen in Tabellenform.
- Führt die Umfrage in den Klassen eurer Jahrgangsstufe durch.
- Wertet die Ergebnisse aus.
- Übertragt die Ergebnisse in Balkendiagramme. Ihr könnt Balkendiagramme für jede Klasse erstellen, oder ihr seht die Jahrgangsstufe als eine große Klasse an und fasst die Umfrageergebnisse in einem gemeinsamen Diagramm zusammen.
- Präsentiert eure Ergebnisse.

Klasse:___		Schüleranzahl: _
		Jungen: _
		Mädchen: _
Frage	**Jungen**	**Mädchen**
1.		
2.		
3.		
4.		
5.		

▶ Sammelt weitere Informationen rund um das Thema „Jugendschutzgesetz". Sucht hierzu z. B. Supermärkte, Gaststätten, Tanzschulen oder Kinos auf. Recherchiert auch im Internet.
Tragt eure Ergebnisse zusammen und gestaltet eine Wandzeitung.

Adverbien können Meinungen verdeutlichen

1 Ordne die folgenden beiden Aussagen den beiden Jungen auf der Zeichnung zu und begründe deine Auswahl:
a) „Es geht bei einer Clique leider um einen gemeinsamen Style."
b) „Es geht bei einer Clique zweifellos um einen gemeinsamen Style."

MERKEN

Um den eigenen Standpunkt zu einer Aussage deutlich zu machen, kann man kommentierende **Adverbien** benutzen.
Man kann damit z.B. eine Aussage bekräftigen (zweifellos besuchen sich die meisten Cliquen auch im Internet) oder verneinen (keinesfalls besuchen sich die meisten Cliquen auch im Internet).

Adverbien
➔ Seite 223

2 Experten diskutieren über den Charakter von Jugendcliquen. Ordne die folgenden Aussagen danach zu, ob sie eher der Meinung von Jan oder von Timo entsprechen, und notiere die Erkennungswörter.
Schreibe so: *Frau Müller = ... Erkennungswort: ...*

Frau Müller: „Glücklicherweise ordnen sich nicht alle Jugendlichen den Kleidervorschriften der verschiedenen Cliquen unter."
Herr Schmidt: „Die Jugendlichen orientieren sich hoffentlich an dem Style ihrer Clique. Sie setzen so sicherlich der Erwachsenenwelt etwas entgegen."
Herr Kranz: „Unglücklicherweise führen die Jugendzeitschriften die Stile vor, an die sich die Jugendlichen anpassen sollen."
Frau Braun: „Zweifellos nehmen die Jugendzeitschriften den Style auf, den die Jugendcliquen erst entwickeln."

TIPP

Manche Kommentaradverbien zeigen auch, dass man sich bei einer Aussage nicht sicher ist: vielleicht, anscheinend, eventuell ...

3 Formuliere mithilfe von kommentierenden Adverbien deine eigene Stellungnahme zu folgenden Aussagen:
a) Man kann in Cliquen Dinge tun, die man nicht gleich den Eltern erzählt.
b) Cliquen stehen einem bei Liebeskummer bei.
c) Cliquen sind gegenüber Liebespaaren misstrauisch.

Über Sprache nachdenken

Konjunktionen helfen, einen Standpunkt zu vertreten

1 Schreibe die beiden Sprechblasentexte ab und beende sie in deinem Heft.

> Obwohl ich selbst oft am Computer sitze, bin ich der Meinung, dass ...

> Weil ich selbst oft am Computer sitze, bin ich der Meinung, dass ...

Lisa   Songül

2 Welche Meinung haben die beiden Mädchen zur Freizeitgestaltung? Woran hast du ihre unterschiedliche Meinung erkannt?

MERKEN

Konjunktionen helfen dabei, einen Standpunkt zu formulieren.
Es gibt **begründende Konjunktionen**, mit denen man einen Standpunkt begründet: Ich finde es gut, dass es das Internet gibt, weil ich mich damit besser informieren kann.
Einräumende Konjunktionen leiten ein mögliches Gegenargument für den eigenen Standpunkt ein, das man aber für nicht so entscheidend hält:
Ich finde es gut, dass es das Internet gibt, obwohl ich damit auch manchmal viel Zeit vergeude.
Mit **entgegensetzenden Konjunktionen** nennt man das entscheidende Gegenargument: Manche finden es gut, dass es das Internet gibt, doch sie verschwenden damit nur Zeit.

Sätze mit Konjunktionen verbinden
➔ Seite 229

---

3 Welchen Standpunkt würde Lisa bei den folgenden Sätzen haben? Verbinde die Sätze so, dass sie zu Lisas Standpunkt passen.
Schreibe sie dazu ab und verbinde die Satzpaare mit **obgleich, obwohl, weil** oder **da**. Setze vor den Konjunktionen ein Komma und denke auch an die veränderte Stellung des Verbs.

a) Man sollte in seiner Freizeit so wenig wie möglich am Rechner sitzen. Man sitzt schon in der Schule genug am PC.
b) Ich lasse nach der Schule immer den Rechner aus. Meine Freundinnen wollen mit mir chatten.
c) Ich spiele lieber mit richtigen Fußballspielerinnen. Die Fußballspiele am PC langweilen mich.
d) Ich unterhalte mich lieber mit meinen Freundinnen am normalen Telefon. Das Bildtelefon am PC fasziniert mich.
e) Ich höre lieber Musik mit meiner Stereoanlage. Die Tonqualität ist besser.

Wörter mit s, ss und ß

MERKEN

Sicher erinnerst du dich:
Bei der Frage, ob ein Wort mit s, ss oder ß geschrieben wird, ist der Klang des s-Lauts von großer Bedeutung.
Man unterscheidet das **stimmhafte s** *(es klingt wie das Summen einer Biene) vom* **stimmlosen s** *(es klingt wie das Zischen einer Schlange).*

❶ Sammle zu beiden s-Lauten mindestens zehn Wörter und trage sie in die Tabelle ein.
Überprüfe mit einem Wörterbuch die richtige Schreibweise.

TIPP
Wende die Strategien Verlängern und Ableiten an, um zweisilbige Wörter zu erhalten.

stimmhaftes s	stimmloses s
Gläser	

❷ Sieh dir die Wörter in den einzelnen Spalten genau an. Welche Beobachtung im Hinblick auf die s-Schreibung machst du?

❸ Schreibe den Merksatz in dein Heft und vervollständige ihn:

MERKEN

Das **stimmhafte s** *wird immer mit dem Buchstaben ▓▓▓ geschrieben.*
Das **stimmlose s** *wird mit ▓▓▓, ▓▓▓ oder ▓▓▓ geschrieben.*

das Gleis – die Gleise

❹ Untersuche in den Wörtern oben jeweils den s-Laut.
Was fällt dir auf? Wie erklärst du dir deine Beobachtung?

MERKEN

Am Ende eines Wortes klingt der s-Laut immer stimmlos.
Um ein stimmhaftes s hörbar zu machen, musst du das Wort verlängern.
Wenn das s dann stimmhaft klingt, musst du s schreiben.

fra●   das Ei●   das Ga●   der Spa●   der Schmau●
der Schwei●   nervö●   der Rei●   das Lo●   der Kie●
der Gru●   das Moo●   der Klo●

Wörter verlängern
➔ Seite 237

❺ Verlängere die Wörter oben. Entscheide dann, ob das Wort mit s oder ß geschrieben wird. Schreibe so: *fraß – wir fraßen ...*

Richtig schreiben

Stimmloses s – ss oder ß?

6 Welche Gemeinsamkeit haben die Wörter unten?
beißen   bissig   der Biss

7 Um zu erklären, warum Wörter aus einer Wortfamilie einmal mit ss und einmal mit ß geschrieben werden, musst du die Silben der Wörter untersuchen.
Schreibe die Wörter in dein Heft und zeichne Silbenbögen darunter.

Wörter in Silben zerlegen, Silben untersuchen
→ Seite 235

8 Vervollständige nun den Merksatz in deinem Heft.

> Bei zweisilbigen Wörtern mit stimmlosem s gilt:
> Ist die erste Silbe ▒▒▒ und wird der Vokal ▒▒▒ gesprochen, schreibt man ß: *beißen*.
> Ist die erste Silbe ▒▒▒ und wird der Vokal ▒▒▒ gesprochen, schreibt man ss: *bissig*.

MERKEN

fri●t   lie●   wi●en   Schlo●   geme●en
verga●   Flu●   schie●en

9 Finde zu den Wörtern oben möglichst viele Wörter aus derselben Wortfamilie. Achte auf die richtige Schreibweise des s-Lauts.

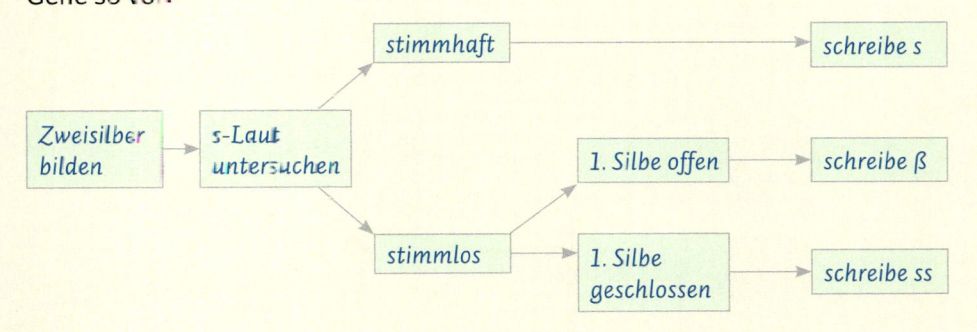

TIPP
Bilde immer einen Zweisilber, um die Silbe zu untersuchen.

10 Entscheide, wie der s-Laut in folgenden Wörtern geschrieben wird.

der Scho●   blo●   der Fra●   das Verlie●   sie a●
der Bi●   mie●   der Ri●   der Pul●   das Abflu●rohr
sie schlie●t ab   er go●   der Ha●   das Ma●
der Ansto●

Gehe so vor:

```
                      ┌─ stimmhaft ─────────────→ schreibe s
                      │
Zweisilber → s-Laut ──┤                ┌─ 1. Silbe offen ──→ schreibe ß
bilden       untersuchen              │
                      └─ stimmlos ────┤
                                       └─ 1. Silbe geschlossen ──→ schreibe ss
```

Zeitungen: Aktuelles vom Tage

Raubüberfälle, Wahlen, Wirtschaftskrisen, Neues über Stars, Sternchen und Königsfamilien, Siege und Niederlagen im Sport – all das und noch vieles mehr findest du in der Tageszeitung. Sie informiert dich über wichtige, interessante und manchmal auch lustige oder originelle Ereignisse des vergangenen Tages.

In diesem Kapitel lernst du,
- wie eine Tageszeitung entsteht,
- wie Tageszeitungen aufgebaut sind,
- welche Textsorten in der Tageszeitung vorkommen,
- wie über Ereignisse berichtet werden kann,
- wie ein Leserbrief verfasst wird.

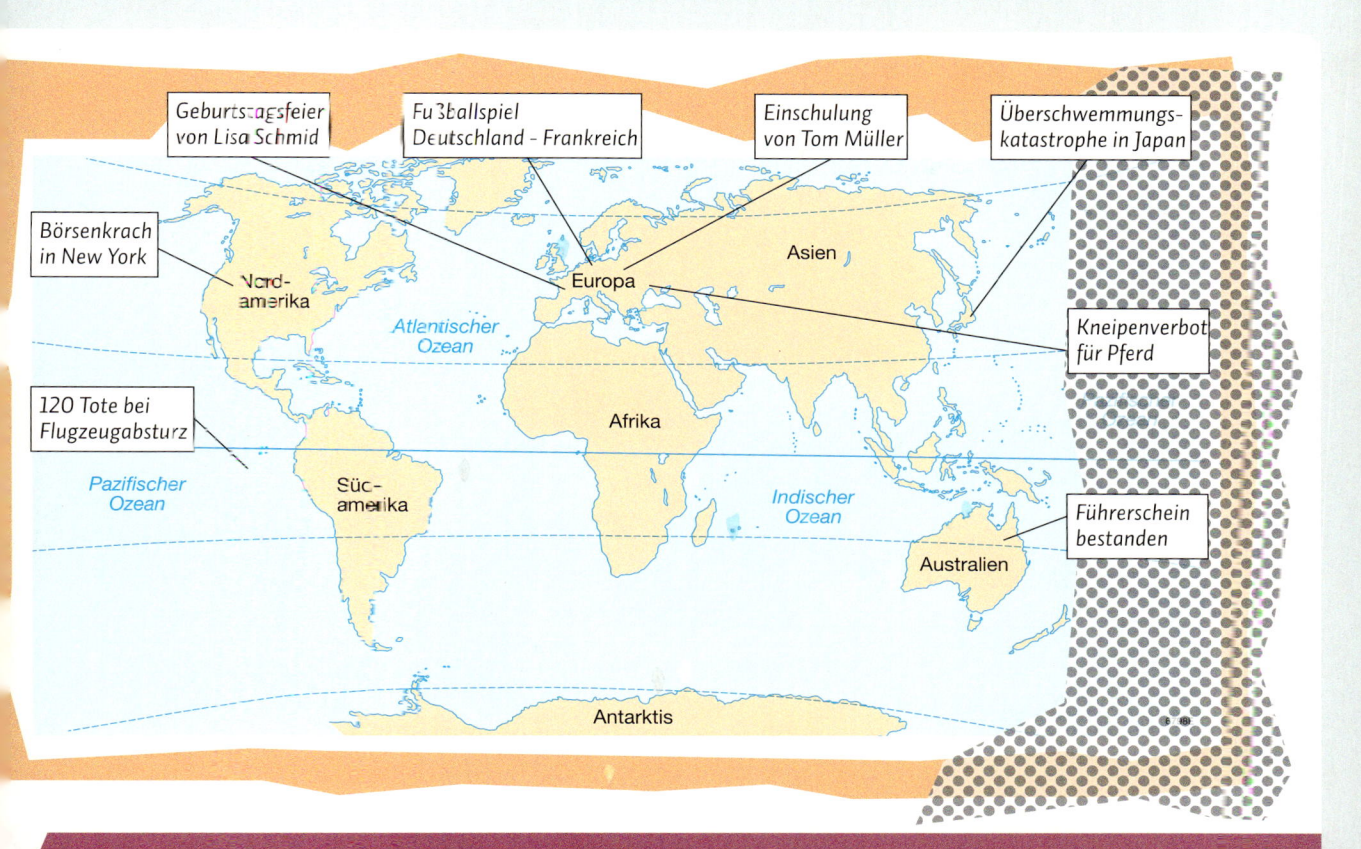

Weltkarte mit Ereignissen:
- Geburtstagsfeier von Lisa Schmid
- Fußballspiel Deutschland – Frankreich
- Einschulung von Tom Müller
- Überschwemmungskatastrophe in Japan
- Börsenkrach in New York
- Kneipenverbot für Pferd
- 120 Tote bei Flugzeugabsturz
- Führerschein bestanden

Kontinente/Ozeane: Nordamerika, Südamerika, Europa, Afrika, Asien, Australien, Antarktis, Atlantischer Ozean, Pazifischer Ozean, Indischer Ozean

❶ Betrachtet die Weltkarte. Welche Ereignisse finden wohl Beachtung in einer Tageszeitung? Begründet eure Auswahl.

❷ „Wenn ein Hund einen Briefträger beißt, ist das keine Nachricht. Aber wenn ein Briefträger einen Hund beißt – das ist eine Nachricht!" Erklärt diese alte Zeitungsweisheit.

▷ „Meine Top-Nachricht des Tages":
 – Jeden Tag sucht ein anderer Schüler der Klasse eine Meldung aus der Tageszeitung aus, die er am interessantesten fand.
 – Klebt die „Top-Meldung" auf ein Plakat in der Klasse. Schreibt dazu, von welchem Tag die Nachricht stammt und wer sie ausgesucht hat.
 – Welche Meldung macht am Schluss das Rennen?

▷ Viele Zeitungsverlage verschicken für einen bestimmten Zeitraum ihre Tageszeitungen kostenlos an Schulklassen. Fragt nach, welcher Verlag in eurer Nähe euch Zeitungen zur Verfügung stellt.

Der Weg der Nachricht – vom Ereignis zum Leser

❶ Lies den folgenden Comic und notiere Bild für Bild, wo sich die Redakteurin befindet, was sie macht und welche Personen noch zu sehen sind.
Trage die Informationen stichwortartig in eine Tabelle ein.

Bild	Wo?	Was?	Wer?
1	In der Zeitungsredaktion		Redakteurin
...			

❷ Sich dir noch einmal das erste Bild an. Welche Gedanken muss sich die Redakteurin machen, bevor sie die Außentermine wahrnimmt?

❸ Betrachtet das Schaubild auf der nächsten Seite genau. Beschreibt die Grafik zunächst mündlich:
– Welche Hauptinformationsquellen liefern der Zeitungsredaktion mögliche Themen?
– Welche Aufgaben nimmt ein Reporter oder Fotograf einer Tageszeitung wahr, wenn er von einem Ereignis erfährt?
– Die Redaktion entschließt sich, die Nachricht zu veröffentlichen. Beschreibe den Weg bis zum Leser.

Zeitungen: Aktuelles vom Tage

Lokale und regionale Ereignisse

Ereignisse in aller Welt

Zeitungsredaktion

Eigene Berichterstattung

Einkauf von Berichten, Fotos usw. von Nachrichtenagenturen und Reportern in aller Welt

Ich könnte die Rapper interviewen und über das Schülerprojekt berichten. – *Okay.*

■ **Planung:**
– Was liegt an?
– Ideen für Beiträge?
– Arbeit verteilen

■ **Informationen beschaffen und beurteilen (recherchieren):**
– Beteiligte/Augenzeugen befragen
– Fotos machen
– Informationen überprüfen
– Hintergrundinformationen sammeln …

■ **Zeitungsartikel (Meldungen, Berichte, Kommentare …) schreiben**

■ **Texte kürzen und überarbeiten (redigieren)**

Das Afrikaprojekt kommt mit Foto auf Seite 1 im Lokalteil.

■ **Redaktionskonferenz:**
– Beiträge auswählen
– Aufmachung (Größe, Fotos, Überschrift …) und Platzierung in der Zeitung festlegen

■ **Aufbau und Text-Bild-Gestaltung der Seiten (Layout)**

Druckerei

Auslieferung an Geschäfte und Kioske

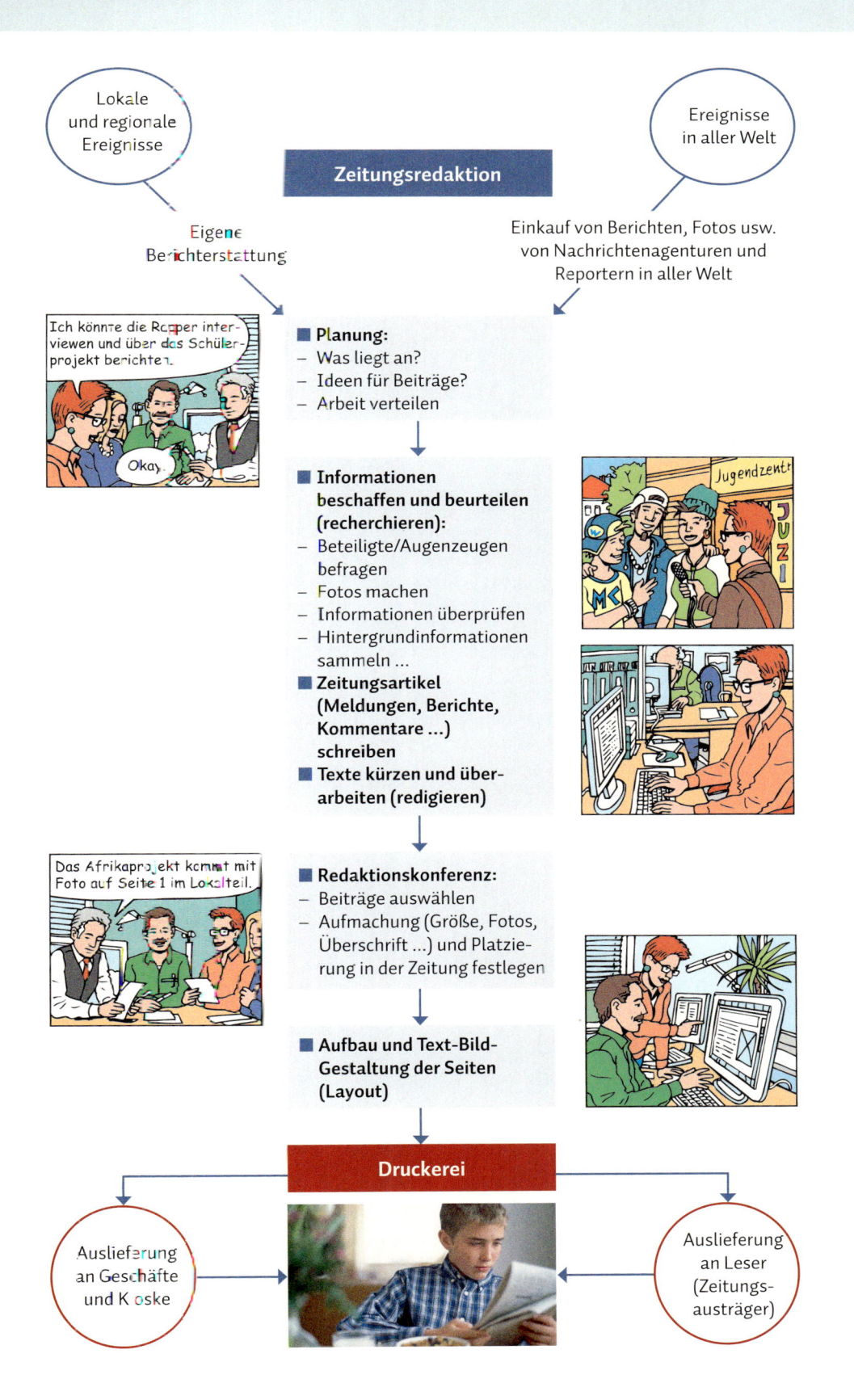

Auslieferung an Leser (Zeitungsausträger)

Informierende Darstellungsformen

Die Nachricht

MERKEN

Nachrichten informieren über aktuelle Ereignisse und Sachverhalte. Die Informationen werden sachlich und objektiv (d. h. ohne Bewertung) vermittelt. Der Leser soll Antworten auf die W-Fragen erhalten:
Wer? Was? Wann? Wo? Wie/In welcher Reihenfolge? Warum?

13-Jähriger lenkt Wagen mit bewusstlosem Fahrer

KEMPEN. Geistesgegenwärtig hat ein Junge am Samstag bei Kempen (Kreis Viersen) das Steuer eines Wagens übernommen, als der Fahrer bewusstlos zusammengesackt war. Laut Polizei brachte der 13-Jährige den Wagen, nachdem er zwei Autos gerammt hatte, auf einem Feld zum Stehen. Der Junge blieb unverletzt, der 53-jährige Freund der Mutter starb.

Schüsse auf Gerichtsvollzieher

SOLINGEN. Aus Wut über eine Räumungsklage hat ein Mann (52) in Solingen gestern einen Gerichtsvollzieher vor der Tür niedergeschossen und sich in seinem Haus verschanzt. Nach Stunden gab er freiwillig auf. Der Gerichtsvollzieher wurde schwer verletzt ins Krankenhaus gebracht. Er hatte die Räumungsklage gegen den Mann durchsetzen wollen.

14-Jährige fassen Taschenräuber

BAD WILDUNGEN. Drei 14-Jährige haben in Bad Wildungen einen Räuber gestellt. Der 47-Jährige hatte laut Polizei eine gleichaltrige Frau überfallen und ihr einen Rucksack entrissen. Als die Frau um Hilfe rief, warfen die Jungen ihre Fahrräder weg und rannten dem Mann hinterher. Sie holten den Flüchtenden ein und hielten ihn fest, bis die Polizei eintraf.

❶ Lies die drei Nachrichten und beantworte die W-Fragen. Manchmal können nicht alle W-F-Fragen beantwortet werden.

SCHREIBE SO!

1. Nachricht
Schlagzeile: 13-Jähriger lenkt Wagen mit bewusstlosem Fahrer
Wer?   13-jähriger Junge, 53-jähriger Fahrer (Freund der Mutter)
Was?   Junge bringt Auto mit bewusstlosem Fahrer zum Stehen
Wann?   ...
Wo?   ...
Wie/Reihenfolge? Junge rammt zwei Autos und lenkt Wagen auf ein Feld
Warum?   ...

❷ Betrachte die Textlänge der drei Nachrichten. Was fällt dir auf? Wie viele Spalten und Zeilen haben die drei Nachrichten?

Zeitungen: Aktuelles vom Tage

3 Schreibe den Merkkasten von S. 94 oben ab und ergänze weitere Informationen zur Nachricht aus der Aufgabe 2. Wähle dazu die passenden Begriffe aus und setze sie in die Satzanfänge ein:

kurz   lang   einspaltig   Absätze   zweispaltig   Zeilen
Reihen   klein   Strophe

Der Text ist ...
Die Nachricht ist in der Regel ... und selten länger als 20 ...

4 Erfinde eine Nachricht zu einer der folgenden Schlagzeilen. Notiere dazu alle W-Fragen und schreibe zunächst deine Antworten daneben. Mithilfe dieser Notizen soll deine Nachricht entstehen.

Dogge löst Gasexplosion aus

Stewardess übernimmt Steuerruder

Dieb kommt als Weihnachtsmann

Lotto-Millionär beschenkt Arme

Obdachloser gibt Geldkoffer zurück

13-Jähriger entdeckt Saurierskelett

5 Schneide aus deiner Tageszeitung Beispiele für Nachrichten aus, die dich interessieren, und klebe sie in deine Mappe.
Beantworte für eine Nachricht deiner Wahl die W-Fragen.

Der Bericht

MERKEN

*Die Langform der Nachricht ist der **Bericht**. Er informiert genauer und ausführlicher über das Ereignis: über Hintergründe, Beteiligte und Folgen.*

❶ Schau dir den Bericht erst einmal an. Was fällt dir auf den ersten Blick auf?

Dachzeile — Betrugsfälle häufen sich

Schlagzeile — **Vorsicht vor EC-Karten-Betrug!**

Unterzeile — **Diebe beobachten Kunden beim bargeldlosen Einkaufen oder am Geldautomaten**

Vorspann — **Köln.** Täglich werden der Polizei Diebstähle von Geldbörsen gemeldet. Besonders ärgerlich ist der Verlust der EC-Karte. Oft werden dann hohe Geldbeträge vom Konto des Opfers abgehoben. Wie kommen die Täter an das Geld, auch wenn die PIN-Nummer nirgendwo notiert war?

Fließtext — Die Polizei weist darauf hin, dass die Täter ihre Opfer vor dem Diebstahl beobachten. Sie versuchen die Geheimnummer herauszufinden, während der Kunde im Geschäft bargeldlos bezahlt oder Geld vom Automaten abhebt.
Zum Teil wird die PIN-Nummer auch von Kindern ausgespäht, die den Kunden nur bis zur Taille reichen und so die Eingabe gut beobachten können. Oder es werden an geeigneten Stellen Minikameras versteckt, die die Tastatureingabe aufnehmen. An Geldautomaten versuchen Diebe auch durch das sogenannte „Skimming" die notwendigen Daten zu erhalten. Das bedeutet z. B., dass die benötigten Daten durch zusätzliche Lesegeräte erkannt werden, die heimlich am Geldautomaten angebracht wurden. Damit können Betrüger gefälschte Karten herstellen.

Die Polizei rät dazu, mit einer Hand den Zahlenblock zu verdecken. Der Kunde sollte auch darauf achten, dass hinter ihm wartende Personen genügend Abstand einhalten. Die PIN-Nummer sollte auf keinen Fall im Portemonnaie notiert werden.

❷ Lies den Bericht und beantworte die W-Fragen.

❸ Welche Teile des Berichts werden hervorgehoben? Welchem Zweck dient diese Hervorhebung wohl?

Zeitungen: Aktuelles vom Tage

> Viele Berichte werden im sogenannten **Lead-Stil** geschrieben. „Lead" bedeutet übersetzt „Spitzenposition/Führung" und meint in Bezug auf einen Zeitungsbericht, dass am Anfang die wichtigsten Informationen genannt werden. Oft wird der Anfang des Berichts als Vorspann durch Fettdruck herausgehoben. Er gibt eine kurze Zusammenfassung des ganzen Berichts.

MERKEN

4 Zeichne die umgedrehte Pyramide vergrößert ab und schreibe die folgenden Erklärungen in die passenden Pyramidenteile:
- Ausführliche Darstellung der Einzelheiten mit wörtlichen Zitaten, Hintergrundinformationen und Ausblick/Folgen
- Kurze Zusammenfassung des Berichts
- Wichtigste Information

Der Lead-Stil

Überschriften
(Dachzeile, Schlagzeile, Unterzeile):

Vorspann

Fließtext

5 Lies noch einmal den Bericht „Vorsicht vor EC-Karten-Betrug!".
- Benenne Dachzeile, Schlagzeile und Unterzeile.
- Wo beginnt und endet der Vorspann?
- Ab welcher Stelle wird von Einzelheiten berichtet?
- Wo wird ein „Ausblick" gegeben oder eine „Folge" aufgezeigt?

6 In welchem Teil eines Berichts stehen die meisten Informationen?

7 Viele Leser schaffen es nicht, morgens die ganze Zeitung zu lesen. Wie hilft ihnen dann der Lead-Stil von Berichten?

8 Sucht aus eurer Zeitung Berichte heraus. Versucht den Lead-Stil zu erkennen und den Bericht daraufhin zu gliedern.
- Dachzeile
- Schlagzeile
- Unterzeile
- Vorspann: W-Fragen
- Fließtext: Einzelheiten, Beteiligte, Reihenfolge, Ausblick/Folgen ...

Unterschiedliche Berichterstattung vergleichen

a) Boulevardzeitung (Straßenverkaufszeitung)

BOMBEN-TERROR GEGEN URLAUBER

AUSWÄRTIGES AMT WARNT

Deutsche sollen „Menschen-Ansammlungen meiden"

Ein Polizist am abgesperrten Strand von Portixol. In dem angesagten Stadtteil von Palma explodierten die ersten beiden Bomben

Verunsichert: Touristen mit Polizisten am Strand von Portixol

Fortsetzung von Seite 1
Von W. POSSELT und A. HOLSTEIN

Palma – Der Bombenterror auf Mallorca erreicht deutsche Touristen!
Anderthalb Wochen nach dem Anschlag auf eine Kaserne (zwei tote Polizisten) erschütterten gestern drei Bombenanschläge Mallorcas Hauptstadt Palma. Niemand wurde verletzt – obwohl die Bomben in Restaurants und einem Einkaufszentrum versteckt waren. Den Lieblingsplätzen deutscher Touristen!
Die Separatistenorganisation ETA hatte vor den Sprengsätzen gewarnt und nur kleine Bomben gebaut, deshalb gab es keine Opfer. Trotzdem steht die Insel unter Schock!

Jetzt rät das Auswärtige Amt allen Mallorca-Reisenden, „Menschenansammlungen zu meiden", die Anweisungen der Polizei zu befolgen und sich „umsichtig zu verhalten".

DAS TERROR-PROTOKOLL:
► Gestern Morgen, 11.30 Uhr: Eine Frau meldet sich „im Namen der ETA" beim Taxifunk im Baskenland (Heimat der ETA), warnt vor „Bomben in verschiedenen Restaurants und Bars in Palma". Sie sollen zwischen 14 und 18 Uhr hochgehen – die Guardia Civil."
► 16.02 Uhr: Die erste Detonation! Im Strandrestaurant „Rigoletta" im Stadtteil Portixol explodiert auf der Damentoilette die Bombe. Sie war in einem Rucksack versteckt. Vor der Tür sitzen 40 Gäste, als Qualm aus dem Restaurant dringt, springen sie auf. Ein Augenzeuge zu „Spiegel Online": „Es gab keine Warnung, wir wurden nicht evakuiert."
► Die Polizei beginnt sofort, Bars und Restaurants in der Umgebung mit Hunden zu durchsuchen. Nur 500 Meter entfernt werden die Polizisten in der Strandbar „Enco" fündig. Nur noch wenige Minuten bis zur Detonation! Die Experten entscheiden sich zur kontrollierten Sprengung.
► Kurz vor 18 Uhr dann die dritte Explosion, mitten in der Innenstadt – im unterirdischen Einkaufszentrum unter dem „Plaza Mayor". Die Polizei hatte vorher alle Läden geräumt, das Gebiet abgeriegelt. Auch hier keine Verletzten.

Die Flughäfen wurden diesmal nicht abgesperrt, die Polizei sucht nach den Attentätern. Eventuell waren es die gleichen wie beim Anschlag in Palmanova.

Ist eine Reise nach Mallorca noch sicher?

Die neuen Anschläge auf Mallorca verunsichern viele Touristen. BILD beantwortet die wichtigsten Fragen:
► **IST EINE REISE NACH MALLORCA JETZT NOCH SICHER?**
Ja! Terrorexperte Rolf Tophoven: „Die ETA hat vor den Anschlägen gewarnt. sie ist nicht daran interessiert, Touristen zu verletzen. Ziel der ETA sind die meisten Veranstalter vor allem bei Flügen kein kostenloses Umbuchen oder Stornieren. Aber: Manche Veranstalter zeigen sich kulant, am Reisebüro fragen.
► **BRICHT DER TOURISMUS AUF MALLORCA JETZT EIN?**
Nein, sagt Tourismus-Experte Prof. Karl Born (Hochschule Wernigerode). Er glaubt: „Die Deutschen fühlen sich auf Mallorca sehr zu Hause, nehmen die Bedrohung nicht so stark wahr."

Die Spur der Terror-Bomben

Ein spanischer Polizist sichert das Restaurant „La Rigoletta"

► Um 16.02 Uhr explodierte die erste Bombe im Restaurant „La Rigoletta" in Portixol ► Wenige Minuten später sprengte die Polizei eine Bombe in der Strandbar „Enco" ► Kurz vor 18 Uhr detonierte der dritte Sprengsatz im Einkaufszentrum unter der „Plaza Mayor" in Palmas Innenstadt

---

★Mini-Klatsch

CHARLOTTE ROCHE
Kritik von CDU-Politikerin
Mit einem Positionspapier will CDU-Politikerin Elisabeth Motschmann (56) verhindern, dass Skandalautorin Charlotte Roche (31, „Feuchtgebiete") ab September die Radio-Bremen-Talkshow „3 nach 9" moderiert. „Ihre Sprache ist grob, verroht und obszön", schreibt Motschmann.

★★★

KATIE PRICE
Wieder Single
Boxenluder Katie Price (31) hat ihrem Liebhaber, dem britischen Kampfsportler Alex Reid (28), den Laufpass gegeben: „Ich habe es satt, dass er sich wie ein Schoßhund verhält. Er war eine Ablenkung, aber er ist nicht gut für mich", so Price.

★★★

BEYONCÉ KNOWLES
Stalker verhaftet
Popstar Beyoncé Knowles (27) und ihr Mann, Hip-Hop-Superstar Jay-Z (39), können aufatmen: Der 37-jährige Stalker, der dem Paar bereits zwölf Morddrohungen schickte, ist verhaftet worden.

---

b) Abonnementszeitung

Weitere ETA-Anschläge auf Mallorca

PALMA DE MALLORCA. Zehn Tage nach dem Mordattentat auf zwei Polizisten hat die baskische Terrororganisation ETA neue Bombenanschläge auf der spanischen Ferieninsel verübt. In der Hauptstadt Palma explodierten gestern drei kleine Sprengsätze. Verletzt wurde niemand. Es entstand nur geringer Sachschaden. Vor den Detonationen hatte ein Anrufer im Namen der ETA eine telefonische Warnung durchgegeben. Sicherheitskräfte räumten die betroffenen Gebäude. Zuvor hatte sich die ETA zu den jüngsten Attentaten in Spanien mit insgesamt drei Toten und 60 Verletzten bekannt. Das Auswärtige Amt in Berlin riet Urlaubern, Menschenansammlungen zu meiden, die Anweisungen der örtlichen Sicherheitsbehörden zu befolgen und umsichtig zu verhalten. Experten rechnen allerdings kurzfristig nicht mit großen Auswirkungen auf die Reiselust der Deutschen. **dpa/ap**

Zeitungen: Aktuelles vom Tage

1 Vergleicht zunächst die Gestaltung (das Layout) der beiden Berichte:
  – Welche Unterschiede fallen euch sofort auf?
  – Untersucht die beiden Berichte genauer: Bild-Text-Verteilung, Größe der Schlagzeile, Hervorhebungen im Text, Farben, Größe des Beitrags, Schrift, Anzahl der Spalten und Zeilen. Fertigt dazu eine Tabelle an:

	Boulevardzeitung	*Abonnementszeitung*
Bild-Text-Verteilung		
Größe der Schlagzeile		
...		

2 Untersucht die Art der Berichterstattung, indem ihr die folgenden Auffälligkeiten und Merkmale den beiden Zeitungsberichten zuordnet:

eher sachlicher Lead-Stil   spannender Erzählstil   kurze Schlagzeile
eher kurze Sätze   durchgängiger Fließtext   lange, große Schlagzeile
protokollarige Auflistung der Ereignisse   keine direkte Rede
dramatische Sprache   direkte Rede   längere Sätze

3 Lies den Artikel aus der Boulevardzeitung noch einmal und schreibe alle Sätze heraus, die mit einem Ausrufezeichen enden.
Beschreibe die Wirkung, die diese Sätze auf dich haben.

4 Suche entsprechende Formulierungen in dem anderen Artikel und schreibe sie daneben.

5 Welche Schlussfolgerungen ziehst du aus diesem Vergleich?

---

*Viele Leser haben eine Tageszeitung bestellt (abonniert) und bekommen sie morgens nach Hause geliefert. Typische **Abonnementszeitungen** sind z. B. die Frankfurter Allgemeine Zeitung oder die Süddeutsche Zeitung.*

***Boulevardzeitungen** (Straßenverkaufszeitungen) wie die Bildzeitung oder den Kölner Express konnte man früher nicht abonnieren, sondern nur direkt kaufen, z. B. beim Bäcker oder an der Tankstelle.*

MERKEN

6 Aus welchen Gründen haben Boulevardzeitungen wohl ein anderes Layout als Abonnementzeitungen?

Zeitungen: Aktuelles vom Tage

Meinungsäußernde Darstellungsformen

Der Kommentar

MERKEN

> Ein **Kommentar** bezieht sich auf eine Nachricht oder einen Bericht. Es handelt sich hierbei um eine persönliche Stellungnahme. Der Autor teilt seine Meinung mit und belegt sie mit Argumenten und Beispielen.
> Meist findet sich auf der Titelseite einer Zeitung ein besonderer Kommentar, der sogenannte **Leitartikel**. Er gibt im Unterschied zum gewöhnlichen Kommentar die Meinung der Zeitung zu einer wichtigen Frage wieder.

1 Dem folgenden Kommentar liegt der Bericht „Vorsicht vor EC-Karten-Betrug" (S. 96) zugrunde. Lies ihn durch:

Augen auf!

Von Ingrid Müller

Nach dem Motto „Das passiert mir doch nicht!" ist schon so mancher böse überrascht worden. Jeder kann Opfer von EC-Karten-Betrügern werden. Also ist äußerste Vorsicht geboten. Es hilft nur eins: Augen auf! Gerade in diesem Bereich wird deutlich, dass moderne Technik auch ihre Schattenseiten hat. Man darf es den Dieben und Betrügern aber auch nicht zu leicht machen. Das bedeutet: Abstand einfordern beim Abheben des Geldes am Automaten oder beim bargeldlosen Zahlen; die Tastatur des Geldautomaten verdecken; Karten schnellstmöglich sperren lassen, wenn sie gestohlen oder verloren gegangen sind.
Aber auch die Banken müssen eine Art „Aufsichtspflicht" erfüllen: Ein zusätzlicher oder größerer Sichtschutz über der Tastatur ist nötig. Und an den Geldautomaten dürfen sich auf keinen Fall Werbeprospekthalter befinden, die Minikameras verstecken könnten. Die Bankangestellten sind hier gefragt, die Automaten regelmäßig zu kontrollieren.

2 Welche Meinung vertritt die Autorin des Kommentars? Schreibe die betreffenden Sätze heraus.

3 Blättert in eurer Tageszeitung und sucht Kommentare. Wo stehen sie?

4 Welche Berichte werden kommentiert? Schneidet diese Artikel aus und klebt die Kommentare dazu. Unterstreicht die Meinung des Autors.

Zeitungen: Aktuelles vom Tage

Der Leserbrief

> Auch Leser haben die Möglichkeit, in der Tageszeitung ihre Meinung zu einem Artikel oder aktuellen Thema in einem **Leserbrief** abdrucken zu lassen. Die Redaktion prüft sorgfältig, ob die Briefe keine beleidigenden Inhalte aufweisen; denn die Zeitung ist für den Inhalt aller veröffentlichten Beiträge verantwortlich. Anonyme Schreiben, ohne Angabe des Verfassers, werden ebenfalls nicht berücksichtigt.
>
> Es gibt keine einheitliche Form, wie Leserbriefe geschrieben sein müssen. Meistens enthalten sie Bezüge zum ursprünglichen Artikel, Bewertungen, Argumente, Forderungen und Appelle (Aufrufe). Sie werden überwiegend in der 1. Person (Ich-Form) verfasst.
>
> Leserbriefschreiber benutzen gern die **rhetorische Frage**. Dies ist eine Frage, die nicht beantwortet werden soll, weil die Antwort schon klar ist. Zum Beispiel: *„Machen wir nicht alle Fehler?"* – Natürlich machen wir alle Fehler!

MERKEN

> Leserbriefe sind keine redaktionellen Meinungsäußerungen. Die Redaktion behält sich vor, Briefe zu kürzen.
> Schreiben Sie deshalb bitte sehr kurz und <u>prägnant</u>. Je kürzer ein Brief ist, desto größer ist die Chance einer Veröffentlichung.

prägnant: treffend und genau

❶ Lies den Merkkasten und den Hinweistext aus einer Tageszeitung zum Schreiben von Leserbriefen.
Erkläre dann die folgenden Begriffe:
anonyme Schreiben, Appelle, rhetorische Frage, prägnant.

❷ Wo bzw. wie hast du die Worterklärungen gefunden?

❸ „In der Kürze liegt die Würze." – Was hat dieses Sprichwort mit Leserbriefen zu tun?

Lehrerin klebt störenden Schülern den Mund zu

DESSAU. Weil sie Kindern den Mund mit Klebeband verschlossen haben soll, ist eine Lehrerin in Dessau beurlaubt worden. Ein Schulpsychologe gehe den Vorwürfen nach, hieß es gestern beim Landesverwaltungsamt Sachsen-Anhalt. Dort hatten sich Eltern über das Vorgehen der Lehrerin beschwert, schwatzenden Schülern den Mund zu verkleben.

ap

4 Zu dieser Nachricht treffen in der Redaktion drei Leserbriefe ein. Stell dir vor, du bist der Redakteur und musst entscheiden, welchen du veröffentlichst. Begründe genau deine Auswahl.

a) „Gut gemacht!" kann ich da nur sagen!
Wenn diese unfähigen Eltern ihre bescheuerten Gören besser erziehen würden, wären solche Maßnahmen nicht nötig. Im Unterricht hat man die Klappe zu halten und aufzupassen. Den Lehrern bleiben doch kaum noch Möglichkeiten, wie sie in Ruhe und Ordnung unterrichten können. Außerdem stören die Kinder auch ihre Mitschüler, die etwas lernen wollen. Was soll die Lehrerin denn sonst tun?

Otto Schwalb, Düsseldorf

b) Die Nachricht hat mich entsetzt. Ist es in den Schulen schon so weit gekommen, dass Lehrer Münder ihrer Schüler zukleben müssen?
Die betreffende Lehrerin ist offensichtlich überfordert im Umgang mit den ihr anvertrauten Kindern. Aber schwarze Schafe gibt es überall. Natürlich sind keine Einzelheiten bekannt, wie es dazu kam, aber dies spielt auch keine Rolle. Es gibt sicher andere Möglichkeiten, um für ein vernünftiges Arbeitsklima zu sorgen. Meiner Erfahrung nach stören Schüler nur dann, wenn sie über- oder unterfordert sind. Die Lehrerin sollte also ihre Unterrichtsvorbereitung überdenken.

Nadine Klein, Ratingen

c) Es ist sicher kein einfacher Job, Kinder zu unterrichten, zumal es nicht immer ruhig und konzentriert in den Klassen zugeht. Aber auf eine solche unpädagogische Handlungsweise zurückzugreifen, kann nicht angehen. Die Beschwerden der Eltern haben ihre Berechtigung. Die Münder zu verkleben ist Körperverletzung. Das Resultat sind doch verschüchterte Schüler. Kann dann noch Leistung erwartet werden?

SCHREIBE SO!

*Meiner Meinung nach sollte der Leserbrief ... veröffentlicht werden, weil ...
Ungeeignet sind die Leserbriefe ... und ..., da ...*

5 Schreibe die drei rhetorischen Fragen aus den Leserbriefen heraus und notiere, welche „Antwort" dahintersteckt.

Zeitungen: Aktuelles vom Tage

6 Lies den Leserbrief, den Kai Becker an seine Schülerzeitung geschrieben hat: Zu welchem Thema äußert er sich?

Zu viel Prüfungsvorbereitung in Klasse 10

Stress, Stress und nochmals Stress – das geht nicht nur uns Schülern, sondern auch den Lehrern so. Das letzte Schuljahr wird total von den Abschlussprüfungen geprägt.

Viele Lehrer greifen nur noch auf Unterrichtsmaterialien zurück, die den Stoff für die Prüfungen wiederholen. Immer wieder die gleichen Aufgabentypen werden geübt. Langeweile während des Deutschunterrichts ist vorprogrammiert: Texte lesen, Multiple-Choice-Aufgaben, Schreibaufgaben. Sicher ist eine Wiederholung sinnvoll. Aber wenn nichts anderes erfolgt, wo bleibt dann die Kreativität in der Schule? Abschlussprüfungen sind berechtigt, um den Hauptschulabschluss aufzuwerten und Leistungsbereitschaft bei faulen Schülern zu wecken. Wünschenswert wäre es aber, wenn die Lehrer genauer über die Themen und Aufgabentypen, die in der Prüfung vorkommen, Bescheid wüssten. Dann würde es reichen, sich ein halbes Jahr darauf zu konzentrieren, damit noch genügend Zeit für andere Unterrichtsinhalte bleibt. *Kai Becker, 10. Klasse*

7 Welche Meinung vertritt Kai? Formuliere seine Meinung.

8 Kai nennt zwei Argumente, die gegen die dauernde Vorbereitung auf die Prüfungen sprechen. Schreibe sie auf.

9 Notiere Kais Forderung.

10 Finde die rethorische Frage, die Kai stellt und schreibe sie heraus. Kai erwartet natürlich keine Antwort auf seine rhetorische Frage – aber welche „Antwort" steckt dahinter? Welche Funktion hat die rhetorische Frage hier?

Einen Leserbrief schreiben

1 Lies den Bericht „Mit 16 Jahren alleine um die Welt".

Mit 16 Jahren alleine um die Welt
Michael Perham will mit seinem Segelboot einen neuen Rekord aufstellen

LONDON. Er ist 16 Jahre alt und will als jüngster Mensch alleine die Welt umsegeln: Michael Perham ist am Samstag in Portsmouth für seine mehr als 40 000 Kilometer lange Reise in See gestochen, auf der er mutterseelenallein den Äquator und jeden einzelnen Längengrad überqueren will. Mit an Bord seines 15 Meter langen Segelboots hat er eine Tonne an Verpflegung und zusätzlicher Ausrüstung für die Passage, für die er rund viereinhalb Monate veranschlagt hat.

Der Teenager aus der Kleinstadt Potters Bar nahe London hatte vor zwei Jahren als jüngster Mensch den Atlantik alleine mit einem Segelboot überquert. Damals hatte ihn sein Vater in gewissem Abstand in einem zweiten Boot begleitet. Der bisher jüngste Alleinüberquerer der Weltmeere ist der Austalier Jesse Martin, der dies 1999 als 18-Jähriger schaffte.

„Es ist schon ein wenig verrückt", gibt Michael zu. „Ich bin ein wenig nervös, aber andererseits auch sehr aufgeregt." Um die Tücken der Einsamkeit zu bestehen, ist Michael von Psychologen gecoacht worden. Die Reise ist alles andere als ein Vergnügen. Vor dem Start hat Michael deswegen ein intensives Überlebenstraining durchlaufen. Richtig ausschlafen kann er erst wieder, wenn er festen Boden unter den Füßen hat. An Bord seines Schiffs sind nur kurze Nickerchen von bis zu einer Stunde erlaubt, während ihn ein Autopilot auf Kurs hält.

Um den angestrebten Rekord aufzustellen, muss Michael die Weltmeere ohne fremde Unterstützung und nur mit Hilfe von Wind und Segeln überqueren. Wenn alles gut geht, kommt er mit seinem Boot – genannt nach dem Sponsor des 236 000 Euro teuren Abenteuers – Mitte März wieder nach Portsmouth zurück.

dpa

Michael Perham will als Jüngster die Welt umsegeln.

2 Was hältst du von diesem Vorhaben? Wie ist deine Meinung dazu? Tausche dich mit deinem Nachbarn aus.

3 Suche dir aus der folgenden Wörtersammlung die Stichwörter heraus, die deine Meinung unterstützen und finde weitere Stichwörter:

Abenteuer   Einsamkeit   Herausforderung   Selbstständigkeit
Schule/Ausbildung   Rekord   Zeit   Schlafmangel   Alter
Verantwortung   Training   Gefahren/Tod   körperliche Belastungen   …

Zeitungen: Aktuelles vom Tage

4 Verfasse nun einen Leserbrief, in dem du deine Meinung deutlich machst und sie mit Argumenten belegst.

Gehe so vor:

Gliederung	Inhalt	Formulierungshilfen
Einleitung	Stelle zunächst einen Bezug zum Zeitungsartikel her.	Mit Erstaunen/Interesse/Entsetzen/Neugier habe ich den Artikel „Mit 16 Jahren alleine um die Welt" gelesen, in dem Sie berichten … Sehr interessant fand ich den Artikel „Mit …", in dem berichtet wird … Gestern/Vor einigen Tagen stand in Ihrer Tageszeitung der Bericht „Mit …". Es wurde beschrieben …
Hauptteil	Formuliere deine Meinung und begründe sie ausführlich, indem du mithilfe der Stichwörter Sätze bildest.	Meiner Ansicht nach ist dieses Vorhaben …, weil … Ich kann diese Weltumseglung (nicht) befürworten, da … Ich finde dieses Vorhaben lobenswert, denn … Solche Aktionen halte ich …
Schluss	Hier kannst du einen Vorschlag oder eine Forderung hinschreiben.	Den Eltern sollte man … Jugendliche unter 18 Jahren dürften … Alle Jugendlichen sollten bestärkt werden, ähnliche Vorhaben durchzuführen, damit sie selbstständig und …

Gelingt es dir, eine rhetorische Frage in deinen Leserbrief einzubauen?

Der Aufbau der Tageszeitung

MERKEN

Euch ist sicher schon aufgefallen, dass in der Tageszeitung nicht alles durcheinander abgedruckt wird, sondern dass Texte und Bilder nach Sachgebieten, sogenannten Ressorts *oder* Rubriken *geordnet sind.*
Die sechs Grundressorts einer Tageszeitung sind: Politik, Wirtschaft, Kultur, Sport, Lokales *und* Vermischtes*. Je nach Tageszeitung können diese Bezeichnungen auch etwas abweichen.*

❶ Schreibt auf, wie diese Grundressorts in eurer Tageszeitung bezeichnet werden. Der Name des Ressorts befindet sich oben auf der Seite.

❷ Wie viele Seiten werden für jedes Ressort in eurer Tageszeitung verwendet?

❸ Lies dir die folgenden Nachrichten und Berichte genau durch und ordne sie den sechs Grundressorts zu.

Schlagzeile	Ressort
a) Maskierter überfällt Spielhalle	
b) …	

Maskierter überfällt Spielhalle

Hannover. Ein maskierter und bewaffneter Mann hat am Sonnabend eine 32-jährige Angestellte in einer Spielhalle überfallen. Der Täter hatte gegen 21.30 Uhr die Spielothek in der Straße Fischerhof betreten. Mit vorgehaltener Schusswaffe verlangte er die Tageseinnahmen, anschließend flüchtete er mit seiner Beute in Richtung Ricklinger Stadtweg. Der Mann ist etwa 25 Jahre alt, 1,80 Meter groß und schlank. Bei dem Überfall trug er eine dunkle Jogginghose und eine olivfarbene Jacke. Zeugen werden gebeten, sich mit dem Kriminaldauerdienst unter Telefon … in Verbindung zu setzen
tm

17 Tote bei Anschlag in Damaskus

Damaskus (AP). Der schwerste Anschlag in Syrien seit Jahrzehnten hat am Samstag 17 Menschen das Leben gekostet. 14 Passanten wurden bei der Explosion einer 200 Kilogramm schweren Autobombe in der Hauptstadt Damaskus verletzt. Die Hintergründe bleiben auch am Tag danach unklar.
Der Wagen explodierte nahe einer Straßenkreuzung, die zum internationalen Flughafen führt. Außerdem führt die Straße zu einem Heiligtum schiitischer Muslime.

Jubel in Polen und der Ukraine

Hamburg (dpa). Die EM-Entscheidung zugunsten von Polen und der Ukraine hat in Osteuropa große Erleichterung hervorgerufen. Doch alle Zweifel um das kontinentale Fußball-Großereignis in vier Jahren sind auch nach dem Beschluss von Bordeaux nicht ausgeräumt. „Platini nimmt uns die Euro 2012 nicht weg, ruft allerdings Polen auf: Gib Gas!", titelte die Zeitung „Superexpress". Auch in der Ukraine war die Freude groß: „Eine frohe Botschaft aus Bordeaux!"

Zeitungen: Aktuelles vom Tage

Ford Ka läuft in Polen vom Band

KÖLN/TYCHY. Der US-Autobauer Ford hat gestern mit der Serienproduktion des neuen Ford Ka in Polen begonnen. Im Werk Tychy sollen künftig jährlich 120 000 der Kleinwagen vom Band laufen, teilte Ford Europa gestern in Köln mit. Bei der Produktion arbeitet Ford mit Fiat zusammen: Einige Teile des neuen Ka werden auch beim Fiat 500 verwendet, der ebenfalls in Tychy gebaut wird. Ford hat nach eigenen Angaben 210 Millionen Euro investiert und im Werk rund 1 000 Arbeitsplätze geschaffen. **dpa**

Schamanen-Schau im Linden-Museum

Stuttgart. Geheimnisvolle Ornamente und Tiersymbole, Trommeln und Pelze – Schamanen aus Sibirien sind Thema einer neuen Ausstellung im Linden-Museum. Mehr als 200 der Objekte sind aus Russland nach Mitteleuropa gebracht worden und hier zum ersten Mal zu sehen. Die Stuttgarter Ausstellung läuft bis Ende Juni. **dpa**

Pub-Verbot für „Peggy"

Englische Wirtin verbannt Bier trinkendes Pferd vom Platz an der Theke

LONDON. Sie liebte ein gepflegtes Glas Bier im Pub zusammen mit einer Tüte Zwiebel-Chips. Doch obwohl sie nie Umstände machte, wurde die Stute „Peggy" jetzt aus einem englischen Pub verbannt. Das zwölfjährige Pferd darf nicht mehr zum Bier-Schlürfen in „The Alexandra Hotel" im nordostenglischen Ort Jarrow, weil dort renoviert und der Teppich neu verlegt wurde. Statt neben ihrem Besitzer Peter Dolan steht „Peggy" jetzt vor der Kneipe und darf ihren früheren Trink-Kumpanen nur noch durchs Fenster zuschauen. „Auch wenn sie wahrscheinlich sauberer ist als viele meiner Gäste, musste ich ein Machtwort sprechen", sagte Pub-Besitzerin Jackie Gray.
Der 62-jährige Peter Dolan wird nun ständig nach seinem Pferd gefragt: „Ich sage, sie hat sich von ihrer Sucht befreit und ist jetzt abstinent." „Peggy" war ihm vor einigen Jahren in die Kneipe gefolgt, statt auf der Wiese stehen zu bleiben. „Jeder hat sie als einen von den Stammgästen angesehen", sagte Dolan. Ein Pub-Gast betonte, das trinkfeste Pferd sei sehr liebenswürdig gewesen. „Aber jetzt bleibt mehr Bier für mich." **dpa**

Ein Mann und sein Pferd: Die Zeiten, in denen Peter Dolan und seine Stute „Peggy" gemeinsam im Pub Bier tranken, sind vorbei.

4 Suche aus deiner Tageszeitung zu jedem Ressort eine Nachricht oder einen Bericht. Klebe die Artikel in dein Heft und schreibe das betreffende Ressort darüber.

Nachrichtenagenturen

MERKEN

*Ereignisse, die im Lokalteil erscheinen, werden meistens von den Reportern der Tageszeitung selbst recherchiert und geschrieben. Wenn es sich aber um Ereignisse handelt, die viel weiter weg geschahen, so sind die Tageszeitungen meistens auf **Nachrichtenagenturen** angewiesen, die ihre Meldungen an die Tageszeitung verkaufen. Nur größere Tageszeitungen haben zusätzlich eigene Korrespondenten in aller Welt. Große Agenturen sind beispielsweise **AP, dpa, sid, vwd, epd, DDP** und **AFP**.*
Die Redakteure der Zeitungen wählen aus, welche Meldungen sie übernehmen. 70 % der Auslandsmeldungen und 60 % der Inlandsmeldungen stammen in Tageszeitungen von Nachrichtenagenturen.

❶ Schreibe die Kürzel der Nachrichtenagenturen aus dem Merkkasten heraus und ordne sie den ausgeschriebenen Namen der Presseagenturen zu:
– Agence France Presse
– Associated Press
– Sport-Informations-Dienst
– Deutsche Presseagentur
– Deutscher Depeschendienst
– Evangelischer Pressedienst
– Vereinigte Wirtschaftsdienste

❷ Wo findet sich bei den folgenden Meldungen das Kürzel der Presseagentur?

❸ Sucht aus euren Tageszeitungen möglichst viele verschiedene Kürzel von Nachrichtenagenturen heraus. Bei welcher Nachrichtenagentur kauft eure Tageszeitung oft Nachrichten ein?

Trauerfeier für die Soldaten

BERLIN. (dpa) Die bei einem Anschlag in der afghanischen Stadt Kundus getöteten zwei deutschen Soldaten werden heute nach Zweibrücken geflogen. Zuvor findet eine Trauerfeier in Kundus statt, auf der die Soldaten von den Kameraden Abschied nehmen.

Arbeitsagenturen fehlen 7000 Vermittler

KASSEL. Bei den Arbeitsagenturen fehlen nach Angaben von Bundesarbeitsminister Olaf Scholz bundesweit fast 7000 Arbeitsvermittler. Dies führe dazu, dass Langzeitarbeitslose und Menschen ohne Hauptschulabschluss nicht adäquat vermittelt werden können, sagte Scholz gestern auf der Richterwoche des Bundessozialgerichts in Kassel. **ap**

Wiederholen & weiterarbeiten

Eine Klassenzeitung herstellen

Einigt euch auf einen Namen für eure Klassenzeitung.

▶ Sammelt zunächst Themen, die euch interessieren würden und in einer Klassenzeitung veröffentlicht werden könnten, z. B.:
- *Ausflüge und Klassenfahrten*
- *Schulfeste und -feiern: Karneval, Weihnachten …*
- *Lieblingssportarten*
- *Witze und lustige Sprüche*
- *Buchkritik zur Klassenlektüre oder Buchempfehlungen*
- *Vorstellung aktueller Kinofilm und CDs*
- *Interviews zu Praktika …*

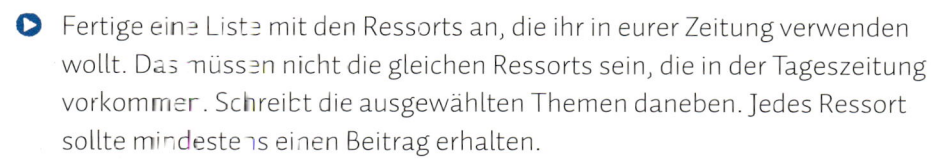

▶ Fertige eine Liste mit den Ressorts an, die ihr in eurer Zeitung verwenden wollt. Das müssen nicht die gleichen Ressorts sein, die in der Tageszeitung vorkommen. Schreibt die ausgewählten Themen daneben. Jedes Ressort sollte mindestens einen Beitrag erhalten.
- *Aktuelles: Schülersprecher stellen sich vor*
- *Berufswelt: Interviews zu Praktika*
- *Sport: …*

▶ Verteilt die Themen und arbeitet zu zweit an einem Artikel. Beachtet die W-Fragen. Können Fotos beigefügt werden?

▶ Legt alle Termine für die Redaktionssitzungen fest, an denen die Entwürfe vorgestellt werden. Es sollte auch klar sein, wann Redaktionsschluss ist, also bis wann die Beiträge fertig sein müssen.

Flotter Bote der 8c

Redaktionssitzung: 12. 11. …   Redaktionsschluss: 10. 12. …

Redakteure	Themen	Ressorts
Kai, Brenda	Schülersprecher stellen sich vor	Aktuelles
Iman, Max	Klassenfahrt	Schulleben
Bianca, Salma	…	…

TIPP
Anregungen erhaltet ihr auch von online-Zeitungen im Internet. Informationen findet ihr unter:
www.zeitungen-online.net

▶ Einigt euch auf ein Format z. B. DIN A4, eine Schriftart und eine Schriftgröße, um die Seiten einheitlich am PC gestalten zu können.

Über etwas Gesagtes berichten – der Konjunktiv I

1 Ein Reporter interviewt den bekannten Gallier Obelix anlässlich einer Filmpremiere bei den Filmfestspielen in Venedig. Zu Beginn seines Berichtes gibt er schon zwei Äußerungen aus diesem Interview wieder. Schreibe sie heraus. Was fällt dir auf?

Es ist eine kleine Sensation, dass es der neue Asterixfilm „Obelix GmbH und Co KG" in das diesjährige offizielle Festivalprogramm geschafft hat. „Ich fühle mich durch die Einladung zum
5 Filmfestival in Venedig sehr geehrt", erklärte Obelix, einer der beiden Hauptdarsteller. Allerdings vermisste das Publikum beim Gang über den roten Teppich Idefix. Obelix erklärte, er verzichte auf die Anwesenheit seines ständigen
10 Begleiters, weil für den bejahrten Hund die Reise zu anstrengend sei.

MERKEN

Wenn in einem Bericht, z. B. einem Zeitungsartikel, wiedergegeben werden soll, was jemand gesagt hat, gibt es mehrere Möglichkeiten:

Man kann die **wörtliche (direkte) Rede** *verwenden, um den Text lebendiger zu machen:* Obelix erklärte: „Ich verzichte auf die Anwesenheit von Idefix."

Oft wird mithilfe des Konjunktivs I das Gesagte in **indirekter Rede** *wiedergegeben:* Obelix erklärte, er verzichte auf die Anwesenheit von Idefix.
Der **Konjunktiv I** *wird vom Infinitivstamm des Verbs abgeleitet:*
ich komme, du kommest, er komme, wir kommen, ihr kommet, wir kommen.
Man kann auch die Konjunktion dass *benutzen, um die indirekte Rede anzuschließen. Dann wandert das Verb an das Ende des Satzes:*
Obelix erklärte, dass er auf die Anwesenheit von Idefix verzichte.
Bei der indirekten Rede werden die Personalpronomen verändert:
Aus Obelix erklärte: „Ich ..." wird Obelix erklärte, er ...
Die Anführungszeichen entfallen.

TIPP

Bei der indirekten Rede wird „mich" zu „ihn" oder „sich":
Ich freue mich ...
→ Er freue sich ...
→ Es freue ihn ...

2 Der Reporter hat weitere Informationen aus dem Interview wörtlich in seinen Text eingefügt (S. 111).
Forme an einigen Stellen die direkte Rede in die indirekte um und verwende dabei den Konjunktiv I. Benutze manchmal auch die Konjunktion *dass*.

Über Sprache nachdenken

In diesem Asterixfilm dreht sich alles um den schwergewichtigen Gallier. Obelix verrät: „Römisches Geld macht mich in diesem Film steinreich". Die Römer kaufen dem Hinkelsteinproduzenten Obelix alle Steine ab.
15 „Damit soll der Widerstand unseres Dorfes gebrochen werden", kommentiert unser Hauptdarsteller. Die Wandlung vom einfachen Handwerker zum reichen Geschäftsmann wird von Obelix sehr eindrucksvoll dargestellt. Er erzählt: „Ich verstehe es als große Herausforderung, zu zeigen, wie das Geld eine gutmütige Figur wie Obelix verwandelt."
20 Weiter berichtet er: „Der stolzierende Gang in eleganten Kleidern ist Ergebnis eines harten Trainings vor dem Spiegel." Da stellt sich die Frage, warum Obelix bei diesen schauspielerischen Leistungen bisher nur auf den tumben Haudrauf-Begleiter von Asterix reduziert wurde. Er betont: „Wichtig ist für mich, dass ich mich von einer anderen Seite zeigen kann
25 und nicht nur in Szenen zu sehen bin, in der Römer verhauen werden." Insgesamt bleibt Obelix dann aber doch seiner alten Rolle treu. Er erläutert: „Am Ende des Films ist mir der Reichtum ohne Freunde langweilig und ich kehre wieder zur Wildschweinjagd zurück."

3 Im abschließenden Teil seines Berichts hat der Reporter nur durch die Verwendung des Konjunktivs deutlich gemacht, was er dem Gespräch mit Obelix entnommen hat. Markiere diese Stellen im Text (Folie).
Gib an einiger Stellen in direkter Rede wieder, was Obelix gesagt hat.
Du kannst die Verben des Sagens aus der letzten Übung verwenden.

Keiner der bisherigen Asterixfilme wirft ein so düsteres Bild auf die Käuf-
30 lichkeit des Menschen, gegen die auch das unbeugsame gallische Dorf nicht gefeit scheint. Fast das gesamte Dorf verschreibe sich der Hinkelsteinproduktion, verkaufe seine Hinkelsteine an die römische Besatzungsmacht und kümmere sich nur um den privaten Luxus. Den Römern gelinge es fast, den Widerstandsgeist des Dorfes zu brechen. Mit der
35 Aussicht auf das große Geld gehe der Zusammenhalt im Dorf verloren. Das sei die Lehre des Films für die jetzige Zeit.
Dass die römische Befriedungsstrategie letztendlich nicht aufgeht, liegt daran, dass der römische Staat den Aufkauf der Hinkelsteine nicht mehr finanzieren kann und in eine Wirtschaftskrise hineinschlittert. Die Be-
40 drohung durch eine Wirtschaftskrise sei das zweite große Thema des Films, so Obelix weiter.
Abschließend bleibt festzustellen, dass in der aktuellen Mode der Comicverfilmungen eine Menge nichtssagender Filme produziert wird. Vielen Superheldenverfilmungen könne er wenig abgewinnen, verriet uns auch
45 der Hauptdarsteller.

gegen etwas gefeit sein:
vor etwas sicher sein

Der Konjunktiv I
▶ Seite 215

dass oder *das*? Konjunktion oder Relativpronomen?

MERKEN

Zur Erinnerung:
*Die **Konjunktion** dass leitet einen Nebensatz ein. Im Nebensatz steht das Verb am Ende. Vor dem dass-Satz steht ein Komma.*
Die Konjunktion dass bezieht sich meistens auf ein vorausgegangenes Verb.
Beispiel: Die Polizei warnt, dass hohe Geldbeträge von gerissenen Tätern vom Konto des Opfers abgehoben werden.

① Lies den Merkkasten oben aufmerksam.

Zweijähriger fährt Auto

Eine erstaunliche Entdeckung machte eine Radlerin am Samstagmorgen in Hitdorf. Sie beobachtete, dass ein Kleintransporter mit einem zweijährigen Kind am Steuer vor ihr über die Ringstraße fuhr.
Der Polizei berichtete die 66-Jährige von einem „weißen Kleintransporter, der in einem Bogen über die Straße fuhr, links gegen einen Briefkasten und dann rechts gegen einen Zaun rollte." Sie sah, dass das Kind allein im Auto saß. Daraufhin alarmierte sie sofort die Polizei.
Es stellte sich heraus, dass der Vater seinen Sohn allein im Wagen zurückgelassen und den Autoschlüssel nicht mitgenommen hatte. Der 38 Jahre alte Vater war „glücklich, dass sein Sprössling bei seiner ersten großen Fahrt nicht verletzt worden ist". **(tk)**

② In dem Zeitungsbericht links kommen vier Sätze mit der Konjunktion *dass* vor.
Schreibe sie in dein Heft und markiere jeweils den Nebensatz, das Verb im Nebensatz, das Komma und das Verb im Hauptsatz.

③ Hier findest du Satzanfänge aus einer Tageszeitung. Vervollständige sie. Achte darauf, dass das Verb am Ende steht.

Die Polizei geht davon aus, dass ...   Der Bürgermeister kritisiert, dass ...
Die Bankangestellte war nach dem Überfall so geschockt, dass ...
Beim Spielen hatten die Kinder entdeckt, dass ...
Die Anwohner fordern, dass ...   Der Verdacht, dass ...
Inzwischen steht fest, dass ...   Es ist nicht das erste Mal, dass ...

Richtig schreiben

4 Sieh dir den folgenden Satz an. Vervollständige dann den Merksatz in deinem Heft. Diese Wörter musst du einsetzen: *welches, Relativpronomen, Nomen*.

Bei dem Auto, das der Zweijährige lenkte, handelte es sich um einen weißen Kleintransporter.

> Das ▓▓▓ *das* bezieht sich auf ein vorausgegangenes ▓▓▓.
> Man kann das Relativpronomen oft durch ▓▓▓ ersetzen.

MERKEN

5 Bilde aus den Stichworten unten jeweils einen Hauptsatz mit Relativsatz. Benutze als Relativpronomen *das* oder *welches*.
Schreibe so:
Das Messer, das der Täter benutzt hatte, fand die Polizei im Gebüsch.

a) das Messer – <u>der Täter benutzt</u> – Polizei fand im Gebüsch
b) die Straßenmeisterei ersetzte das Stoppschild – <u>es war gestohlen worden</u>
c) jetzt wurde Haus – <u>im Herbst ausgebrannt</u> – abgerissen
c) das Kätzchen – <u>am Samstag in einer Plastiktüte an der Raststätte gefunden</u> – hat nicht überlebt
d) das Elefantenbaby – <u>letzte Woche im Kölner Zoo geboren</u> – wurde am Donnerstag der Öffentlichkeit vorgestellt

TIPP

Die Stichworte, die zum Relativsatz werden, sind unterstrichen.

6 Schreibe die Sätze unten in dein Heft und setze *das* oder *dass* ein.

a) Der Dieb hätte nicht gedacht, ▓▓▓ ihn sein Parfüm verraten würde.
b) Das Diebesgut, ▓▓▓ die Polizei auf einem Spielplatz fand, hatte den gleichen starken Geruch wie der Festgenommene.
c) Für Zeugen sah die Entführung eines Bräutigams so echt aus, ▓▓▓ sie die Polizei riefen.
d) Das Auto, ▓▓▓ die „Entführer" benutzten, wurde schnell gestoppt.
e) Das Reh, ▓▓▓ plötzlich von links aus dem Wald sprang, wollte das herannahende Auto überspringen.
f) Die Fahrerin des Autos wunderte sich, ▓▓▓ es zu keinem Zusammenstoß gekommen ist.

Diebesgut: *Beute*

Sätze mit Konjunktionen verbinden
➔ Seite 230

Pizza, Pommes & Co.

Lisa, hast du auch was Ordentliches gegessen? Im Kühlschrank steht noch ein Gemüse-Auflauf, den kann ich dir warm machen. Oder Blumenkohlbratlinge mit Joghurtdip …

Mama, ich habe keinen Hunger, hatte in der Schule Hauswirtschaft und habe gerade einen frischen O-Saft getrunken. Ich komme zu spät, Tanja und Leonie warten schon.

Meine Eltern gehen mir so auf den Geist mit ihrem gesunden Essen. Und ständig soll ich zu Hause bleiben.

Wo gehst du jetzt schon wieder hin? Du könntest auch mal zu Hause

Bei uns ist es auch so.

Ich bin meistens allein zu Hause, meine Eltern arbeiten viel.

Dieses Kapitel beschäftigt sich mit einer besonderen Ernährungsform und Esskultur, die bei Jugendlichen, aber auch bei vielen Erwachsenen sehr beliebt ist, dem Fast Food. Übersetzt heißt Fast Food „schnelles Essen". Gemeint ist damit sowohl die Schnelligkeit beim Verzehr als auch die Zeit von der Bestellung über die Zubereitung bis zum Erhalten des gewählten Essens.

Wenn du dieses Kapitel bearbeitest, wirst du
— mehr über die Geschichte der Pizza erfahren,
— Gründe kennen, warum Fast Food so beliebt ist,
— über Vor- und Nachteile dieser Ernährungsform diskutieren und
— Mechanismen der Werbung kennen lernen.

Wollen wir vor dem Film noch was essen? Pizza oder Hamburger?

Eine Pizza Margherita, bitte.

Einmal Pommes rot-weiß und eine Cola.

Ich möchte einen Döner ohne Zwiebeln.

Hey Mum, lass es dir schmecken. Ich war auch gerade am Kühlschrank, musste mal wieder einen selbst gemachten Salat essen.

1. Worum geht es in dieser Bildergeschichte?

2. Welchen Standpunkt vertreten die Eltern, wie reagiert die Tochter?

3. Wieso müssen beide – Mutter und Tochter – am Ende lachen?

4. Was verbinden Eltern und Tochter mit dem Thema „Essen"?

5. Wie sind eure Erfahrungen? Habt ihr Ähnliches erlebt? Berichtet.

Aus der Geschichte der Pizza

Wie die Pizza entstanden ist

Die Herkunft des italienischen Wortes *pizza* ist nicht ganz geklärt. Vielleicht stammt es ursprünglich von dem mittelgriechischen Wort *pitta* (Kuchen, Pastete) ab. Vorläufer unserer geliebten Pizza gab es wahrscheinlich schon in der Antike, z. B. bei den alten Griechen, nämlich eine Art sehr heiß gebackenes Fladenbrot, zubereitet aus Wasser und Mehl. Soldaten sollen damals schon „Pizza" auf ihren Verteidigungsschildern gebacken und mit verschiedenen Zutaten wie Öl, Käse oder Datteln belegt haben. Auch bei Ausgrabungen in dem vom Vesuv verschütteten Pompeji fanden Archäologen Hinweise auf pizzaähnliche Fladen.

Zu Beginn der Neuzeit (1492) wurde Amerika entdeckt und damit auch die Tomate, die schnell ihren Siegeszug in Europa antrat. Offenbar in Neapel wurde sie zuerst als geeigneter Belag für die Pizzafladen angesehen – eine Art Arme-Leute-Essen. Erst viel später wurde Pizza dann in den Gassen Neapels auch als Snack verkauft. Händler backten sie auf großen Blechen und belegten sie nach den Wünschen der Kunden. Italienische Auswanderer brachten die Pizza schließlich nach Amerika. Dort wurde sie ähnlich angeboten, wie zuvor in Neapel. 1905 eröffnete in New York die erste Pizzeria der USA. Gut 40 Jahre später wurde dann der erste Pizzafertigteig angeboten und etwa weitere 10 Jahre später kam die erste Tiefkühlpizza auf den Markt, ebenfalls in den USA. Auch Fast-Food-Ketten, spezialisiert auf Pizza, gab es ab Ende der 50er Jahre erstmals in den USA.

Nach Deutschland kam die Pizza durch italienische „Gastarbeiter", die erste Pizzeria gab es ab 1952 in Würzburg; sie befindet sich bis heute am gleichen Ort. Die ersten Kunden waren auch hier die Amerikaner, nämlich damals in Deutschland stationierte Soldaten. Ihren Siegeszug begann die Pizza in Deutschland aber viel später, nämlich mit dem Aufkommen der Tiefkühlpizza.

So sah es vor hundert Jahren in Neapel aus, wenn hungrige Arbeiter, Schuhputzer, Zeitungsjungen und Tagelöhner sich mittags stärkten. Sie essen auf diesem Foto zwar keine Pizza, sondern das ebenso beliebte Arme-Leute-Essen Pasta mit geriebenem Käse, aber so ähnlich kann man sich wohl auch den Straßenverkauf von Pizza vorstellen.

Pizza, Pommes & Co.

1 Schreibe einen „Lebenslauf" der Pizza, aus dem ihre Entwicklung und Verbreitung deutlich wird.

SCHREIBE SO!

In der Antike:
- *die Griechen backen eine Art Fladenbrot*
- *Soldaten ...*
- *...*

Vor 500 Jahren:
- *Tomaten ...*

Vor 100 Jahren:

Vor 50 Jahren:

2 Die <u>Neapolitaner</u> nehmen für sich in Anspruch, die besten Pizzabäcker zu sein, aber besonders die Amerikaner haben einen bedeutenden Anteil an der Verbreitung der Pizza. Begründe diese Aussage mithilfe des Textes.

<u>Neapolitaner:</u>
Einwohner der Stadt Neapel

3 Auf diesem Foto siehst du den neuesten Trend: Pizza aus dem Automaten!

Wie wird es mit der Pizza weitergehen?
Schreibe den „Lebenslauf" der Pizza weiter:
- Wie wird sie aussehen?
- Wie wird sie belegt?
- Wo wird sie verkauft?
- ...

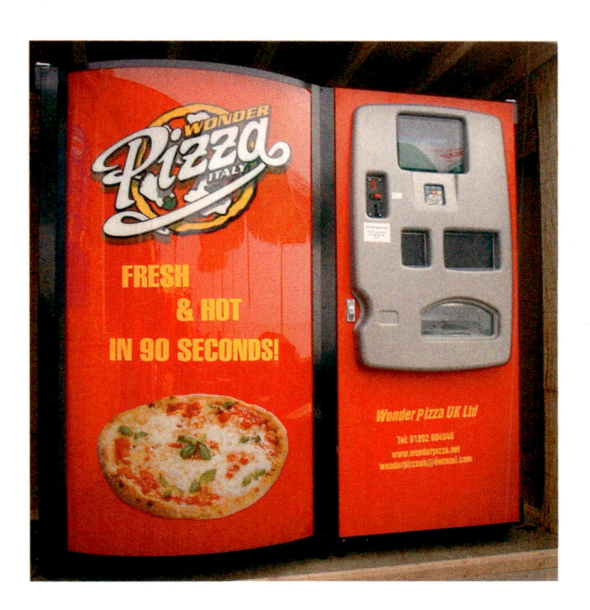

SCHREIBE SO!

Die Pizza im Jahr 2050

Als kleiner Junge/kleines Mädchen war Pizza eines meiner Lieblingsessen. Als ich mich neulich daran erinnerte, wollte ich mal wieder eine essen. ...

Margherita von Savoyen (1851–1926), Italiens erste Königin

Wie die Pizza Margherita zu ihrem Namen kam

Eine bekannte Geschichte erzählt, wie König Umberto I. von Italien mit seiner Frau Margherita 1889 die Ferien auf der Sommerresidenz Capodi-
5 monte in der Gegend von Neapel verbrachte und Margherita Hunger hatte auf eine Pizza. Eilends wurde ein Mann namens Rafaelo Esposito entboten, der zusammen mit seiner
10 Frau die beste Pizzeria ganz Neapels besaß. Sie backten zwei traditionelle Pizzas und eine neue, die sie dem Königshaus zu Ehren mit Tomaten (rot), Mozarellakäse (weiß) und Basilikum (grün) belegten. Diese dritte 15 Pizza, in den italienischen Nationalfarben, schmeckte der Königin am besten und wurde darum nach ihr benannt.

❶ Beantworte die folgenden Fragen zum Text:
   – Wer war Margherita von Savoyen?
   – Warum trägt eine Pizza den Namen einer Königin?
   – Mit welchen Zutaten wird eine Pizza Margherita belegt?
   – Warum hat sich der Pizzabäcker gerade für diese Zutaten entschieden?

❷ Kennt ihr noch andere Getränke oder Speisen, die nach berühmten Persönlichkeiten benannt worden sind? Versucht herauszubekommen, was es mit den Namen der folgenden Speisen und Getränke auf sich hat:
Pfirsich Melba, Sandwich, Bloody Mary, Kir Royal, Waldorfsalat.

❸ Welchen Belag hat deine Lieblingspizza? Wandle das Margherita-Rezept ab und schreibe dein persönliches Pizzarezept auf ein Schmuckblatt.

Peccorino: Hartkäse aus Schafsmilch

TIPP
Sammelt eure Rezepte und legt ein Pizza-Backbuch für eure Klasse an. Sammelt auch pizzaähnliche Rezepte wie Lahmancun, Flammkuchen, Kartoffelpizza …

Rezept: Pizza Margherita

Zutaten für den Pizzateig:
650g Mehl, 15g Trockenhefe oder 30g frische Hefe, 1/4l lauwarmes Wasser, 6 Eßlöffel Olivenöl, 1 Teelöf-
5 fel Zucker, 1 Prise Salz.

Zutaten für den Belag:
Olivenöl zum Beträufeln des Bodens, 6 enthäutete, entkernte und in Scheiben geschnittene Tomaten, 300g Mo-
10 zarellakäse, ein wenig geriebener Peccorino, frische Basilikumblätter.

Mehl in eine Schüssel geben, in der Mitte eine Mulde machen und die mit Zucker und ein wenig Wasser an- gerührte Hefe hineingeben. Wenig 15 Mehl darunterrühren und diesen Vorteig gehen lassen. Dann mit Wasser, Salz und Öl mischen und zu einem geschmeidigen Teig verkneten. Teigstück nochmals gehen lassen, dann 20 in die gewünschte Form ausrollen und auf ein gefettetes Blech legen.
Die Pizzaböden mit Öl beträufeln, mit Tomatenscheiben belegen und Mozzarella darüberkrümeln. Mit ge- 25 riebenem Peccorino bestreuen. Bei 200° je nach Größe 15 bis 25 Minuten backen. Nach dem Backen mit den Basilikumblättern garnieren.

Pizza beim Italiener essen, bringen lassen – oder selbst machen?

Klar, die Pizza aus dem Steinofen beim Italiener schmeckt am besten, die eigene Küche bleibt sauber, die fremde Umgebung lässt den Alltag eher vergessen. Aber immer Essen zu gehen ist teuer und nur wenige können sich das leisten. Günstiger wird es, wenn man sich die Pizza bringen
5 lässt. Die teuren Getränke im Lokal entfallen, stattdessen muss man einen kleinen Beitrag für die Fahrtkosten zum Pizzapreis dazurechnen oder eine größere Menge bestellen.

Eine Alternative dazu ist es, die Pizza selbst zuzubereiten. Dann ist sie nämlich ein preiswertes
10 Gericht. Man weiß, dass die Zutaten frisch sind, und außerdem können zu Hause mittels verschiedener Zutaten auch mehrere Pizzasorten pro Blech hergestellt werden, je nach Vorliebe des jeweiligen Essers. Obendrein können die Zu-
15 taten aufgewertet werden, in dem z. B. das weiße Mehl zum Teil gegen Vollkornmehl ersetzt oder besonders gutes Olivenöl verwendet wird.

Eine weitere Alternative ist die gekaufte Tiefkühl-Pizza. Sie bietet eine unkomplizierte, Zeit sparende Zubereitung, aber leider ist die Fertigpizza
20 oft mit vielen Zusatzstoffen versehen, damit sie annehmbar aus dem heimischen Backofen kommt. Bei der selbst gemachten Pizza dagegen weiß man, was drin ist. Auch die TK-Pizza kann man aufwerten, in dem man sie mit weiteren möglichst frischen Zutaten belegt oder einen gesunden Salat dazu reicht.

1 Schreibe folgende Tabelle in dein Heft und ergänze sie mit den entsprechenden Textaussagen. Fallen dir noch andere Vor- oder Nachteile ein?

	Pizza in der Pizzeria	Tiefkühl-Pizza	Pizza-Bringdienst	Selbstgemachte Pizza
Vorteile				
Nachteile				

2 Zu welcher Gelegenheit geht ihr essen? Wann lasst ihr euch lieber etwas bringen? Wann kocht/backt ihr selbst?

Fast Food – ein Dauerbrenner

❶ Was ist eigentlich Fast Food? Schreibe in wenigen Sätzen auf, was du darunter verstehst.

❷ Lies den folgenden Text und beantworte die Fragen:
a) Zu welchem Thema fand die Befragung statt? Formuliere eine passende Frage.
b) Wer hat die Untersuchung durchgeführt?
c) Wer wurde befragt?
d) Wann hat die Befragung stattgefunden?
e) Welches sind die beliebtesten Fast-Food-Gerichte?
f) Einige Plätze in der Rangfolge sind nicht genau zuzuordnen. Welches Fast Food könnte auf diesen Plätzen liegen? Stelle Vermutungen an.

Pizza ist das beliebteste Fast-Food-Gericht Deutschlands

Ob beim Stadtbummel, in der Mittagspause oder auf der Durchreise: Häufig isst man unterwegs und nicht zu Hause am gedeckten Esstisch. Imbisse oder Schnellrestaurants gibt es in Hülle und Fülle und sie bieten eine große Vielfalt an preiswerten Gerichten. Die beliebteste Speise für zwischendurch ist die Pizza. 71 Prozent der Deutschen bevorzugen den italienischen Teigfladen mit dem leckeren Belag, wenn sie sich unterwegs etwas zum Essen kaufen. Auf Platz zwei der beliebtesten Fast-Food-Gerichte schafft es das belegte Brötchen (61 Prozent), gefolgt vom gegrillten Hähnchen (59 Prozent) und der Brat- beziehungsweise Currywurst (54 Prozent). Erstaunlich: Hamburger und Döner landen in der Gunst der Deutschen nur auf dem siebten bzw. achten Platz. Sogar das Fischbrötchen schneidet besser ab als die beiden „Fast-Food-Urgesteine". Das ergibt eine Umfrage des Nürnberger Marktforschungsunternehmens Konzept & Analyse aus dem Jahre 2008, die gemeinsam mit dem Online-Panel-Betreiber Respondi AG unter 1 000 Deutschen zwischen 14 und 69 Jahren durchgeführt wurde.
Die Befragung zeigt auch: Die große Mehrheit der Deutschen ist sich durchaus bewusst, dass sich die genannten Fast-Food-Gerichte nicht in die Kategorie „gesund" einordnen lassen. Dies scheint sich allerdings nicht negativ auf die Beliebtheit der Speisen auszuwirken.

❸ Überlegt gemeinsam, was Fast Food so attraktiv macht.

❹ Der auf Seite 121 oben Text behandelt nicht ausdrücklich das Phänomen Fast Food, aber dennoch kannst du mehrere Gründe herauslesen, die Fast Food so beliebt machen. Schreibe sie heraus.

Pizza, Pommes & Co.

In einem Presseartikel der Firma Nestlé kann man lesen: „Ernährung ist ein Spiegel der Gesellschaft". Dieser Artikel bezieht sich auf die Nestle-Studie 2009, die sich mit dem Thema Ernährung beschäftigt hat. Danach ernähren sich 85 % der Deutschen nicht so, wie sie es sich eigentlich wünschten, sondern sie glauben, dass sie sich zu einseitig und unkontrolliert ernähren. Als Gründe werden dafür z. B. die fehlenden festen Zeiten fürs Essen angegeben. Besonders bei Berufstätigen fehlen die regelmäßigen Essenszeiten, da sie immer flexibler sein und z. B. häufig Überstunden machen müssen. Dazu kommt ein sich verstärkender Zeitdruck in vielen Bereichen unseres Lebens, nicht nur im Beruf, sondern auch in der Freizeit, wir wollen möglichst viel erleben und dort sein, wo etwas „los ist". Immer muss es deshalb möglichst schnell gehen. Ein weiterer Grund ist die fehlende Disziplin, z. B. den ständigen Verführungen standhalten zu können. Essen wird uns ständig und überall angeboten: auf Werbeplakaten und Leuchtreklamen oder auch die Süßigkeiten neben der Kasse im Supermarkt sowie an der Tankstelle usw. Immer soll es schnell gehen. Früher sind die Menschen zur Jagd gegangen um sich ihr Essen zu besorgen, heute werden wir regelrecht vom Essen verfolgt.

5 Lies den folgenden Text und notiere die Gründe, die die Kritiker gegen einen häufigen Verzehr von Fast Food anführen.

Jugendliche essen regelmäßig Fast Food

Jeder siebte Jugendliche zwischen 14 und 24 Jahren isst einer Umfrage zufolge mindestens vier Mal die Woche Fast Food. Dies ergab eine Forsa-Studie im Auftrag der Techniker Krankenkasse (TK), bei der 1 004 Bundesbürger nach ihren Ernährungsgewohnheiten gefragt wurden. Ganz hoch im Kurs steht dabei die Currywurst. Diese rangiert mit 510 Kalorien (pro 150 Gramm) und 20 Prozent Fettanteil auch weit oben auf der Liste der Kalorienbomben. Eine Pizza Margherita hat 640 Kalorien, und ein Döner mit 350 Gramm Putenfleisch bringt es auf 615 Kalorien, wie die TK mitteilte. Das entspricht etwa einem Viertel des täglichen Energiebedarfs eines Jugendlichen.
Die TK-Ernährungsexpertin Alexandra Krotz erklärte: „Problematisch ist nicht nur, dass das meiste Fast Food zu viel Fett und Zucker und deshalb viele Kalorien hat, sondern auch, dass es kaum Nährstoffe, also Vitamine, Mineralstoffe und Spurenelemente enthält." Und die seien vor allem für die Entwicklung junger Leute wichtig.
Der Umfrage zufolge essen mehr als zwei Drittel der unter 25-Jährigen das, was ihnen schmeckt – egal ob gesund oder nicht. Und fast jeder zweite begründete sein Essverhalten mit Zeitmangel. Krotz schlug gesunde Alternativen vor: „Fast alle Bäckereien bieten gesunde und schmackhafte Vollkornbaguettes an, die zum Beispiel mit fettarmem Geflügelaufschnitt, Tomate und Salat belegt sind. Sogar die großen Burger-Ketten bieten mittlerweile gesunde Alternativen wie Salate, Obst und Vollkornburger an", erklärte sie.

Eine Rollendiskussion führen

Fast Food: zeitgemäße Ernährung oder ungesunde Kalorienbombe?
Das Essen auf die Schnelle ist ein kontrovers diskutiertes Thema. Vertreter von Fast-Food-Ketten, Ernährungsberater, Fast-Food-Fans oder Fernsehköche haben dazu z. B. ganz unterschiedliche Meinungen.
In einer **Rollendiskussion** kann man diese Standpunkte durchspielen und dabei die Überzeugungskraft der möglichen Argumente und Beispiele erproben. Die Diskussionsteilnehmer schlüpfen in eine vorgegebene Rolle und versuchen die entsprechende Meinung möglichst überzeugend zu vertreten. Dabei spielt es keine Rolle, welcher Meinung man selbst ist.
So könnten **Rollenkarten** zu dem oben genannten Thema aussehen:

Don McFive, Vertreter einer bekannten Fast-Food-Kette
Du vertrittst eine große Fast-Food-Kette, die in allen größeren Orten vertreten ist. Du findest, der Erfolg gibt euch Recht.
Die Qualität eurer Speisen muss einfach gut sein, sonst würden nicht so viele Menschen aller Altersgruppen bei euch essen.

Alwine Schön, Ernährungsberaterin
Du nimmst an der Diskussion teil, weil du die Fast-Food-Konsumenten gern zu einer gesünderen Ernährung bringen möchtest.
Dabei gehst du besonders auf die Einseitigkeit dieser Ernährung und die damit verbundenen Gesundheitsprobleme ein.

Mali Stifter, berufstätige, allein erziehende Mutter mit zwei Kindern
Du arbeitest in einem Kaufhaus und machst immer nur eine sehr kurze Mittagspause, weil du dafür eher Feierabend machen kannst. Der Imbiss ist direkt neben dem Kaufhaus. Auch deine Kinder lieben Pizza, Pommes und Co. Aber eigentlich findest du das gar nicht so gut.

Toni, jugendlicher Fast-Food-Fan
Du isst regelmäßig Fast Food, dein Lieblingsessen sind Hamburger mit Pommes rot-weiß. Eine Ernährung ohne Fast Food kannst du dir überhaupt nicht vorstellen.

Max Löffel, Fernsehkoch
Du findest die Fast-Food-Esskultur schrecklich. Das hat für dich nichts mehr mit einem guten Essen zu tun, das man in einem Restaurant mit Freunden oder in Ruhe zu Hause einnimmt.

Pizza, Pommes & Co.

Eine Rollendiskussion führen

METHODE

1. Vorbereitung:
- Rollenkarten vorbereiten und aufmerksam lesen
- Zu jeder Rollenkarte eine Gruppe bilden
- In der Gruppe Argumente und Beispiele für die jeweilige Meinung sammeln. Auch mögliche Gegenargumente überlegen und zu entkräften versuchen
- In jeder Gruppe einen Diskussionsteilnehmer bestimmen
- Diskussionsleiter bestimmen, Sitzordnung aufbauen

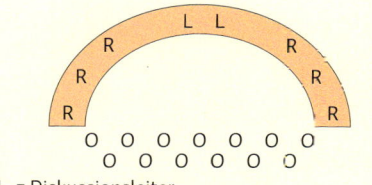

L = Diskussionsleiter
R = Diskussionsteilnehmer in bestimmten Rollen
O = Beobachter

2. Durchführung
- Diskussionsleiter: eröffnet die Diskussionsrunde, begrüßt die Zuschauer, nennt das Thema, stellt die Gesprächsteilnehmer vor, erklärt den Ablauf und leitet die Diskussion (Rednerliste führen, das Wort erteilen …)
- Diskussionsteilnehmer: vertreten ihre Rolle mit Argumenten/Beispielen.
- Gesprächsregeln: anderen Sprechern aufmerksam zuhören, ausreden lassen, auf die Argumente/Beispiele des Vorredners eingehen (Passt es zu eurer Position oder müsst ihr es widerlegen?), immer nur ein Argument/Beispiel pro Gesprächsbeitrag einbringen
- Diskussionsleiter beendet die Runde, wenn alles gesagt worden ist, fasst die verschiedenen Meinungen noch einmal zusammen

3. Nachbereitung:
- Beobachter: teilen mit, welchen Eindruck sie von der Diskussion haben; erklären, welche Argumente sie überzeugend fanden oder auch nicht; erläutern, welche Teilnehmer ihre Rolle besonders gut gespielt haben, und geben Tipps, was man besser machen könnte.

Unser Thema ist …
Als Teilnehmer begrüßen wir heute …
Das Wort hat …

Meine Meinung dazu ist, …
Aber verehrte Frau Schön, so einfach ist das nicht …
Ich glaube nicht …
Mir ist wichtig …
Bitte bedenken sie …
Da haben Sie recht, ich denke auch …
Wenn Sie behaupten …

Ich möchte kurz zusammenfassen, was gesagt wurde …

❶ Bereitet die Rollendiskussion wie beschrieben vor.
  - Übt in eurer Gruppe, eure Position zu formulieren und zu vertreten.
  - Ihr könnt den Diskussionsteilnehmer bestimmen oder auslosen.

❷ Führt die Rollendiskussion durch. Denkt daran, angemessen auf den Vorredner einzugehen. Auch die Beobachter achten besonders darauf.

❸ Wertet die Diskussion aus:
  - Haben die Gesprächsteilnehmer ihre Position überzeugend vertreten?
  - Sind die Gesprächsteilnehmer angemessen aufeinander eingegangen?
  - Hat sich euer Standpunkt zum Thema durch die Diskussion verändert?

Fast Food – die ständige Versuchung

Joachim Friedrich

Hmmh! Lecker! Currywurst!

Der Ich-Erzähler Philipp findet sich selbst fett und unansehnlich, dennoch verbindet ihn eine große Freundschaft mit dem gut gebauten, aber vorlauten Chris. Eine neue Schülerin verdreht beiden den Kopf. Die beiden Jungen schreiben ihr zusammen unter einem Pseudonym E-Mails, das heißt, Philipp schreibt die Mails für Chris, weil Philipp besser formulieren kann. Philipp schreibt aber auch E-Mails, von denen Chris nichts weiß, denn er findet Jenny ebenfalls toll, sieht für sich selbst in seinem jetzigen Zustand aber kaum eine Chance. Seine Gedanken kreisen deshalb auch immer wieder ums Essen …

Als ich aus dem Bus ausstieg und mich auf den Weg von der Haltestelle nach Hause machte, wurde mir meine Situation bewusst. Meine Laune sank auf einen Tiefpunkt. Ich war dabei, meinen Freund zu betrügen. Ich gab vor, ihm zu helfen, aber stattdessen hoffte ich nichts mehr, als
5 dass Jenny herausfinden möge, dass ich ihr schrieb, und sich in mich verlieben würde. Das war schon schlimm genug. Viel mehr machte mir aber zu schaffen, dass mein schöner Plan schon jetzt zu scheitern schien.
Genau in diesem Augenblick kam ich an einem Schaufenster vorbei, das
10 mein Spiegelbild wieder viel zu deutlich wiedergab. Ich sah mich an und stellte mir vor, wie Jenny neben mir aussehen würde. Mit einem Schlag wurde mir bewusst, dass Jenny nie im Leben so einen Fettwanst wie mich an ihrer Seite dulden oder sogar lieben würde. Da konnte ich hungern, so viel ich wollte! Wenn es mit dem Abnehmen so weiterging,
15 würde es wahrscheinlich zehn Jahre dauern, bis ich mein Idealgewicht erreicht hatte. Und dann hatten Jenny und Chris wahrscheinlich schon drei Kinder.
Ohne Vorwarnung meldete sich eine sanfte Stimme in meinem Hinterkopf. „Currywurst!", rief sie verlockend. „Hmmh! Lecker! Currywurst!"
20 Ich sah mich um. Nur etwa zehn Meter entfernt gab es einen Imbiss. Es roch herrlich! Kein Wunder, dass ich die Stimme hörte. Ich handelte kurz entschlossen. Wenn ich sowieso nicht abnahm, warum sollte ich dann nicht gleich mit der Diät aufhören? Es hatte doch alles keinen Sinn!
Ich stürzte mich ins Paradies. Um es gleich perfekt zu machen, bestellte
25 ich eine doppelte Currywurst mit einer doppelten Portion Pommes und doppelt Majonäse. In diesem Augenblick war die missmutige Verkäuferin

Pizza, Pommes & Co.

in ihrem schmuddeligen Kittel eine Meisterköchin, die mir ein Fünf-Sterne-Menü bereitete.

Und dann war es so weit! Die Verkäuferin reichte mir den Plastikteller, der so hoch gefüllt war, dass die Soße in kleinen Bächen an den Rändern herunterfloss. Ich zahlte, und während ich noch an der Theke stand, spießte ich das erste Stück blasser Wurst, das in einer gelblich rotbraunen Tunke schwamm, mit dem Plastikgäbelchen auf und steckte es mir in den Mund. Es war eine Offenbarung! Noch nie in meinem Leben oder zumindest seit meiner letzten abgebrochenen Diät hatte mir etwas besser geschmeckt.

Doch gerade als ich das erste Kartoffelstäbchen auf der Gabel hatte, von dem die Majonäse in dicken Tropfen herunterbaumelte, erschien wieder dieses verfluchte Bild vor meinem geistigen Auge: Jenny in ihrem schwarzen kurzen Kleid. Sie lief eng umschlungen mit Chris durch die Stadt. Sie kamen genau in dem Augenblick an mir vorbei, als ich mir eine riesige Portion Currywurst mit Pommes frites und Majonäse einverleibte. Sie sahen mich und lachten mich aus, während mir das Fett vom Kinn tropfte. Ohne zu überlegen ließ ich die Gabel in die rotbraune Tunke fallen und stellte den Teller samt Inhalt vor einen Hund, der vor der Tür auf milde Gaben hoffte.

Je weiter ich mich von dem Ort der Sünde entfernte, desto besser fühlte ich mich. Ich hatte der Versuchung widerstanden. Zum ersten Mal hatte ich ihr wirklich widerstanden! Nun würde mir die Diät nur noch halb so schwer fallen. Ich war stolz auf mich!

❶ Philipp hat zwei große Probleme. Beschreibe, wie sie miteinander zusammenhängen.

❷ Philipp wird von der Imbissbude magisch angezogen, obwohl er abnehmen will.
- Warum ist der Imbiss so verlockend für Philipp?
- Wie beruhigt er sein schlechtes Gewissen?
- Wie bezeichnet Philipp den Imbiss in dieser Situation sogar?

❸ Erst genießt er seine Portion Currywurst, dann schmeißt er sie weg.
- Was hat ihm den Appetit verdorben?
- Und warum kann Philipp am Ende stolz auf sich sein?

❹ „Jeder ist selbst für sein Gewicht und seine Ernährung verantwortlich."
„Durch das Angebot und die ständige Werbung werden die Leute zum vielen Essen verführt." Was haltet ihr von diesen Aussagen?

Wie Werbung uns Appetit macht

① Wo begegnet euch Werbung? Welche Formen von Werbung kennt ihr?

② Betrachtet das Schaubild und erklärt, wie Werbung entsteht. Benutzt dabei die Verben: *beauftragen, entwickeln, kaufen, Interesse wecken, anbieten*

③ Sucht in Zeitungen und Zeitschriften oder im Internet Werbung mit Prominenten wie Heidi Klum oder Thomas Gottschalk.

④ Stellt Vermutungen an, warum in der Werbung so oft Prominente eingesetzt werden.

⑤ Lest den Text „Thomas Gottschalk und die Gummibärchen" und beantwortet die Fragen:
a) Mit welchen „Tricks" arbeiten Firmen wie Haribo oder McDonald's in ihrer Werbung?
b) Welche Erklärung gibt der Text dafür, dass Prominente als Werbeträger gewählt werden?

⑥ Untersucht die Beispiele, in denen Stars werben, auf ihr Wirkung und die angewendeten Werbetricks. Bearbeitet dabei folgende Fragen:
– Für welches Produkt wirbt der Star?
– Gibt es einen Zusammenhang zwischen dem Star und dem Produkt (z. B. Sportler – Energy-Drink)?
– Wie wird der Star gezeigt?
– Welche Wirkung wird damit erzeugt?
– Welche Aussage wird dadurch auf das Produkt übertragen?

Pizza, Pommes & Co.

Die Tricks der Werbung
Thomas Gottschalk und die Gummibärchen

Das Model Heidi Klum ist auf allen Fotos schön und schlank. Auf einer Anzeige lehnt sie in eleganter Lederjacke an einem Cabrio und lächelt verführerisch. In der Hand hält sie einen Big Mac von McDonald's und es sieht so aus, als würde sie gleich mit Genuss hineinbeißen. Diese Werbung erschien auf ganzen Seiten in mehreren Magazinen. Ob Heidi jeden Tag eine Menge Big Macs verzehrt? Dann müsste sie ziemlich pummelig sein. Sie bekommt dafür, dass sie sich für McDonald's fotografieren lässt, einen Haufen Geld! Auch der Fernseh-Unterhalter Kai Pflaume lässt sich für die Werbung von McDonald's einspannen. Und sogar die deutsche Fußball-Nationalmannschaft. Würden sich die Spieler bei McDonald's ihr Essen holen, würde ihnen ihr Fitness-Trainer den Marsch blasen!

Der Show-Star Thomas Gottschalk verschlingt in Fernseh-Spots fast täglich Gummibärchen, und das schon seit Jahren. Auch er ist schlank geblieben. Hat ihn mal jemand gefragt, ob er außer bei den Werbeaufnahmen Gummibärchen isst? Sicher tut er das nicht, denn der Zuckergehalt ist der reinste Horror! In 100 Gramm (eine Tüte) so viel wie 25 Stücke Würfelzucker. Trotzdem ist Gottschalk schlank geblieben.

Eine Menge Stars machen Werbung für eine Menge von Produkten. Die Bekanntheit des Stars wird für eine Ware benutzt; sie soll genau so beliebt wie der Star werden. Noch ein geheimer Mechanismus ist am Werk: Wenn ich Gummibärchen einer bestimmten Marke esse, bin ich irgendwie ein guter Kumpel von Thomas Gottschalk. Ob bei Big Mac oder Gummibärchen, Versicherungen oder Geldanlagen: Offensichtlich funktioniert die Rechnung der Marktstrategen, sonst würden sie die Stars für die Werbeauftritte nicht so teuer bezahlen können.

Ein guter Werbespruch

Eine schöne, vielleicht sogar wahre Geschichte: Die Firma Hans Riegel in Bonn begann ihren heute weltberühmten Geschäftsbetrieb mit einem Sack Zucker und Ideen für neue Süßwarenangebote. Erfolgreich half sie den Kindern, mit immer neuen Süßigkeiten ihre Eltern zu nerven. Ihr fehlte nur noch ein guter Werbespruch. In den 1930er-Jahren schrieb sie einen Wettbewerb aus. Der Erfinder des besten Slogans für Haribo-Produkte sollte 10 Reichsmark bekommen. Das war damals eine Menge Geld, und es heißt, dass tausende von Einsendungen die Bonner Firma erreichten. Am letzten Tag, dem Einsendeschluss, meldete sich ein Straßenhändler an der Anmeldung und reichte einen Zettel über den Tresen.

„Gib das mal dem Chef, Fräulein!", verlangte er. „Ich warte hier." Die verdutzte Sekretärin eilte mit dem verknautschten Zettel in die Chefetage. Eine Viertelstunde später kam der Chef persönlich – und überreichte dem unbekannten Mann einen Zehnmarkschein. Ein genialer Werbeslogan war gefunden worden: „Haribo macht Kinder froh!" Heute vertreibt Haribo über 200 verschiedene Produkte, von Lakritz in allen Formen bis Gummibärchen, von Salinos bis Maoam. Ob Süßigkeiten wirklich auf Dauer Kinder froh machen, müsste man ihre Zähne oder ihren Körper fragen.

Müssen denn Werbeslogans die Wahrheit sagen? Der Gesetzgeber hat angeordnet, dass sie nicht die „Unwahrheit" sagen dürfen. Das ist ein feiner Unterschied – dazwischen liegt ein weites Feld von Halbwahrheiten, Verführung, Überredung – und auch Überzeugung.

7 Lest den Text „Ein guter Werbespruch" und setzt euch mit folgenden Fragestellungen auseinander:
- Wie erklärt sich der Firmenname „Haribo"?
- Welchen Sinn haben wohl solche Abkürzungen als Produktname?
- Wie lautet der Werbeslogan der Firma? Wie kam er zustande?
- Warum war dieser Werbespruch eurer Meinung nach so gut?

8 Überlegt gemeinsam, welche Aufgabe Werbeslogans haben.
   a) Sucht weitere Werbeslogans. Nutzt dazu das Fernsehen, Zeitschriften, Zeitungen oder auch das Internet.
   b) Welche Werbeslogans gefallen euch spontan am besten? Warum?

MERKEN

In der **Werbesprache** *werden zahlreiche „Tricks" angewendet, damit sich die Werbebotschaft besser einprägt, z. B.:*
- *Reime:* Ehrmann – keiner macht mich mehr an!
- *Stabreime (Wörter beginnen mit gleichem Anfangsbuchstaben):*
  locker, lecker, leicht gekocht *(3 Glocken Nudeln)*
- *Begriffe aus Fremdsprachen:* Chiquita – Perfect for life
- *Erfundene Worte:* Real – Sparadiespreis
- *Modewörter:* Füllhorn – Öko-logisch
- *Behauptungen:* After Eight – Die feine englische Art
- *Wörter/Sätze, die appellieren, also auffordern, etwas zu tun:*
  Ahoj-Brause – Mach was Prickelndes!

9 Untersucht die folgenden Werbeslogans:
- Was fällt euch auf? Wie sind sie gemacht?
- Welcher Trick wird jeweils in den Werbesprüchen angewendet?

Werbesprüche
- Nimm zwei – und Naschen ist gesund (Bonbon)
- Die zarteste Versuchung, seit es Schokolade gibt
- Ristorante schmeckt immer wie beim Italiener (Pizza)
- Actimel aktiviert Abwehrkräfte (Trinkjoghurt)
- Fruchtzwerge – kleiner Quark – knochenstark
- Milch macht müde Männer munter
- Active O2 – Der Powerstoff mit Sauerstoff
- Erasco – Das Gute daran, ist das Gute darin (Fertiggerichte)
- Cést bon – Geramon (Käse)
- Bürger – das gewisse Esswas (Teigwaren)

Pizza, Pommes & Co.

❗ Wiederholen & weiterarbeiten

▶ Führt eine Rollendiskussion zum Thema:

„Sollten am Schulkiosk Süßigkeiten verkauft werden?"

Teilnehmer sind:

Meike, Schülerin

Sie meint, ein bisschen Energie für zwischendurch ist notwendig, um den Vormittag durchzustehen.

Hausmeister Bauer:

Das bringt die meisten Einnahmen.

Biologielehrerin Malting:

Kinder essen viel zu viel Süßes.

Zahnarzt Dr. Pieks:

Karies ist die Volkskrankheit Nr. 1!

▶ Entwickelt einen Werbespruch für eure Lieblingspizza.

▶ Sammelt Werbesprüche. Können eure Mitschüler zuordnen, zu welchem Produkt der Spruch gehört, wenn ihr den Produktnamen nicht nennt?

▶ Bildet mit den Wörtern sinnvolle Aussagen zur gesunden Ernährung.
  a) ernähren   abwechslungsreich   täglich   ausgewogen
  b) essen   zuwenig   zuviel   nicht
  c) essen   wenig   Süßes   viel Fett   nicht
  d) Obst   Gemüse   frisch   täglich
  e) Getränke   energiearm   ausreichend

Attribute – „Zutaten" für Nomen

Aus meinem kulinarischen Tagebuch
Aus einem mit blassgelber Schrift bedruckten Einwickelpapier packte ich zwei muschelartige Brötchenhälften aus. Sie umschlossen einen gebratenen Hackfleischfladen …

1 Wer von den beiden Fast-Food-Konsumenten hat diese Beschreibung wohl verfasst? Woran hast du das erkannt?

> **MERKEN**
>
> Worte, die Nomen zusätzlich erklären oder ausschmücken, werden **Attribute** genannt. Sie können vor dem Nomen stehen und aus verschiedenen Wortarten bestehen, z. B. aus Adjektiven (muschelartige Brötchenhälften), Partizipien (gebratenen Hackfleischfladen) oder Ausdrücken mit Präpositionen (mit blassgelber Schrift bedrucktes Einwickelpapier).

Meine scharfen Zähne graben sich in die aufeinandergelegten Brötchenhälften und trennen ein handwarmes Stück ab. Meine erwartungsvolle Mundhöhle füllt sich mit einem Bissen, der meine verfeinerten Geschmacksnerven reizt. Ich schmecke den feinen Kontrast zwischen der leichten Süße des Brötchenteiges und der Würze des mit großer Hitze angebratenen Hackfleisches.

2 Trage die unterstrichenen Attribute in die Tabelle ein:

Adjektiv	Partizip	Ausdruck mit Präposition

> **MERKEN**
>
> Es gibt auch **Attribute, die dem Nomen folgen**, auf das sie sich beziehen. Zu ihnen gehören die **Genitivattribute** (die Süße des Brötchenteiges) sowie die **Appositionen** (Hackfleisch, mit großer Hitze angebraten) und die **Relativsätze** (Hackfleisch, das mit großer Hintze angebraten wurde).
> Appositionen und Relativsätze werden durch Kommas abgetrennt.

Über Sprache nachdenken

3 Suche aus der folgenden Beschreibung die Attribute heraus, die auf ein Nomen folgen. Schreibe so: *Bisskante → die ich in meinem Cheeseburger hinterlassen habe*

Ich sehe mir die Bisskante, die ich in meinem Cheeseburger hinterlassen habe, genau an. Ich sehe eine obere Schicht, die Brötchenhälfte. Eine dünne Schicht Käse verklebt sie mit der nächsten Schicht,
15 dem Hackfleischfladen. Sehr schwach ist die dünne Linie des Ketchups zu erkennen.
Die beiden Brötchenhälften des Cheeseburgers werden von unten mit meinem Daumen und von oben mit drei Fingern, dem Zeigefinger, dem Mittelfinger und dem Ringfinger, gehalten und dadurch etwas
20 zusammengedrückt. Unter diesem druckvollen Griff, der einer Zange gleicht, wölben sich die Hälften des Brötchens etwas auseinander. Ich entdecke, dass sie auch innen braun geröstet sind. Ich hatte mir vorgestellt, dass die Auflagefläche des Hackfleischfladens aus weichem, blassweißem Teig besteht.

4 Setze das Tagebuch des Feinschmeckers fort, indem du an den markierten Stellen Attribute ergänzt. Die folgenden Ausdrücke helfen dir, du musst manchmal allerdings die Endung verändern:

des Fleisches	salzig	interessant	süßliche Geschmack	typisch
des Brötchens	duftend	weichen	die sich in der Mitte befindet	
süßlich	des Hackfleisches	süßsauer	folgend	die sich anschließen

Beachte auch die Kommas bei den eingeschobenen Relativsätzen.

25 Ein zweiter Biss in den ▓▓▓▓ Cheeseburger führt zu einem andern Geschmack, weil man zur Mitte hin weniger von dem ▓▓▓▓ Brötchem im Mund hat. Der Geschmack ▓▓▓▓ tritt deutlicher hervor. Mit dem dritten Biss erreicht man die Gurke ▓▓▓▓. Jetzt verbindet sich der ▓▓▓▓ Ketchup, der ▓▓▓▓ Käse, der Bratgeschmack ▓▓▓▓ und
30 die ▓▓▓▓ Gurke zu einem ▓▓▓▓ Zusammenklang. Leider hält dieser ▓▓▓▓ Geschmack nicht lange an. Mit den ▓▓▓▓ Bissen wird die ▓▓▓▓ Gurkenscheibe aufgebraucht sein und mit Bissen ▓▓▓▓ wird der ▓▓▓▓ Geschmack ▓▓▓▓ wieder zunehmen.

6 Attribute helfen auch, Speisekarten zu schreiben, die einem das Wasser im Munde zusammenlaufen lassen. Werte die folgenden Speisen auf, indem du sie mit Attributen versiehst. Du kannst entsprechende Attribute aus dem Text des Feinschmeckers abschreiben oder eigene finden.
Spiegelei mit Bratkartoffeln   Chicken Wings mit Pommes Frites   Börek   Wurst mit Currysoße   Salat mit …   Obstquark mit …   Sojawurst

Satzglieder und Attribute
➔ Seite 225

Wörter mit doppelten Konsonanten

Die Erfindung der Pommes frites

Im Jahr 1680 waren in einem strengen Winter alle Flüsse und Seen zu Eis erstarrt, sodass kein Angeln mehr vorstellbar war. Und so mussten die Belgier auf ihr Leibgericht verzichten: kleine, in Öl gebackene Fischchen.
Doch sie sollten auf die Knabberei nicht ganz verzichten. Ein einfallsreicher Gastwirt hatte die rettende Idee: Er holte Kartoffeln aus seinem Keller, schnitt sie in dicke Streifen, erhitzte sie in Öl und tischte sie seinen Gästen anstelle der Fische auf.
Ein voller Erfolg! Den Leuten schmeckten die frittierten Kartoffeln sogar noch besser als der Fisch. So waren sie geboren, die Fritten.

TIPP
Zweisilber erhältst du durch die Strategie Verlängern oder Ableiten.

Wörter verlängern
→ Seite 238

❶ Suche aus dem Text oben alle Wörter mit doppelten Konsonanten heraus. Verändere sie – wenn nötig – so, dass der Doppelkonsonant zwischen zwei Silben steht. Zeichne Silbenbögen ein.
Schreibe so: *Flüsse, erstarrt – erstarren, …*

❷ Mithilfe von Aufgabe 1 kannst du sicher den folgenden Merksatz zur Konsonantenverdopplung vervollständigen:

MERKEN

> *Nach einem ▓▓▓ gesprochenen Vokal und einer ▓▓▓ Silbe wird der Konsonant in der Mitte verdoppelt.*
> *Der Doppelkonsonant bleibt in verwandten Wörtern erhalten:*
> *müssen, musste, gemusst …*

❸ Die Konsonanten k und z werden im Deutschen nicht verdoppelt. Damit der Vokal trotzdem kurz gesprochen wird, benutzt man andere Buchstabenkombinationen. Erinnerst du dich, welche es sind?

❹ Im Text oben finden sich vier Wörter mit dieser besonderen Form der Konsonantenverdopplung. Schreibe sie heraus und finde – wenn nötig – eine Wortform oder ein verwandtes Wort, um das tz oder ck zu begründen.
Schreibe so: *gebackene, …, erhitzte – erhitzen, …*

❺ Übertrage die Tabelle in dein Heft:

Wörter mit ck/tz	Wörter mit k/z
Zucker	

Richtig schreiben

Trage die Wörter in die richtigen Spalten ein. Zeichne Silbenbögen ein:

Zucker   Plätze   Brezel   ganze   Röcke   Imker   Winkel   Hölzer
Kerze   Gurke   trocken   Hitze   schmutzig   Bänke   Schanze
Schränke   Werke   reizen   Ekel

6 Vervollständige den Merksatz mithilfe der ersten Spalte in deinem Heft.

> **k oder ck? – z oder tz?**
> Nach einem ▓▓▓▓▓ gesprochenen Vokal wird der Konsonant verdoppelt, damit die Silbe geschlossen wird. Man schreibt ck (statt kk) und tz (statt zz).

MERKEN

7 Sortiere nun die Wörter mit k/z in einer neuen Tabelle.

Konsonant vor k/z	Vokal k/z
ganze	

TIPP
Bei einigen Wörtern musst du zunächst einen wortverwandten Zweisilber suchen.

8 Welche Konsonanten stehen vor dem k oder z?
Vervollständige nun den zweiten Teil des Merksatzes:

> **k oder ck? – z oder tz?**
> Nach einem ▓▓▓▓▓ gesprochenen Vokal und einer offenen Silbe schreibt man ▓▓▓ oder ▓▓▓.
> Nach den Konsonanten ▓▓▓ , ▓▓▓ , ▓▓▓ und ▓▓▓ schreibt man k oder z.

MERKEN

z oder tz?
ki▓eln   her▓lich   pflan▓lich
Kreu▓ung   Schu▓   verle▓en
Schra▓e   stol▓   Besi▓
Wal▓e   pu▓en   Schü▓e
hei▓en   win▓ig

k oder ck?
A▓er   e▓lig   dan▓e
Stü▓   Ba▓e   Wol▓e
tan▓en   Schau▓el
Schn▓e   gu▓en   Fle▓
Ha▓en   zan▓en

9 Ergänze in den Wörtern oben das z oder tz bzw. k oder ck.
Schreibe so: *kitzeln*, ...

10 In Fremdwörtern gibt es die Schreibung mit zz oder kk.
Diese Wörter musst du lernen. Schlage ihre Bedeutung nach.
Pizza   Razzia   Skizze   Intermezzo   Jazz   Puzzle   Lipizzaner
Sakko   Akku   Mokka   Akkusativ   Makkaroni   Akkordeon   Akkord

Tipps zum Üben findest du auf der ➔ Seite 253/254

Freundschaft, Liebe, liebes Leid

In diesem Kapitel geht es um Freundschaft und Liebe – und auch um das Leid und den Kummer, die manchmal damit verbunden sind. Diese Gefühle wurden und werden immer wieder in unterschiedlichen Texten thematisiert, in Liedern besungen, in Filmen und Kunstwerken dargestellt und jeden Tag an jedem Ort der Welt erlebt.

Wenn ihr dieses Kapitel bearbeitet habt, werdet ihr
- unterschiedliche Texte gelesen und untersucht haben,
- eigene, freie Texte verfasst haben und
- eigene Gefühle dargestellt haben.

❶ Freundschaft und Liebe haben viele „Gesichter".
Beschreibt, was ihr auf den einzelnen Abbildungen seht.
Welche dieser Bilder sprechen auf den ersten Blick für Freundschaft
und Liebe bzw. dagegen?

❷ Sucht aus Zeitschriften, Zeitungen etc. Bilder heraus, auf denen
Freunde oder Liebespaare zu sehen sind. Schneidet diese aus und
gestaltet damit eine Collage. Wie dies geht, könnt ihr im Kapitel
„Klasse, Clique, Community" nachlesen (S. 74).

Was Freundschaft ausmacht

1 Freundschaft hat viele Gesichter. Kennt ihr die auf S. 137 abgebildeten Freunde? Legt Steckbriefe an und stellt sie vor:
- Name
- Woher bekannt?
- Was tun/erleben sie gemeinsam?
- Warum sind sie so berühmt?
- Was gefällt dir an ihnen? ...

2 Findet ihr noch weitere berühmte Beispiele für Freunde? Ergänzt eure Steckbriefe.

3 Erstellt in Gruppen Cluster zum Thema „Freundschaft" und zeichnet sie auf Plakate.

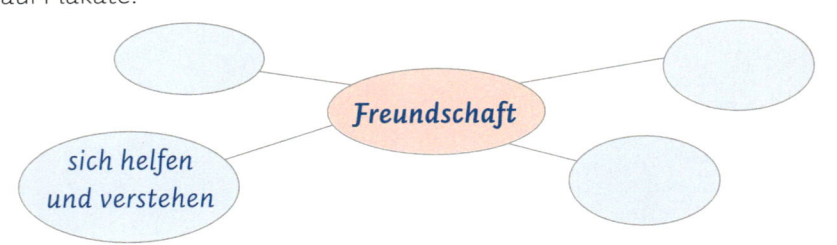

Freundschaft – sich helfen und verstehen

4 Hängt eure Cluster im Klassenzimmer aus und gestaltet damit eine „Freundschaftsecke".

5 Stellt eure Arbeitsergebnisse den anderen vor. Sprecht über Gemeinsamkeiten und Unterschiede. Geht dabei auf eure Vorredner ein.

6 Lies die Sprüche über Freundschaft (S. 137) genau durch.

7 Wähle dir einen dieser Sprüche aus und schreibe ihn auf ein Zusatzblatt. Erläutere, warum du dich für diesen Spruch entschieden hast.

8 Beschreibe in Stichworten, was für dich ein guter Freund ist. Mache daraus ein Akrostichon und schreibe dieses auch auf das Zusatzblatt. Ein Beispiel siehst du in der Randspalte.

9 Hängt eure Blätter in die Freundschaftsecke und „besichtigt" diese.

10 Sprecht darüber, wie man Freunde findet und wie man sich mit jemanden anfreunden kann.

Freunde
hö**r**en gut zu
sind **e**hrlich
und
helfe**n**
dir
g**e**rn

Freundschaft, Liebe, liebes Leid

Man kommt in der Freundschaft nicht weit, wenn man nicht bereit ist, kleine Fehler zu verzeihen.
Jean de La Bruyère

Freundschaft ist die Verbindung der Seelen. *Voltaire*

Wahre Freundschaft kommt am schönsten zur Geltung, wenn es ringsumher dunkel wird.
Flämisches Sprichwort

Es ist keine Freundschaft, wenn nur der Freund schafft!

schafft: *schwäbisches Dialektwort für „arbeiten"*

Freundschaft ist eine langsam wachsende Blume.

Freundschaften zerbrechen nicht, Freundschaften welken.

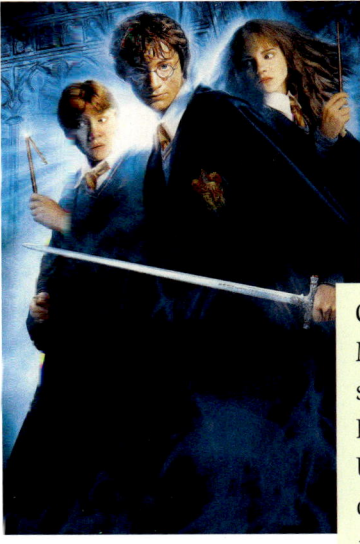

Gibt es etwas Beglückenderes, als einen Menschen zu kennen, mit dem man sprechen kann wie mit sich selbst? Könnte man höchstes Glück und tiefstes Unglück ertragen, hätte man niemanden, der daran teilnimmt? Freundschaft ist vor allem Anteilnahme und Mitgefühl!
Cicero

TIPP
Im Internet könnt ihr euch über die genannten Autoren informieren.

Wie Freundschaft entsteht

In Antoine de Saint-Exupérys Geschichte „Der Kleine Prinz" geht um die Suche nach dem wahren Glück. Der kleine Prinz bereist verschiedene Planeten, um sich dort zu informieren. Auf einer dieser Fahrten trifft er auf einen Fuchs.

Antoine de Saint-Exupéry

Der kleine Prinz und der Fuchs

„Guten Tag", sagte der Fuchs.
„Guten Tag", antwortete höflich der kleine Prinz, der sich umdrehte, aber nichts sah.
„Wer bist du?", sagte der kleine Prinz. „Du bist sehr hübsch …"
5 „Ich bin ein Fuchs", sagte der Fuchs.
„Komm und spiel mit mir", schlug ihm der kleine Prinz vor. „Ich bin so traurig …"
„Ich kann nicht mit dir spielen", sagte der Fuchs. „Ich bin noch nicht gezähmt!"
10 „Ah, Verzeihung!", sagte der kleine Prinz.
Aber nach einiger Überlegung fügte er hinzu:
„Was bedeutet ‚zähmen'?" (…)
„Zähmen, das ist eine in Vergessenheit geratene Sache", sagte der Fuchs.
„Es bedeutet, sich ‚vertraut machen'."
15 „Vertraut machen?"
„Gewiss", sagte der Fuchs. „Noch bist du für mich nichts als ein kleiner Junge, der hunderttausend kleinen Jungen völlig gleicht. Ich brauche dich nicht, und du brauchst mich ebensowenig. Ich bin für dich nur ein Fuchs, der hunderttausend Füchsen gleicht. Aber wenn du mich zähmst,
20 werden wir einander brauchen. Du wirst für mich einzig sein in der Welt. Ich werde für dich einzig sein in der Welt (…) wenn du mich zähmst, wird mein Leben voller Sonne sein. Ich werde den Klang deines Schrittes kennen, der sich von allen anderen unterscheidet. Die anderen Schritte jagen mich unter die Erde. Der deine wird mich wie Musik aus dem Bau
25 locken. Und dann schau! Du siehst da drüben die Weizenfelder? Ich esse kein Brot. Für mich ist der Weizen zwecklos. Die Weizenfelder erinnern mich an nichts. Und das ist traurig. Aber du hast weizenblondes Haar. Oh, es wird wunderbar sein, wenn du mich einmal gezähmt hast! Das Gold der Weizenfelder wird mich an dich erinnern. Und ich werde das
30 Rauschen des Windes im Getreide liebgewinnen."
Der Fuchs verstummte und schaute den kleinen Prinzen lange an.
„Bitte … zähme mich!", sagte er.

Freundschaft, Liebe, liebes Leid

„Ich möchte wohl", antwortete der kleine Prinz, „aber ich habe nicht viel Zeit. Ich muss Freunde finden und viele Dinge kennenlernen."

35 „Man kennt nur die Dinge, die man zähmt", sagte der Fuchs. „Die Menschen haben keine Zeit mehr, irgendetwas kennenzulernen. Sie kaufen sich alles fertig in den Geschäften. Aber da es keine Kaufläden für Freunde gibt, haben die Leute keine Freunde mehr. Wenn du einen Freund willst, so zähme mich!"

40 „Was muss ich da tun?", sagte der kleine Prinz.

„Du musst sehr geduldig sein", antwortete der Fuchs. „Du setzt dich zuerst ein wenig abseits von mir ins Gras. Ich werde dich so verstohlen, so aus dem Augenwinkel anschauen, und du wirst nichts sagen. Die Sprache ist die Quelle der Missverständnisse. Aber jeden Tag wirst du
45 dich ein bisschen näher setzen können …" (…)

So machte der kleine Prinz den Fuchs mit sich vertraut, und als die Stunde des Abschieds nahe war:

„Ach!" sagte der Fuchs, „ich werde weinen."

„Das ist deine Schuld", sagte der kleine Prinz,
50 „ich wünschte dir nichts Übles, aber du hast gewollt, dass ich dich zähme …"

„Gewiss", sagte der Fuchs.

„Aber nun wirst du weinen!", sagte der kleine Prinz.

„Bestimmt", sagte der Fuchs.

55 „So hast du also nichts gewonnen!"

„Ich habe", sagte der Fuchs, „ die Farbe des Weizens gewonnen." (…)

„Adieu", sagte er …

„Adieu", sagte der Fuchs. „Hier mein Geheimnis. Es ist ganz einfach: Man sieht nur mit dem Herzen gut. Das Wesentliche ist für die Augen
60 unsichtbar."

„Das Wesentliche ist für die Augen unsichtbar.", wiederholte der kleine Prinz, um es sich zu merken.

❶ Der Fuchs erklärt im Text die Bedeutung des Schlüsselwortes „zähmen". Finde die Textstelle und erkläre sie mit eigenen Worten.

❷ Was hat der Textauszug eigentlich mit dem Thema „Freundschaft" zu tun? Finde die Textstelle, durch die der Zusammenhang deutlich wird.

❸ Schreibe Textstellen heraus, an denen der Fuchs erklärt, wie Freundschaft entsteht und wie man sich vertraut macht.

❹ Was ist eure Meinung zu dem Geheimnis des Fuchses? Tauscht euch aus.

Mit wem man sich anfreunden sollte

Gina Ruck-Pauquēt
Freunde

„Wohin willst du?", fragte der Vater.
Benjamin hielt die Türklinke fest.
„Raus", sagte er.
„Wohin raus?", fragte der Vater.
5 „Na so", sagte Benjamin.
„Und mit wem?", fragte der Vater.
„Och …", sagte Benjamin.
„Um es klar anzusprechen", sagte der Vater, „ich will nicht, dass du mit diesem Josef rumziehst!"
10 „Warum?", fragte Benjamin.
„Weil er nicht gut für dich ist", sagte der Vater.

Benjamin sah den Vater an.
„Du weißt doch selber, dass dieser Josef ein … na, sagen wir, ein geistig zurückgeblie-
15 nes Kind ist", sagte der Vater.
„Der Josef ist in Ordnung", sagte Benjamin.
„Möglich", sagte der Vater, „aber was kannst du schon von ihm lernen?"
„Ich will doch nichts von ihm lernen", sagte
20 Benjamin.
„Man sollte von jedem, mit dem man umgeht, etwas lernen können", sagte der Vater.

Benjamin ließ die Türklinke los.
„Ich lerne von ihm, Schiffchen aus Papier falten", sagte er.
25 „Das konntest du mit vier Jahren schon", sagte der Vater.
„Ich hatte es aber wieder vergessen", sagte Benjamin.
„Und sonst?", fragte der Vater. „Was macht ihr sonst?"
„Wir laufen rum", sagte Benjamin. „Sehen uns alles an und so."
„Kannst du das nicht auch mit einem anderen Kind zusammen tun?"
30 „Doch", sagte Benjamin. „Aber Josef sieht mehr", sagte er dann.
„Was?", fragte der Vater. „Was sieht der Josef?"
„So Zeugs", sagte Benjamin. „Blätter und so. Steine. Ganz tolle. Und er weiß, wo Katzen sind. Und die kommen, wenn er ruft."

Freundschaft, Liebe, liebes Leid

„Hm", sagte der Vater. „Pass mal auf", sagte er. „Es ist im Leben wichtig,
dass man sich immer nach oben orientiert".
„Was heißt das", fragte Benjamin, „sich nach oben orientieren?"
„Das heißt, dass man sich Freunde suchen soll, zu denen man aufblicken kann. Freunde, von denen man etwas lernen kann. Weil sie vielleicht ein bisschen klüger sind als man selber."

Benjamin blieb lange still.
„Aber", sagte er endlich, „wenn du meinst, dass der Josef dümmer ist als ich, dann ist es doch gut für den Josef, dass er mich hat, nicht wahr?"

---

① Bereitet den Text in Partnerarbeit als Dialog vor: Einer liest nur die Textstellen, in denen der Vater spricht. Der zweite liest nur die Stellen, in denen Benjamin etwas sagt. Lasst beim Vortragen die „Zwischentexte" weg.

Vorlesen
➜ Seite 256

② In dem Text geht es auch um Freundschaft. Was versteht der Vater und was versteht Benjamin darunter? Lege eine Tabelle an und schreibe passende Textstellen heraus.

Sichtweise Benjamins	Sichtweise des Vaters
Z. 16 Der Josef ist in Ordnung.	Z. 21: Man sollte von jedem, mit dem man umgeht, etwas lernen können.

③ Der Text endet mit einer <u>Pointe</u>. Erläutere Benjamins Aussage in eigenen Worten.

Pointe: Höhepunkt, Witz, springender Punkt einer Geschichte

④ Wie könnte die Geschichte weitergehen? Schreibt in Partnerarbeit eine Fortsetzung des Textes. Dabei denkt sich einer von euch in die Rolle des Vaters hinein, der andere in die Benjamins.
Folgende Fragen können euch hilfreich sein:
– Kommt der Vater ins Nachdenken über seine Einstellung?
– Bleibt er stur bei seiner Ansicht?
– Wird Benjamin seinem Vater noch weitere Punkte entgegenhalten?

⑤ Stellt eure Fortsetzungen euren Mitschülern vor.

Was man für Freunde tun sollte

① Was sollte man deiner Meinung nach für einen Freund tun?
Mache dir zu dieser Frage ein paar Notizen und tausche dich mit den anderen im Anschluss darüber aus.

② Die folgende Geschichte von Bertolt Brecht trägt den Titel „Freundschaftsdienste". Was versteht man deiner Meinung nach unter einem Freundschaftsdienst?

③ Lies nun den Text aufmerksam durch.

Bertolt Brecht

Freundschaftsdienste

Als Beispiel für die richtige Art, Freunden einen Dienst zu erweisen, gab Herr K. folgende Geschichte zum besten: „Zu einem alten Araber kamen drei junge Leute und sagten ihm: ‚Unser Vater ist gestorben. Er hat uns siebzehn Kamele hinterlassen und im Testament verfügt, daß der Älteste
5 die Hälfte, der Zweite ein Drittel und der Jüngste ein Neuntel der Kamele bekommen soll. Jetzt können wir uns über die Teilung nicht einigen; übernimm du die Entscheidung!' Der Araber dachte nach und sagte: ‚Wie ich sehe, habt ihr, um gut teilen zu können, ein Kamel zuwenig. Ich habe selbst nur ein einziges Kamel, aber das steht euch zur Verfügung.
10 Nehmt es und teilt dann, und bringt mir nur, was übrigbleibt.' Sie bedankten sich für diesen Freundschaftsdienst, nahmen das Kamel mit und teilten die achtzehn Kamele nun so, daß der Älteste die Hälfte, das sind neun, der Zweite ein Drittel, das sind sechs, und der Jüngste ein Neuntel, das sind zwei Kamele, bekam. Zu ihrem Erstaunen blieb, als sie ihre
35 Kamele zur Seite geführt hatten, ein Kamel übrig. Dieses brachten sie, ihren Dank erneuernd, ihrem alten Freund zurück."
Herr K. nannte diesen Freundschaftsdienst richtig, weil es keine besonderen Opfer verlangte.

④ Überlegt, warum die Teilung der Kamele durch den Araber klappt, nachdem er sein eigenes Kamel hinzugetan hat?
Dahinter steckt eine kleine Rechenaufgabe: ½ + ⅓ + ⅑ = ...
Begründet eure Antwort.

⑤ Denke über die Aussage von Herrn K. nach. Kannst du ihr zustimmen?
Begründe deine Antwort.

⑥ Diskutiert nun gemeinsam in der Klasse über die Aussage von Herrn K.

Voll verknallt

Jaromir Konecny
Der erste Kuss

An meinem zwölften Geburtstag gab mir Kathrin in unserer Sandgrube einen Kuss. Und davon bekam ich eine Vergiftung. Na ja, nicht direkt von dem Kuss. Aber der Kuss hat mich in 'nen derben Rausch gekickt! Bin von unseren Sandhöhlen runtergesprungen, zu dem Baum mit den
5 Killerbienen gerast und hab meine Hand hineingesteckt.
„Bejb!", brüllte Kathrin von oben. „Was machst du da?"
„Ich hol dir etwas Honig!", brüllte ich zurück. Ja, das war 'ne Idee! Nur schnell ine Hand voll Honig schöpfen, hinauf zu Kathrin und schon würde sie mir aus der Hand lecken.
10 „Es ist doch erst März!", rief Kathrin. „Die Bienen haben noch keinen Honig!"
Ja, Scheiße! Honig hab ich tatsächlich nicht erwischt im Loch. Dafür einen Stich und noch einen … War das nicht zum Heulen? Der erste Kuss, und schwupp: Für einen Monat musste ich ins Krankenhaus. Zehn krasse
15 Bienenstiche. Zu allem Überfluss hat sich ein Stich am Fußknöchel entzündet, eine kleine Blutvergiftung, der Fuß musste aufgeschlitzt werden.

❶ Fasse den Textausschnitt mit eigenen Worten zusammen.

❷ Was erfährst du hier über die Wirkung des Verliebtseins? Berichte.

❸ Schreibe nun einen Text (z. B. Brief, E-Mail, Tagebucheintrag) aus Sicht von Kathrin zu dem Erlebnis mit Bejb.
Folgende Fragen können dir dabei helfen:
– Was habe ich mir von diesem Treffen erhofft?
– Wie habe ich diesen ersten Kuss erlebt?
– Wie war der Tag für mich, nachdem Bejb von den Bienen gestochen wurde?
– Wie habe ich mich gefühlt?

Jaromir Konecnys kurzweilige Lektüre erzählt die Geschichte des fünfzehnjährigen Robert, genannt Bejb, Sohn einer Zirkusfamilie, der aber selber zwei linke Hände hat. Da er somit für ein Leben als Artist nicht in Frage kommt, lebt er bei seiner Oma, die ihn großzieht. Aufgrund der Krankheit seiner Oma ziehen die beiden von ihrem Dorf Afterheim in die Stadt Neuleben. Als Bejb dort in seine neue Schule kommt, lernt er echte Freunde, die Liebe und den Hip-Hop kennen.

Liebesgedichte, Liebeslieder

❶ Lies dir die drei Gedichte auf dieser Seite durch und kläre mit einem Partner den Inhalt.

❷ Versuche ein Parallelgedicht zu einem der Gedichte zu schreiben. Du kannst dazu Wörter aus dem Text und eigene Ausdrücke verwenden.

Bertolt Brecht

Morgens und abends zu lesen

Der, den ich liebe
hat mir gesagt
daß er mich braucht.

Darum
gebe ich auf mich acht
sehe auf meinen Weg und
fürchte von jedem Regentropfen
daß er mich erschlagen könnte.

Nora Clormann-Lietz

Was zum Kuss gehört

Wimpernklimpern
Augenglänzen
Lächeln
Händchenhalten
Streicheln
Herzbumpern
rote Ohren
Wonnerieselrückenschauer
Kribbeln
bisschen Schwitzen
unruhig sitzen
glücklich sein

SCHREIBE SO!

*Der/Die, den/die ich liebe
hat mir gesagt
dass …*

*Was zum … gehört
…
…*

*Ich habe ein großes Gefühl für dich.
Wenn ich an dich denke, …
Wenn ich dich höre, …
…*

Robert Gernhardt

Geständnis

Ich habe ein großes Gefühl für dich.

Wenn ich an dich denke,
gibt es mir einen Schlag.
Wenn ich dich höre,
gibt es mir einen Stoß.
Wenn ich dich sehe,
gibt es mir einen Stich:
Ich habe ein großes Gefühl für dich.

Soll ich es dir vorbeibringen
oder willst du es abholen?

Laith Al-Deen

Dein Lied

Wenn es dich irgendwo gibt,
dies ist dein Lied.
Ich hoffe, du kannst es hör`n.

Bist mir so vertraut, obwohl ich dich nie gesehen hab,
5 und was du empfindest, weiß ich ganz genau.
Kenn deine Gedanken, nichts an dir scheint mir fremd zu sein.
Es ist, wie wenn ich in den Spiegel schau.

Ich hoffe, du hörst mich, wenn es dich irgendwo gibt,
dies ist dein Lied.
10 Ich hoffe, du weißt es, wenn man es irgendwo spielt,
dies ist dein Lied.
Ich hoffe, du kannst es hör`n.

Ich weiß, dass du irgendwo da draußen bist.
Wär es nicht so, wärst du mir nicht so nah.
15 Wir werden einander erkennen, wenn es so weit ist
und schnell vergessen, wie es vorher war.

Ich hoffe, du hörst mich, wenn es dich irgendwo gibt,
dies ist dein Lied.
Ich hoffe, du weißt es, wenn man es irgendwo spielt,
dies ist dein Lied.
Ich hoffe, du hörst mich.

> **TIPP**
> Unter www.lyriks.de findest du im Internet viele weitere Liedtexte und die passenden Noten dazu.

❶ Der Liedermacher Laith Al-Deen hat versucht, seine Gefühle für jemand anderen zu beschreiben. Was ist das Besondere an seiner Schilderung?

❷ Schreibe an den Liedermacher Al-Deen einen Brief und schildere ihm darin, was dir an dem Liedtext gefällt und was nicht. Vielleicht gibt es ja auch Dinge, die du noch gern wissen möchtest.

▶ Schreibe eine eigene Strophe zu diesem Lied.

▶ Sucht weitere Texte von Liebesliedern, die euch besonders gut gefallen. Stellt diese vor. Ihr könnt die Titel auch mitbringen und anhören. Entwickelt daraus eine Liebeslied-Hitliste der Klasse.

Joachim Ringelnatz

Ein männlicher Briefmark

Ein männlicher Briefmark erlebte
was Schönes, bevor er klebte.
Er ward von einer Prinzessin beleckt.
Da war die Liebe in ihm erweckt.

Er wollte sie wiederküssen,
da hat er verreisen müssen.
So liebte er sie vergebens,
das ist die Tragik des Lebens.

Heinrich Heine

Ein Jüngling liebt ein Mädchen

Ein Jüngling liebt ein Mädchen,
die hat einen andern erwählt;
Der andre liebt eine andre,
und hat sich mit dieser vermählt.

Das Mädchen heiratet aus Ärger
den ersten besten Mann,
der ihr in den Weg gelaufen;
der Jüngling ist übel dran.

Es ist eine alte Geschichte,
doch bleibt sie immer neu;
und wem sie just passieret,
dem bricht das Herz entzwei.

❶ Ein männlicher Briefmark:
Schlüpfe in die Rolle der „menschlichen" Briefmarke und erzähle von deinem Erlebnis:
Als die Schreibmappe geöffnet wurde, kam es wie ein Strahlen über mich: Eine wunderschöne junge Frau …

❷ Ein Jüngling liebt ein Mädchen:
Lies das Gedicht von Heine genau. Von wie vielen Figuren ist im Text die Rede? Schreibe diese heraus.

❸ Stelle die Beziehungen dieser Figuren bildlich dar. Hierzu kannst du Symbole (Pfeile, Blitze etc.) verwenden. Auch eine Collage ist möglich.

❹ Was ist mit der letzten Strophe in Heines Gedicht gemeint? Erkläre anhand von Beispielen.

❺ Welches der hier (S. 144–146) vorgestellten Gedicht gefällt dir am besten?
– Begründe deine Antwort.
– Lerne das Gedicht auswendig und trage es so vor, dass es von den Zuhörern gut verstanden wird und das Zuhören ihnen Freude bereitet.

TIPP

Einen guten Gedichtvortrag muss man vorbereiten und üben. Folgende Zeichen können dir beim Vortrag behilflich sein:
Unterstreichung = Betonung.
/ = kurze Pause
‿ = ohne Pause über das Zeilenende hinauslesen.

Freundschaft, Liebe, liebes Leid

Ein Gedicht untersuchen

① Lies das folgende Gedicht erst einmal durch.

Manfred Mai

Der erste Schritt

Sabine mag den Stefan sehr
sie schaut hin
er schaut nicht her

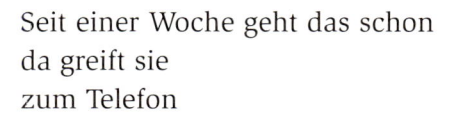

Seit einer Woche geht das schon
da greift sie
zum Telefon

Sabine ruft den Stefan an
das hat sie
noch nie getan

Sie denkt bei sich: So sieht er nicht
wie ich rot bin
im Gesicht

Doch dafür sieht sie sein Gesicht
das auch so rot ist
leider nicht

Svenja hat sich mit diesem Gedicht etwas genauer beschäftigt. Dabei hat sie sich an den Fragen auf der nächsten Seite orientiert.

② Lies dir Svenjas Text durch (S. 148).

③ Vergleiche Svenjas Text mit den Hilfsfragen:
 – Konnten alle Fragen sinnvoll beantwortet werden?
 – Was könnte man vielleicht noch ergänzen?

④ Suche dir nun ein anderes Gedicht aus diesem Kapitel aus und untersuche es, wie du es hier gelernt hast.

Fragen an ein Gedicht stellen

a) Zum Autor und zum Inhalt:
- Wer ist der Autor/die Autorin?
- Welchen Titel trägt das Gedicht? Kannst du den Titel erklären?
- Welches Thema wird behandelt?
- Was will der Autor wohl mit dem Gedicht aussagen?

b) Zur Form:
- Wie ist das Gedicht aufgebaut?
- Wie viele Strophen und Verse hat es?
- Gibt es Reime? Wie sind diese aufgebaut?

c) Zur Sprache:
- Was fällt dir bei der Wortwahl und Sprache des Gedichts auf (z. B. alt, modern, umgangssprachlich)?
- Wie ist der Satzbau (vollständig, unvollständig)?
- Werden sprachliche Bilder verwendet? Was sagen diese aus?

TIPP: Es gibt Gedichte, zu denen nicht alle Fragen beantwortet werden können. Das ist nicht schlimm. Schreibe es dann aber auch so auf.

BEISPIELTEXT

Das Gedicht „Der erste Schritt" wurde von dem Autor Manfred Mai geschrieben; er ist 1949 geboren und lebt in Winterlingen. Manfred Mai veröffentlicht Gedichte, Geschichten und Sachbücher für Kinder, Jugendliche und Erwachsene. Teilweise schreibt er in Mundart.

Das Thema des Gedichts ist die Schwierigkeit, den ersten Schritt zu tun, wenn man in jemanden verliebt ist, und mit ihm oder ihr Kontakt aufzunehmen. Denn man weiß ja nie, ob der andere genauso empfindet wie man selbst. Daher erklärt sich auch der Titel des Gedichts. Um den ersten Schritt zu erleichtern, ruft das Mädchen den Jungen an.

Meiner Meinung nach möchte Manfred Mai mit dem Gedicht aussagen, dass es Medien wie Telefon oder SMS zwar leichter machen, Kontakt aufzunehmen, dass man dann aber auch nicht die Vorteile des direkten Austauschs nutzen kann. Auch wenn man sich zuerst überwinden muss, bekommt man im Gespräch viel schneller mit, wie der andere empfindet.

Das Gedicht ist in fünf Strophen gegliedert, die immer aus drei Versen bestehen. Auch Zeilensprünge kommen vor, d. h. ein Satz oder Teilsatz endet nicht am Versende. Das Gedicht ist in Reimform geschrieben und besitzt einen verkürzten Kreuzreim (aba).

Die Sprache ist einfach und stammt aus der heutigen Zeit. Die Sätze sind vollständig, jedoch ohne Satzzeichen geschrieben. Man kann jeder Strophe genau ein Satz zuordnen. Sprachliche Bilder kann ich in diesem Gedicht nicht entdecken.

Freundschaft, Liebe, liebes Leid

⚠ Wiederholen & weiterarbeiten

▶ Du hast in diesem Kapitel einige Liebesgedichte kennengelernt. Es gibt natürlich noch viel mehr davon. Suche weitere **Liebesgedichte** und schreibe das ab, das dir am besten gefällt.

▶ Liebe spielt in vielen Medien eine wichtige Rolle: in Gedichtsammlungen, in Romanen und Jugendbüchern, in Zeitschriften, im Fernsehen, in der Musik … Aus solchen unterschiedlichen Quellen könnt ihr Materialien sammeln und in Gruppen **Themen-Landkarten** erstellen. Das geht so:

Eine Themen-Landkarte erstellen

METHODE ⚙

Eine Themen-Landkarte ist ein Sprach-Bild-Puzzle. Wichtige Begriffe werden mithilfe von Bildern dargestellt und ihre Beziehungen veranschaulicht.

Dabei gelten folgende Grundregeln:
- Alles was nah beieinander steht, gehört zusammen, was weiter weg steht, hat nicht so viel miteinander zu tun.
- Die Größe der Buchstaben hängt mit der Bedeutung zusammen: groß = wichtig, klein = nicht so wichtig.

Folgende Materialien benötigt ihr dazu:
- große Bögen Papier – am besten Packpapier oder Tapeten,
- verschiedenfarbige Filzstifte in unterschiedlicher Dicke,
- Bildmaterial aus Zeitschriften, Zeitungen etc.,
- Kleber, Schere, Lineal.

Diese Fragen könnt ihr dabei bearbeiten:
- Wo habe ich den Text über die Liebe gefunden?
- Welcher Textart gehört er an?
- Wer war der Autor?
- Welche Textstellen kannst du als Beispiel anführen?

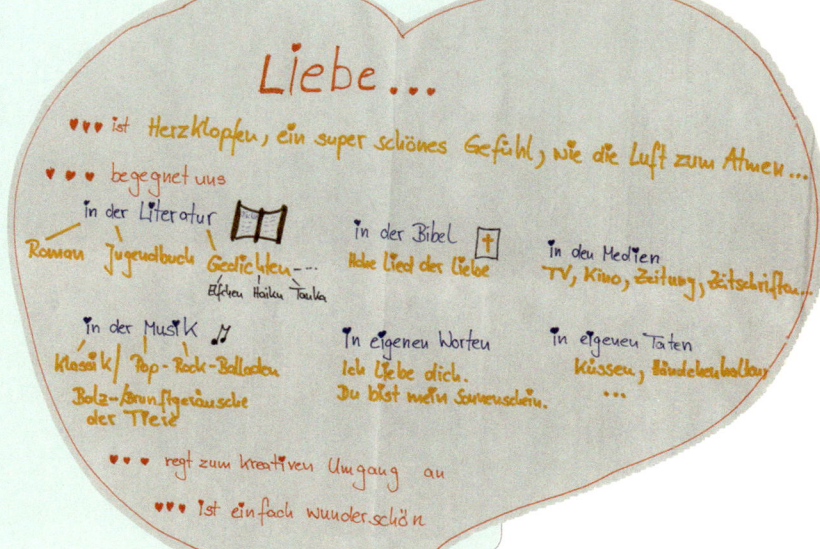

Liebe…

♥♥♥ ist Herzklopfen, ein super schönes Gefühl, wie die Luft zum Atmen…
♥♥♥ begegnet uns
  in der Literatur: Roman, Jugendbuch, Gedichten… Elfchen, Haiku, Tanka
  in der Bibel: Hohe Lied der Liebe
  in den Medien: TV, Kino, Zeitung, Zeitschriften
  in der Musik: Klassik / Pop – Rock – Balladen, Balz-Brunftgeräusche der Tiere
  in eigenen Worten: Ich liebe dich. Du bist mein Sonnenschein.
  in eigenen Taten: küssen, Händchenhalten …
♥♥♥ regt zum kreativen Umgang an
♥♥♥ ist einfach wunderschön

Vergleiche und Metaphern entschlüsseln

Ich esse kein Brot. Für mich ist der Weizen zwecklos. Die Weizenfelder erinnern mich an nichts. Und das ist traurig. Aber du hast weizenblondes Haar (…) Das Gold der Weizenfelder wird mich an dich erinnern.

Für den Fuchs ist die Welt wie verwandelt, weil er den kleinen Prinz als Freund gefunden hat. Deshalb findet er einen besonderen Vergleich, um das Haar des kleinen Prinzen zu beschreiben: Er hat weizenblonde Haare, die Weizenfelder und ihr Duft erinnern ihn jetzt an seinen Freund.

MERKEN

Um einen Freund oder eine geliebte Person zu beschreiben, werden oft schöne, poetische **Vergleiche** *gefunden:* Dein Haar ist wie ein Weizenfeld.
Manchmal wird der Vergleich um das „wie" gekürzt; es entsteht ein verkürzter Vergleich oder eine **Metapher**: Dein Haar ist ein Weizenfeld.
Um Vergleiche und Metaphern zu entschlüsseln, ist es hilfreich, die gemeinsame Eigenschaft der verglichenen Dinge und Personen zu suchen:
Weizenfeld → gelb ← Haarfarbe.

Schon in der Bibel finden sich Metaphern und Vergleiche, um geliebte Personen zu beschreiben. Sie klingen für heutige Ohren oft sehr ungewohnt:

An die geliebte Frau

Deine Zähne sind wie eine Herde von Schurschafen,
die aus der Schwemme steigen –
alle tragen Zwillinge und keines ist unfruchtbar.

Schurschafe:
frisch geschorene Schafe
Schwemme:
Wasserstelle

1 Welche gemeinsamen Eigenschaften ermöglichen den Vergleich der geliebten Frau mit einer Herde Schafe?
– Lies die Verse noch einmal genau. Versuche dir z. B. vorzustellen, wie die frisch geschorenen Schafe aussehen, wenn sie aus der Schwemme steigen.
– Entscheide dich dann für passende Adjektive, die auf die Zähne der Geliebten und die Schafe zutreffen, und begründe das im Gespräch:

schmutzig   glänzend   sauber   schwarz   rein   weiß   kinderlos
gesund   krank   glatt   frisch   stinkend   fruchtbar   ungewaschen

Über Sprache nachdenken

An die geliebte Frau

Schau – du bist schön, meine Liebste;
schau – schön wie ein Taubenpaar sind deine Augen hinter deinem Schleier.

Dein Haar ist wie eine Schar von Ziegen,
die von den Höhen Gileads herunterlaufen.

Wie eine Granatapfelscheibe ist deine Schläfe hinter deinem Schleier.

*Gilead:
im Alten Testament
das Gebiet östlich
des Flusses Jordan,
Ostjordanland*

An den geliebten Mann

Sein Haupt ist reinstes Gold,
seine Locken gekräuselt und rabenschwarz.

Seine Augen sind wie Tauben am Bach,
milchweiß gebadet und am Weiher ruhend.

Die Wangen sind Beete voll Balsamkraut,
die herrlichsten Würzkräuter sprießen dort.

Sein Leib ist poliertes Elfenbein und mit Saphiren bedeckt.

Seine Beine sind Marmorsäulen,
auf goldenem Fundament erstellt.

❷ Suche dir aus diesen Versen einen heraus, in dem ein Vergleich steht, und überlege dir, was die gemeinsame Eigenschaft ist. Versuche die Gemeinsamkeit ganz genau zu beschreiben.

❸ Suche in den Versen eine Metapher (einen verkürzten Vergleich) und entschlüssele sie, indem du auch hier die gemeinsame Eigenschaft findest.

❹ Da diese Texte schon sehr alt sind und von Nomaden geschrieben wurden, benutzen sie Vergleiche, die uns sehr fremd erscheinen, z. B. wenn sie Zähne mit einer Herde Schurschafe vergleichen.

Versuche einen oder mehrere Verse deiner Wahl umzuschreiben, indem du zeitgemäße Vergleiche und Metaphern findest.

Getrennt oder zusammen?

❶ Corinna notiert sich, was man für einen Freund tun sollte. Bei einem Satz ist sie unsicher bei der Schreibweise: *Einen Freund soll man nicht sitzenlassen/sitzen lassen*. Wie würdest du dich entscheiden? Begründe.

Um zu entscheiden, ob ein Wort zusammen- oder getrennt geschrieben wird, solltest du zunächst die Wortart untersuchen:

Rad fahren   kurz anrufen   bitterböse   Eis essen   laufen lernen
arbeiten gehen   schwarzbraun   schreiben üben   schön aussehen
taubstumm   Ball spielen   blauäugig   kalt stellen   Ski fahren
auswendig lernen   sapzieren gehen

❷ Übertrage die Tabelle in dein Heft und sortiere die Begriffe oben entsprechend ihrer Wortart ein:

Nomen + Verb	Verb + Verb	Adjektiv + Verb	Adjektiv + Adjektiv

❸ Mithilfe der Tabelle kannst du die Merksätze ergänzen. Schreibe sie auf:

MERKEN

> *Für die* **Zusammen- und Getrenntschreibung** *gelten folgende* **Grundregeln**:
> 1. *Verbindungen von* **Nomen und Verb** *schreibt man* ▒▒▒▒
> 2. *Verbindungen aus* **zwei Verben** *schreibt man* ▒▒▒▒
> 3. *Verbindungen aus* **Adjektiv und Verb** *schreibt man* ▒▒▒▒
> 4. *Verbindungen aus* **zwei Adjektiven** *schreibt man* ▒▒▒▒

Zu diesen Grundregeln gibt es Ausnahmeregelungen:

MERKEN

> *Einige Verbindungen von* **Nomen und Verb** *müssen zusammengeschrieben werden. Diese Verbindungen sind* **Ausnahmen** *und du musst sie lernen:*
> *eislaufen, kopfstehen, leidtun, nottun, standhalten, stattgeben, stattfinden, statthaben, teilhaben, teilnehmen, wundernehmen.*

❹ Setze die Nomen und Adjektive zusammen und ersetze damit in den Sätzen S. 153 oben die unterstrichenen Wörter. Schreibe die neu entstandenen Sätze in dein Heft. Achte auf Getrennt- oder Zusammenschreibung.

Bescheid   Statt   Fußball   stehen   sagen   finden
Fische   Eis   Kopf   laufen   spielen   fangen

Richtig schreiben

a) Kannst du dem Hausmeister <u>sagen</u>, dass der Wasserhahn tropft?
b) Meine Mutter wird <u>jubeln</u>, wenn sie mein Zeugnis sieht.
c) Ich habe keine Lust <u>zu angeln</u>.
d) Lass uns ein bisschen <u>kicken</u> gehen.
e) Die Party wird um 10 Uhr <u>steigen</u>.
f) Morgen werde ich mit meiner Freundin <u>Schlittschuh laufen</u> gehen.

5 Lies die folgenden Sätze. Vergleiche die unterstrichenen Begriffe.
a) Tim hat das Glas <u>fallen lassen</u>. – Tom hat den Freund <u>fallenlassen</u>.
b) Ich hoffe, dass ich trotz meiner Fünf in Mathe nicht <u>sitzenbleibe</u>.
Im Bus sollte man während der Fahrt <u>sitzen bleiben</u>.

6 Ersetze in jeweils einem der Sätze die Verbverbindung mit den folgenden Ausdrücken: *nicht beachten, im Stich lassen, die Klasse wiederholen*.

7 Vervollständige nun den Merksatz in deinem Heft. Folgende Begriffe musst du einsetzen: *bleiben, Bedeutung, zusammenschreiben, lassen*.

Verbverbindungen mit ░░░ und ░░░ <u>kann</u> man ░░░, wenn sie durch die Zusammensetzung eine neue ░░░ bekommen.
Beispiel: Sabine wird ihn links liegenlassen (= nicht beachten).

MERKEN

---

8 Wie lautet nun die Antwort auf Corinnas Frage aus Aufgabe 1?

9 Entscheide, ob die Verbindungen nur getrennt oder getrennt oder zusammengeschrieben werden können. Schreibe alle Möglichkeiten auf.
a) Der Motor klingt komisch. Wird das Auto <u>liegen + bleiben</u>?
b) Jan freut sich auf die Schule, er will endlich <u>lesen + lernen</u>.
c) Ich steige jetzt aus. Du kannst ruhig <u>sitzen + bleiben</u>.
d) Ich habe keine Zeit, die Arbeit muss <u>liegen + bleiben</u>.
f) Freunde soll man nicht <u>fallen + lassen</u>.

Verbindungen aus *Adjektiv und Verb* werden *zusammengeschrieben*, wenn durch die Verbindung eine *neue Gesamtbedeutung* entsteht.
Beispiel: Wir müssen sie auf einen Termin für die Party <u>festnageln</u> (= verpflichten).
Aber: Wir müssen <u>fest nageln</u>, damit der Bretterzaun hält.

MERKEN

---

10 Finde zu den Verbindungen Beispiele, in denen die Bedeutung wörtlich und mit neuer Bedeutung verwendet wird: *frei+sprechen, fest+stellen*.

Ein Buch vorstellen

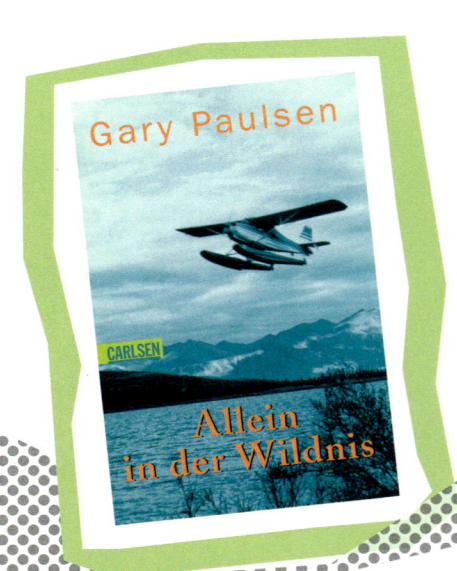

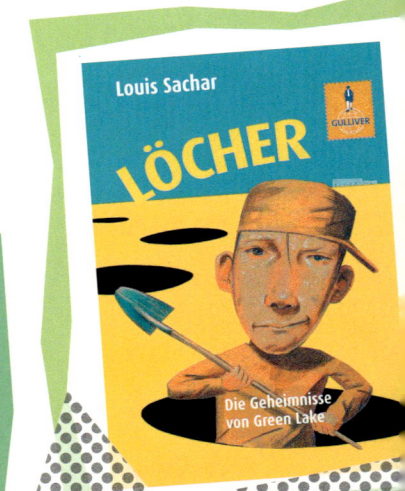

In den vergangenen Schuljahren hast du dich mit verschiedenen Büchern und Autoren beschäftigt, sie anderen kurz vorgestellt, eine kleine Buchkritik geschrieben etc. Dieses Mal geht es darum, wie man eine ausführliche Buchvorstellung erarbeitet. Außerdem wirst du Tipps und Methoden an die Hand bekommen, mit denen du dich auf eine mündliche Präsentation vorbereiten kannst.

Wenn du dieses Kapitel bearbeitet hast, wirst du
- wissen, wie man eine ausführliche Buchvorstellung aufbauen kann,
- gelernt haben, wie man eine schriftliche Literaturarbeit erstellt,
- Beispiele für eine aktive und handlungsorientierte Arbeit mit Texten kennengelernt haben und
- Tipps und Anregungen für die Präsentation bekommen haben.

❶ Seht euch die abgebildeten Buchcover an.
Welche Bücher würden euch interessieren?

❷ Welche der abgebildeten Bücher kennt ihr?
Sprecht in der Klasse darüber.

❸ Vielleicht hast du auch ein persönliches Lieblingsbuch.
Stelle es den anderen als Leseanregung kurz vor.

Vorbereitung

TIPP

Lege dir für dieses Kapitel einen Ordner an, in dem du alle bearbeiteten Aufgaben sammelst. So hast du nachher eine „Gebrauchsanweisung" zur Erstellung einer ausführlichen Buchvorstellung.

Ein Buch auswählen

Für seine ausführliche Buchvorstellung muss Abel ein geeignetes Buch auswählen. Er ist ein großer Fan von „Herr der Ringe" und so kommt für ihn nur etwas aus dem Bereich „Fantasy" in Frage. Da diese Bücher aber oft zu umfangreich sind, informiert er sich in der Bibliothek, der Buchhandlung, im Internet, bei seinen Eltern und Geschwistern, Freunden und seinen Lehrern.

① Wo hat sich Abel überall informiert, um an geeignete Bücher zu kommen? Schreibe die genannten Informationsquellen auf.

② Welche weiteren Buchgenres gibt es (z. B. Krimi, Jugendroman, Science Fiction …)? Schreibt sie mit einigen (aktuellen) Beispielen auf.

Abel will aus den vielen vorgeschlagenen Titeln ein für ihn geeignetes Buch herausfinden. Dazu geht er wie folgt vor:

METHODE

5-Finger-Methode der Buchauswahl

1. Schlage ein Buch auf einer beliebigen Seite auf.
2. Balle eine Hand zur Faust.
3. Lies die aufgeschlagene Seite von Anfang bis Ende.
4. Für unbekannte oder unverständliche Wörter bzw. für schwierige Textstellen, über die du beim Lesen stolperst, streckst du einen Finger aus.
5. Auswertung:
   – Wenn du keinen Finger gestreckt hast, ist das Buch zu leicht für dich.
   – Wenn du drei oder mehr Finger gestreckt hast, ist das Buch wahrscheinlich zu schwer für dich.
   – Wenn du 1–2 Finger gestreckt hast, ist dieses Buch passend für dich.

Nachdem Abel dies mit einigen Büchern gemacht hat, hat er seinen Favoriten gefunden. Es ist das Buch **„Das graue Volk"**.

③ Informiere dich über dieses Buch. Das Internet kann dir dabei helfen.

▶ Besorge dir einige Bücher, die du interessant findest, und wende die „5-Finger-Methode der Buchauswahl" an. Wähle dann ein Buch aus, dass du ausführlich vorstellen möchtest.

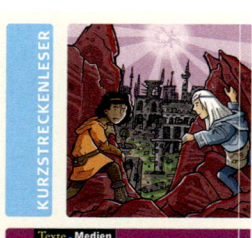

Ein Buch vorstellen

Bevor Abel das Buch gründlich liest und bearbeitet, hält er seine Vorerwartungen und Vorinformationen in einer Mindmap fest:

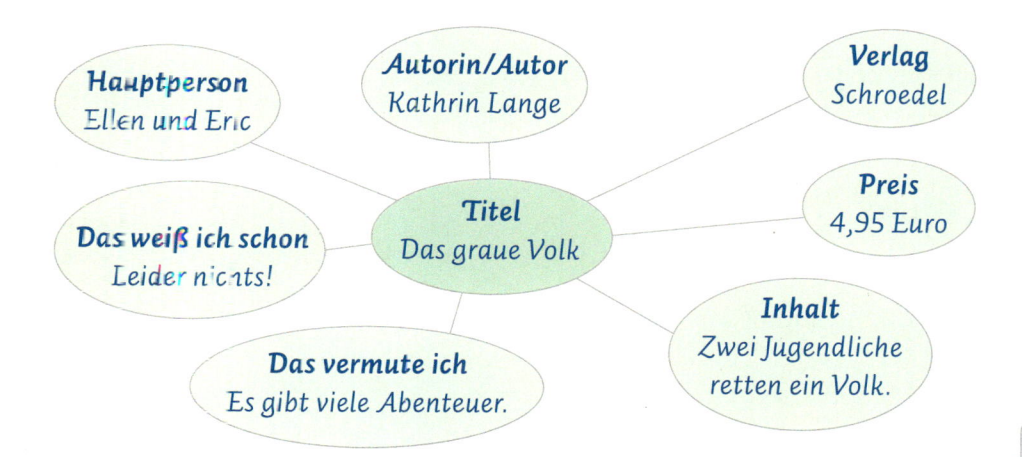

- **Hauptperson**: Ellen und Eric
- **Autorin/Autor**: Kathrin Lange
- **Verlag**: Schroedel
- **Titel**: Das graue Volk
- **Preis**: 4,95 Euro
- **Das weiß ich schon**: Leider nichts!
- **Das vermute ich**: Es gibt viele Abenteuer.
- **Inhalt**: Zwei Jugendliche retten ein Volk.

▶ Übertrage die Mindmap auf ein leeres Blatt und fülle sie für das von dir ausgewählte Buch aus.

Ein Lesetagebuch anlegen

Nachdem Abel seine Vorinformationen und Vorerwartungen festgehalten hat, macht er sich an die eigentliche Arbeit: das Lesen des Buchs. Damit er das Buch nicht mehrmals lesen muss, legt er sich ein Lesetagebuch an. So kann er das Buch lesen und gleichzeitig wichtige Informationen festhalten, die er später für die Buchvorstellung benötigt. Er legt sich einige Seiten am Computer an, die er vor dem Lesen ausfüllt oder beim Lesen nach und nach ergänzt:

- Einführung in die Lektüre
- Steckbriefe zu den Hauptfiguren
- Zum Autor / Zur Autorin
- Inhalt/Handlung
- Die Hauptfiguren und ihre Beziehungen
- Schwierige Begriffe
- ...

▶ Welche Seiten für das Lesetagebuch findest du sinnvoll? Bei der Auswahl der Seiten solltest du auch daran denken, was du später über das Buch aufschreiben willst.

TIPP
- Hefte die Seiten des Lesetagebuchs in eine Mappe ein.
- Schreibe gut lesbar.
- Notiere für alle Textstellen, die du wörtlich abschreibst, die Seitenzahl dahinter.
- Schreibe auf jedes Blatt das Datum und eine Seitenzahl. Dies erleichtert dir später das Sortieren.

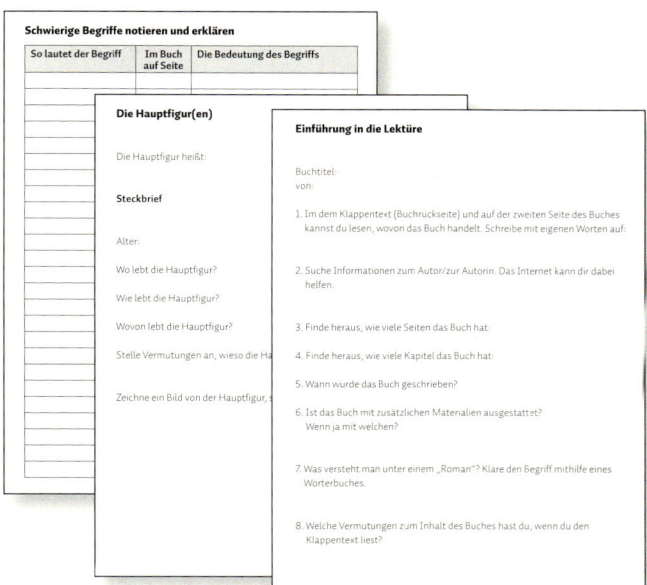

Den Arbeitsplan festlegen

Abel ist es wichtig, dass er nichts vergisst. Auch will er gut mit der Zeit zurechtkommen. Daher legt er einen persönlichen Arbeits- und Schreibplan an. Dieser dient ihm als roter Faden und wird – neben dem Lesetagebuch – Schritt für Schritt während des Lesens des Buches ausgefüllt:

SCHREIBE SO!

> *Arbeits- und Schreibplan zur ausführlichen Buchvorstellung*
>
> *Titel:* Das graue Volk
> *Autor/Autorin:* Kathrin Lange
>
> *Teil 1: Zur Autorin:*
> geboren 1969 in Goslar; lebt in einem Dorf bei Hildesheim in Niedersachsen. Abitur; Ausbildung zur Verlagskauffrau und Buchhändlerin …
>
> *Teil 2: Zum Buch:*
> Fantasy-Buch, zwei dreizehnjährige Hauptfiguren …
>
> *Teil 3: Eigene Schreibaufgabe zum Buch:*
> – Weitere Abenteuer auf der gemeinsamen Reise erfinden
> – Geschichte weiterschreiben
> – Werbetext für das Buch erstellen / Brief an die Autorin
>
> *An Zusatzmaterial habe ich gefunden:*
> ein Rätsel, weitere passende Texte, das Buchcover
>
> *Als Quellen habe ich verwendet:*
> – Lange, K. (2007). Das graue Volk. Braunschweig: Schroedel Verlag
> – Internet unter www.kathrin-lange.de
>
> | Zeit (von–bis) | Das habe ich vor! | Erledigt ja/nein |
> |---|---|---|
> | 07.10.–11.10. | Infos zur Autorin | Ja |
> | 14.10.–18.10. | Infos zum Buch | teilweise |
>
> *Abgabetermin:* …

TIPP
Sammle frühzeitig Zusatzmaterial wie Fotos, Bilder, Texte usw. in einer Mappe. So hast du immer alles bei der Hand, wenn du dies brauchst. Nutze auch das Internet.

TIPP
Sprich regelmäßig mit deiner Lehrerin/ deinem Lehrer über den Fortschritt deiner Arbeit. So kann man dir frühzeitig bei Schwierigkeiten helfen.

TIPP
So zitierst du richtig: „Ein Larijon war das typische Merkmal aller Menschen, die wie Ellen und Sina zum Volk der Dinah gehörten." (Lange, K., 2007. Das graue Volk. Braunschweig: Schroedel. S. 6.)

▶ Erstelle zu dem von dir ausgewählten Buch einen eigenen Arbeits- und Schreibplan. Überlege dir auch, was du wann erledigen möchtest.

Ein Buch vorstellen

Durchführung

Über den Autor / die Autorin informieren

In ersten Teil der ausführlichen Buchvorstellung möchte Abel die Autorin vorstellen. Um an die nötigen Informationen zu kommen, schaut er im Klappentext des Buches und im Internet nach. Weitere Möglichkeiten sind z. B.: Werbeprospekte der Verlage, die in Buchhandlungen ausliegen; ein Literaturlexikon; die Homepage des Verlags, in dem das Buch erschienen ist, oder die Homepage der Autorin.
Auf der Homepage von Kathrin Lange (www.kathrin-lange.de) findet Abel folgenden Text:

> **Vita**
>
> Kathrin Lange wurde 1969 in Goslar geboren und lebt mit ihrer Familie in einem Dorf bei Hildesheim in Niedersachsen. Nach dem Abitur und einer Ausbildung zur Verlagskauffrau und Buchhändlerin hat sie einige Zeit als Buchhändlerin gearbeitet, dabei u. a. als Fachbuchhändlerin für Theologie. Nach der Geburt ihrer Kinder arbeitete sie freiberuflich als Mediendesignerin (Schwerpunkt Buchproduktion). Von 2002 bis 2004 gab sie die Autorenzeitschrift Federwelt heraus und seit dem Jahr 2005 veröffentlicht sie historische Romane, zunächst im Kindler/Rowohlt Verlag, seit 2008 bei Aufbau. Ihre historischen Jugendbücher erscheinen bei der Fischer Schatzinsel. Kathrin Lange engagiert sich für die Stiftung Lesen e.V. ehrenamtlich für die Leseförderung und gibt mehrere Schreib-AGs an der Robert-Bosch-Gesamtschule in Hildesheim, dem Träger des Deutschen Schulpreises 2008. Außerdem ist Kathrin Lange Mitglied im Verein zur Förderung des deutschsprachigen historischen Romans Quo Vadis e.V., seit November 2009 als dessen Sprecherin.

TIPP
Die meisten Autoren haben eine eigene Homepage. Gib den Namen in eine Internetsuchmaschine ein. Folgende Internetadressen können dir auch helfen:
- www.lesenswert.de
- www.antolin.de
- www.literaturportal.de/autorenportraits

1 Welche Informationen über die Autorin bekommst du in diesem Text?

▶ Findest du etwas über die Autorin/den Autor deines Buches?

Abel hat sich eine Vorlage für sein Lesetagebuch erstellt. Darin kann er nun alle Angaben zur Autorin festhalten, um später einen Text damit zu schreiben. Er schreibt beim Ausfüllen der Checkliste nicht nur Stichwörter, sondern auch Sätze und Satzteile auf. Dies erleichtert es ihm später, aus seinen Notizen einen Text zu schreiben. Auf der nächsten Seite kannst du die Checkliste sehen, die Abel verwendet hat.
Um seine schriftliche Arbeit etwas aufzulockern und aufzupeppen, will Abel auch Fotos der Autorin einscannen oder aus dem Internet kopieren.

SCHREIBE SO!

TIPP
Du findest nicht immer zu allen Zeilen Informationen. Lass diese dann einfach frei.

Daten zum Autor bzw. zur Autorin

Name, Vorname:	Lange, Kathrin
geboren:	1969 in Goslar
Wohnort:	in einem Dorf bei Hildesheim in Niedersachsen
Familie:	verheiratet, 2 Söhne
Kindheit/Schulzeit:	Abitur 1988
Weg zum Schriftsteller:	Ausbildung zur Verlagsbuchhändlerin, freiberufliche Autorin und Dozentin für erfolgreiches Schreiben mit Jugendlichen und Erwachsenen
Wichtige Werke:	Jägerin der Zeit, Die verbrannte Handschrift, Das achte Astrolabium, Das graue Volk, Das Geheimnis des Astronomen, Seraphim, Der zwölfte Tag, Florenturna, Die Kinder der Nacht
Themen und Inhalte der Bücher:	historische Themen aus dem Mittelalter und der Renaissance, Historic Fantasy
Preise und Auszeichnungen:	Jugendliteraturpreis „Segeberger Feder" (2009)
Zeit, in der die Bücher spielen:	Mittelalter und Renaissance
Besonderheiten:	„Das achte Astrolabium" wurde 2008 nominiert für den Sir-Walter-Scott-Preis für den besten deutschsprachigen historischen Roman

▶ Übertrage die abgebildete Checkliste auf ein leeres Blatt und trage die Angaben zur Autorin/zum Autor des von dir gewählten Buches ein.

▶ Suche nach geeigneten Fotos der Autorin/des Autors deines Buches, mit denen du später deinen Text illustrieren kannst.

Ein Buch vorstellen

Die Hauptfiguren und ihre Beziehungen darstellen

Nun möchte Abel die Hauptfiguren des Buches und ihre Beziehungen vorstellen. In den folgenden Textabschnitten erfährt er etwas über sie:

Ein Larijon war das typische Merkmal aller Menschen, die wie Ellen und Sina zum Volk der Dinah gehörten. Es saß auf der Stirn, und es sah aus wie ein Schmuckstück. Ein fingernagelgroßer Edelstein, der mitten auf ihre Haut geklebt war … Mit seiner Hilfe konnten die Dinah die Gedanken ihrer Mitmenschen lesen, wenn sie das wollten. (S. 6)

Sie war fast dreizehn Jahre alt. (S. 7)

Das Volk der Dinah führte eigentlich andauernd Krieg gegen ein anderes Volk. Gegen die He'ran. (S. 11)

Seine Stimme war leise. Weich … „Mein Name ist Eric" … Vor ihnen saß ein He'ran! Er ist nicht besonders alt. Ungefähr so wie Ellen. Sein Gesicht wirkte blass und die Nase sehr spitz … Er hatte lange Haare. Schneeweiße Haare. (S. 13/14)

Ellen blickte auf die glatte Stirn des He'ran. Er besaß kein Larijon! (S.15/16)

Als sie dem Fremden jetzt zum ersten Mal so nahe war, entdeckte sie, dass seine Augen in einem sehr hellen Blau schimmerten. Fast wie Wasser im Sonnenlicht … (S. 22)

Ellen fuhr sich durch die dichten, dunklen Locken. (S. 25)

„Körnerfresser!", rutschte es Eric heraus … Tut mir leid. So nennen meine Leute euch." „Körnerfresser?", schnappte sie. „Besser als Aasfresser ist das allemal!" (S. 63)

❶ Welche beiden Figuren werden hier vorgestellt und was erfährst du über die beiden? Lege ein Figurenregister in Form einer Tabelle an und trage alle wichtige Informationen ein.

Hauptfigur 1	Hauptfigur 2
Ellen, weiblich, 13 Jahre	…
…	vom Volk der He'ran …

TIPP

Folgende Symbole können Beziehungen anzeigen:
- — = Beziehung
- ♥ = Zuneigung
- 🕷 = Abneigung
- ⚡ = Feindschaft

Du kannst auch andere Symbole verwenden, die besser zu deinem Buch passen.

Um deutlich zu machen, in welchem Verhältnis die Figuren zueinander stehen, erstellt Abel aus dem Personenregister ein Schaubild:

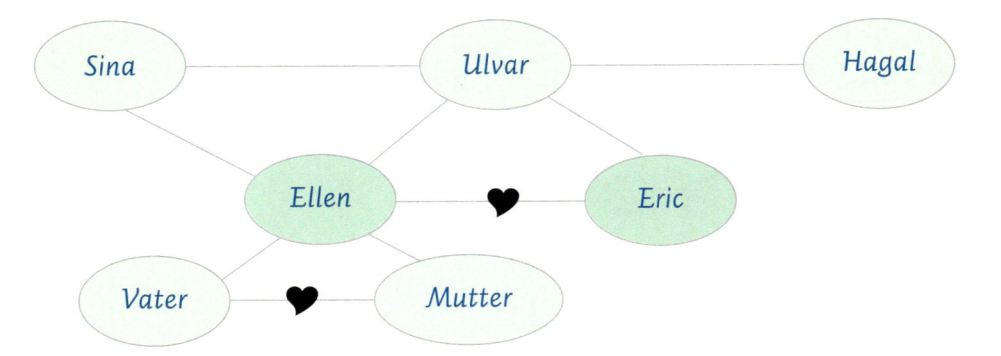

```
    Sina ——————— Ulvar ——————— Hagal
      \         /    \        /
       \       /      \      /
        Ellen ———♥——— Eric
       /      \
      /        \
   Vater ——♥—— Mutter
```

▶ Übertrage das Schaubild auf ein leeres Blatt und stelle die Beziehungen der in deinem Buch genannten Figuren mit Symbolen dar.

MERKEN

Einen Text, in dem man die äußeren und inneren Eigenschaften einer Figur beschreibt, nennt man **Charakteristik**. *So kannst du sie aufbauen:*
- *Einleitung: Figur vorstellen*
- *Hauptteil: 1. Äußeres beschreiben, 2. Inneres beschreiben*
- *Schluss: Kurze eigene Meinung zur Figur*

Eine Charakteristik wird im Präsens geschrieben. Denke auch daran, alles mit Textstellen zu belegen.

Jetzt versucht Abel einen Text über die äußeren und inneren Eigenschaften der beiden Hauptfiguren (eine **Charakteristik**) zu schreiben. Dazu verfasst er zu jedem der folgenden Punkte ein bis zwei Sätze:

Merkmale	Beispielsätze
Geschlecht	Ellen ist ein Mädchen. Eric ist ein Junge.
Alter	Sie/er ist 13 Jahre alt.
Größe, Figur	Mit ihren/seinen … Metern ist sie/er sehr/nicht groß. Über die Größe wird nichts gesagt.
Gesicht, Haare	Ihr Gesicht ist oval und schön. Sein Gesicht ist lang. Sie hat dichte, dunkle Locken. Er hat schulterlanges weißes, glattes Haar.
Kleidung	Sie/er trägt eine Kapuzenjacke und eine Hose.

Ein Buch vorstellen

Gedanken	Sie/er denkt sehr oft an das graue Volk und wie sie es gemeinsam retten können.
Gefühle	Sie ist sehr sensibel. Er ist aufmerksam und humorvoll.
Eigenschaften, Fähigkeiten	Sie kann besonders gut die Gedanken anderer Menschen lesen. Er kann besonders gut Dinge schweben lassen. Sie/er ist ...
Gewohnheiten	... macht sie/er immer wieder.
Familie/Freunde	Ellen hat eine Mutter und einen Vater, die sie in ihrem Heimatdorf zurückgelassen hat. Geschwister hat sie keine.

SCHREIBE SO!

> Ellen ist ein dreizehnjähriges Mädchen aus dem Volk der Dinah, einem Volk von Bauern.
> Sie hat ein ovales Gesicht mit einer Stuppsnase. Auf ihrer Stirn trägt sie ein Larijon, einen fingernagelgroßen silbrigen Edelstein. Ellen hat dichte, dunkle, halblange Locken. Ein dünner Lederriemen verhindert, dass ihre Haare ins Gesicht fallen.
> Ihre Kleidung besteht aus einer orangefarbenen Kapuzenjacke, die von einem Ledergürtel mit eingenähter Tasche am Bauch zusammengehalten wird. Dazu trägt sie eine braune Lederhose und halbhohe Stiefel.
> Ellen denkt sehr oft daran, ob sie es schaffen wird, das graue Volk vor seinen Untergang zu retten. Sie fühlt sich dafür verantwortlich. Zusammen mit Eric, zu dem sie im Laufe der Geschichte eine immer engere Beziehung entwickelt, geht sie dieses große Abenteuer an. Ellen ist sehr sensibel. Als Vegetarierin hat sie eine Abneigung gegen Fleisch als Nahrungsmittel, selbst dann, wenn sie sonst nichts zu essen hat.
> Sie kann besonders gut die Gedanken anderer Menschen lesen, was an ihrem Larijon liegt.
> Ellen hat eine Mutter und einen Vater, die sie in ihrem Heimatdorf zurückgelassen hat.

❷ Charakterisiere Eric in einem kurzen Text, soweit es aus den dir vorliegenden Informationen möglich ist.

▶ Nun kannst du auch die Hauptfiguren deines Buches charakterisieren und ihre Beziehungen zueinander darstellen. Merkmale, Beispielsätze und der Beispieltext helfen dir dabei.

Den Inhalt des Buches zusammenfassen

Abel möchte nun den Inhalt des Buches möglichst kurz, aber informativ zusammenfassen. Folgende W-Fragen helfen ihm dabei:

> **TIPP**
> Es können nicht immer alle Fragen beantwortet werden. Verwende auch den Klappentext, er kann dir wichtige Informationen liefern.

Frage	Antwort
Was ist das Thema des Buches?	Die Rettung des grauen Volkes durch Ellen und Eric
Welche Personen sind im Buch wichtig?	Ellen, Eric, Sina, Ulvar, Hagal
Wo spielt die Handlung?	In einem fremden Land …
Wann spielt die Handlung?	Zur Zeit des Untergangs des „Unheilsterns"
Welche wichtigen Ereignisse gibt es?	Ellen lernt Eric kennen; beide erfahren von ihrer Bestimmung; gemeinsam machen sie sich auf den Weg; Eric gerät in Gefangenschaft, Ellen kann ihn befreien; beide müssen entscheiden, welche Gabe sie abgeben wollen; sie retten das graue Volk
Wie handeln bzw. reagieren die Personen?	Nach anfänglicher Unsicherheit werden sie immer sicherer in ihrem Tun; aus anfänglicher Skepsis wird Zuneigung
Was ist der Höhepunkt der Geschichte?	Die Rettung des grauen Volkes durch den Verzicht auf ihre besondere Gabe
Wie endet die Geschichte?	Das graue Volk wird gerettet; Ellen und Eric sind nun ein Teil dieses Volkes

In dem Jugendbuch … von … geht es um …

Die Hauptfigur/en ist/sind …

Die Handlung spielt …

Der Autor hat mit diesem Buch meiner Meinung nach die Absicht …

Nachdem Abel alle W-Fragen beantwortet hat, kann er sich ans Schreiben der **Inhaltsangabe** machen.
Dabei achtet er darauf,
– nur das Wichtigste mitzuteilen,
– kurz, sachlich und informativ zu schreiben,
– Zusammenhänge mit Bindewörtern wie *weil, obwohl, nachdem* … deutlich zu machen,
– den Inhalt mit eigenen Worten und nicht wörtlich wiederzugeben,
– im Präsens zu schreiben,
– die indirekte Rede und nicht die direkte Rede zu verwenden.

▶ Übernimm die Tabelle, beantworte die W-Fragen und schreibe eine Inhaltsangabe zu deinem Buch.

Ein Buch vorstellen

Eigene Gedanken zum Buch formulieren

Nach der Inhaltsangabe verfasst Abel seine persönliche **Stellungnahme**: Er legt seine eigene Meinung zum Inhalt und zur Sprache des Buches dar.

Anhand der folgenden Fragen macht sich Abel Notizen:

> **Leitfragen für eine Stellungnahme zum Buch**
>
> - [✓] Was ist das Thema des Buchs?
> - [✓] Habe ich ähnliche Erfahrungen oder Beobachtungen gemacht?
> - [✓] Warum habe ich gerade dies Buch ausgewählt?
> - [✓] Würde ich das Buch noch einmal lesen?
> - [✓] Kann ich es anderen empfehlen?
> - [✓] Was hat mir besonders gut/weniger gut an dem Buch gefallen?
> - [✓] Was war besonders schwierig/leicht an diesem Buch?
> - [✓] Hat mir das Buch persönlich etwas gebracht? Was war dies?

CHECKLISTE [✓]

Dann macht er sich an die Formulierung seiner schriftlichen Stellungnahme. Hierzu verwendet er folgende Satzanfänge:

In dem Buch geht es um …
Erfahrungen, wie sie im Buch geschildert werden, habe ich auch/nicht gemacht …
Ich habe gerade dieses Buch gewählt, weil …
Ich würde das Buch nochmals/nicht mehr lesen, weil …
Ich finde das Thema des Buches sehr interessant, da …
Besonders gefallen hat mir …, weil …
Nicht gut fand ich …, denn …
Persönlich hat mir das Buch etwas/nichts gebracht, weil …

Wichtig für die Stellungnahme ist es, dass die Aussagen begründet sind und an Beispielen aus dem Text belegt werden.

▶ Versuche die in der Checkliste genannten Punkte für dein Buch schriftlich zu beantworten.
Verfasse dann eine schriftliche Stellungnahme zu deinem Buch.
Lest eure Texte anschließend vor und sprecht darüber.

Weitere Aufgaben auswählen

Abel hat von seinem Lehrer die Aufgabe bekommen, selbst etwas zum Buch zu schreiben. Folgende Möglichkeiten hat die Klasse gefunden:
- einen Brief schreiben (z. B. an die Autorin, an eine Person aus dem Buch, von einer Person aus dem Buch an eine andere),
- die Geschichte weiterschreiben,
- den Schluss verändern,
- ein Gespräch zwischen zwei oder mehreren Figuren schreiben (= Dialog),
- eine Rede (= Monolog) einer Figur schreiben,
- einen Tagebucheintrag einer Figur verfassen,
- einen Zeitungsbericht schreiben,
- eine Szene/ein Kapitel des Buches vertonen, also ein Hörspiel schreiben,
- für eine Szene/ein Kapitel ein Drehbuch verfassen.

❶ Fallen euch noch weitere Möglichkeiten ein, sich mit einem Buch kreativ auseinanderzusetzen? Ergänzt diese Auflistung.

▶ Wähle aus dieser Liste Vorschläge aus, die dir am geeignetsten für dein Buch erscheinen und zu denen du auch eine Schreibidee hast.

TIPP
Du kannst auch im Computerkapitel nachschlagen (S. 196). Dort stehen weitere Hinweise für die Gestaltung längerer Texte.

Die Teile der Buchvorstellung zusammenstellen

Nachdem Abel alle geforderten Aufgaben gemeistert hat, kann er nun alle Teile der ausführlichen Buchvorstellung zusammenstellen. Hierzu tippt er seine handschriftlichen Ausführungen mit dem Computer ab. Er achtet auf:

CHECKLISTE [✓]

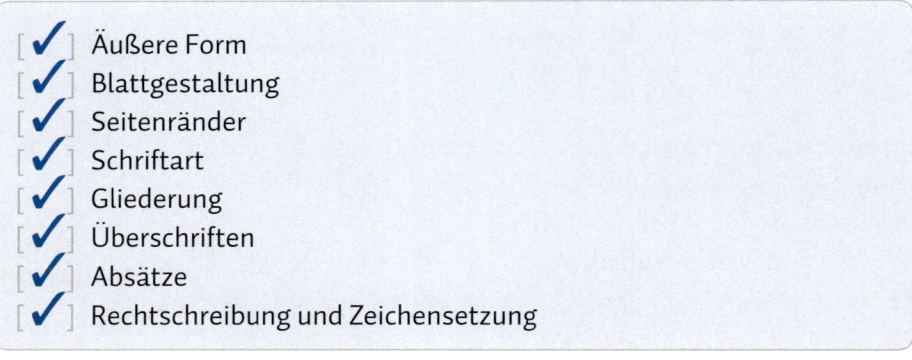

- [✓] Äußere Form
- [✓] Blattgestaltung
- [✓] Seitenränder
- [✓] Schriftart
- [✓] Gliederung
- [✓] Überschriften
- [✓] Absätze
- [✓] Rechtschreibung und Zeichensetzung

Um seine Arbeit etwas aufzulockern, baut Abel Bilder und Schaubilder ein. Danach erstellt er eine Übersicht über die von ihm verwendeten Quellen und Materialien:

Ein Buch vorstellen

> **Literaturangaben**
> Lange, Kathrin (2007): Das graue Volk. Braunschweig: Schroedel Verlag.
> www.kathrin-lange.de

SCHREIBE SO!

TIPP
Frage deinen Lehrer, welche formalen Vorgaben er bei Literaturangaben und Inhaltsverzeichnis macht.

Schließlich erstellt er das Inhaltsverzeichnis. Dabei orientiert er sich an seinem Arbeitsplan und den Beiträgen, die er verfasst hat:

> **Inhaltsverzeichnis**
> Teil 1: Zur Autorin   Seite 3
> Teil 2: Zum Buch   Seite 4
> …   …

SCHREIBE SO!

Er heftet alle Blätter seiner ausführlichen Buchvorstellung in einem Schnellhefter ab, ganz vorn natürlich Deckblatt und Inhaltsverzeichnis.

▶ Erstelle für deine Mappe ein Inhaltsverzeichnis und die Seite mit den Quellenangaben.
Überprüfe, ob du alle Seiten richtig geordnet hast, und hefte sie ab.

Die mündliche Präsentation vorbereiten

Abel hat seine Mappe mit der ausführlichen Buchvorstellung seinem Lehrer abgegeben. Nun bereitet er sich auf seine mündliche Buchvorstellung vor.

Während der **Präsentation** soll Abel ausführlich das von ihm bearbeitete Buch vorstellen. Dazu überlegt er sich, welche Aufgaben seiner schriftlichen Literaturarbeit ihm am wichtigsten sind und welche Aufgaben er gut vorstellen kann. Zu den von ihm gewählten Aufgaben erstellt er Vortragskärtchen.

Verfasserin:	Kathrin Lange
Titel:	Das graue Volk
Hauptfiguren:	Ellen und Eric
Kurzinhalt:	13-jährige Ellen erfährt, dass sie dazu vorbestimmt ist, ein geheimnisvolles graues Volk zu retten. Ein fremder Junge soll ihr dabei helfen. Gemeinsam machen sich die beiden auf den Weg.

▶ Schreibe Karteikarten für deinen Vortrag: *Hauptfiguren, Inhalt, Autorin, weitere Werke der Autorin, eigene Meinung zum Buch …*

Ein Buch vorstellen

Bevor Abel sein Buch der Klasse vorstellt, bereitet er die Präsentation ganz genau vor. Dabei geht er nach folgender Checkliste vor:

CHECKLISTE [✓]

So bereite ich mich auf eine Präsentation vor

- [✓] Habe ich meine Vortragskärtchen und Materialien sinnvoll geordnet? Folie, Plakat, Mindmap …
- [✓] Habe ich die Gliederung vorbereitet?
- [✓] Kann ich aus meinen Stichpunkten ganze Sätze bilden?
- [✓] Kann ich Hörspiel-/Filmausschnitte zur Unterstützung einsetzen?
- [✓] Habe ich die benötigten Präsentationsmedien zur Verfügung? Plakat, Tafel, Tageslichtprojektor, DVD-Player, CD-Spieler, Computer, Whiteboard…
- [✓] Kann ich mit diesen Medien auch richtig umgehen?
- [✓] Habe ich mir überlegt, wann und wo ich diese Medien einsetzen will?
- [✓] Habe ich einen kurzen Textabschnitt zum Vortragen vorbereitet?

Neben den Punkten, die bereits angesprochen wurden, hat Abel von seinem Lehrer folgende Hinweise zur Präsentation bekommen:

Acht Regeln für einen guten Vortrag

1. Atme zunächst tief ein, halte die Luft etwa 4 Sekunden an und atme langsam aus. Das beruhigt.
2. Suche dir einen festen Stand und straffe deine Körperhaltung. (Wohin mit den Händen?)
3. Schaue die Zuhörer in aller Ruhe an, lasse deinen Blick langsam schweifen. (Ich bin hier der Experte!)
4. Nenne das Thema und erkläre kurz den Aufbau deines Vortrags. (Überblick vermitteln.)
5. Rede frei und lebendig, damit niemand einschläft (Mimik und Gestik einsetzen). Variiere auch Stimme und Tonlage.
6. Lasse kleine Pausen und füge Wiederholungen ein.
7. Ermuntere deine Zuhörer am Ende dazu, Fragen zu stellen.
8. Sichere dir am Schluss einen guten Abgang, indem du dich bei deinen Zuhörern für ihre Aufmerksamkeit bedankst.

❶ Entwickelt in eurer Klasse einen Beobachtungsbogen für die Zuhörer. Die Checkliste und die Regeln können euch dabei helfen.

Ein Buch vorstellen

⚠ Wiederholen & weiterarbeiten

▶ Hier findest du eine Checkliste zur Erstellung einer ausführlichen Buchvorstellung. Findest du sie hilfreich? Du kannst Punkte streichen oder ergänzen und so eine eigene Checkliste entwickeln.

Was zu einer ausführlichen Buchbesprechung gehört

- [✓] Deckblatt
- [✓] Inhaltsverzeichnis
- [✓] Inhaltsangabe des Buches
- [✓] Charakterisierung der Hauptfigur(en)
- [✓] Kernaussage des Buches
- [✓] Autor/Autorin
- [✓] Persönliche Stellungnahme
- [✓] Eigener Beitrag zum Buch
- [✓] Literaturangaben
- [✓] Gut lesbare Schrift (Computer)
- [✓] Rechtschreibung und Zeichensetzung kontrollieren
- [✓] Absätze in den Texten
- [✓] Angemessener Umfang

CHECKLISTE [✓]

▶ Schreibe eine ausführliche Buchvorstellung zu einem Buch deiner Wahl.

▶ Manchmal ist die Anbindung an den Autor und seine Zeit sinnvoll, z. B. wenn das Buch in einer besonderen Zeit spielt. Dies ist eine anspruchsvolle Aufgabe, die auch nicht für alle Bücher geeignet ist. Für diese Aufgabe musst du
- dich informieren, in welcher Zeit das Buch verfasst worden ist.
- wissen, welche gesellschaftlichen Probleme es zu dieser Zeit gab.
- etwas über die wichtigsten Ereignisse zu dieser Zeit sagen können.
- die Handlung des Buches mit Zeit und Autor in Verbindung bringen.

Fragen wie die in den Sprechblasen kannst du dir dann stellen.

Ist das Buch heute noch aktuell?

Gibt es einen Zusammenhang zwischen dem Thema des Buches und unserem/deinem Leben?

Wie waren die gesellschaftlichen Verhältnisse zur dargestellten Zeit?

Kann man die Verhältnisse im Buch auf unsere heutige Zeit übertragen?

Findest du die im Buch beschriebenen Tatsachen oder Einstellungen auch in der heutigen Gesellschaft?

Infinitive helfen beim Satzbau

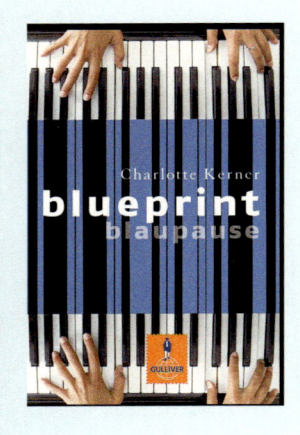

a) In dem Jugendbuch „Blueprint" von Charlotte Kerner geht es um ein Mädchen namens Siri. Es wurde entschieden, <u>dass sie geklont wird, damit sie die Klavierkarriere ihrer schwer erkrankten Mutter fortsetzt</u>. Der Roman spielt in einer nicht allzu fernen Zukunft, in der es die Möglichkeit gibt, <u>dass Menschen genetisch kopiert werden</u>.

b) In dem Jugendbuch „Blueprint" von Charlotte Kerner geht es um ein Mädchen namens Siri. Man entschied, <u>sie zu klonen</u>, <u>um sie die Klavierkarriere ihrer schwer erkrankten Mutter fortsetzen zu lassen</u>. Der Roman spielt in einer nicht allzu fernen Zukunft, in der es die Möglichkeit gibt, <u>Menschen genetisch zu kopieren</u>.

❶ Wie unterscheiden sich diese beiden Anfänge einer Inhaltsangabe? Vergleiche die unterstrichenen Sätze und achte dabei besonders auf die Einleitungswörter und das Verb.

MERKEN
Wörter verlängern
➔ Seite 238

> In Sätzen kommen nicht nur konjugierte Formen der Verben vor. Auch die Grundformen (Infinitive) können zum Bau von Sätzen gebraucht werden. Infinitivgruppen können sich auf ein Verb (… <u>entschied, sie zu klonen</u>, …) oder auf ein Nomen beziehen (… die <u>Möglichkeit</u> gibt, <u>Menschen genetisch zu kopieren</u>). Infinitivgruppen können auch mit Einleitungsworten auftreten: …, <u>um</u> sie die Klavierkarriere ihrer schwer erkrankten Mutter fortsetzen zu lassen.

❷ Ordne die Infinitivgruppen des Textes b) zu:
– Infinitivgruppe, die sich auf ein Verb bezieht: …
– Infinitivgruppe, die sich auf ein Nomen bezieht: …
– Infinitivgruppe mit Einleitungswort: …

❸ Achte in dem folgenden Abschnitt besonders auf die Satzzeichen: Bei welchen Infinitivgruppen muss immer ein Komma gesetzt werden?

Das Ziel von Siris Mutter ist, <u>sie nach einem genauen Plan zu erziehen</u>. Siri lernt Klavier, <u>anstatt in einen Kindergarten zu gehen</u>. Am Anfang ist Siri sehr bemüht <u>ihre Mutter nachzuahmen</u>. Als Siri älter wird, beginnt sie <u>sich zu ändern</u>. <u>Statt die Kopie ihrer Mutter zu sein</u>, möchte sie eine eigene Persönlichkeit werden. Sie zieht sich besonders an, <u>um sich zu unterscheiden</u>. Sie fängt an <u>ihre Mutter zu hassen</u>. Ihr Wunsch ist, <u>ihre Mutter als Pianistin zu besiegen</u>.

Über Sprache nachdenken

> *Infinitivgruppen müssen durch **Komma** abgetrennt werden,*
> – *wenn sie mit als, anstatt, außer, ohne, statt oder um eingeleitet werden:*
>   *Siri lernte Klavier, anstatt in einen Kindergarten zu gehen.*
> – *wenn sie sich auf ein Nomen beziehen:*
>   *Siri hatte das große Ziel, eine eigenständige Person zu sein.*
> – *wenn sie mit einem hinweisenden Wort (es, daran, das ...) angekündigt oder wieder aufgenommen werden:*
>   *Sie liebte es, besondere Kleidung zu tragen.*
>   *Sie hoffte darauf, besser als ihre Mutter zu werden.*
>   *Ein vorbestimmtes Leben zu leben, das ist Siris größte Sorge.*

MERKEN

1 Schreibe diesen kurzen Text ab und setze, wo es nötig ist, ein Komma, um die Infinitivgruppe zu markieren:

Siri durch ein großes Konzert der Öffentlichkeit als ihre Nachfolgerin vorzustellen das war Iris Plan. Anstatt Applaus zu ernten versagte Siri aber auf der Bühne. Iris erschien um das Konzert zu beenden. Danach vermied es Siri ihre Mutter zu sehen. Statt weiter ihrer Mutter nachzueifern gab sie das Klavierspielen endgültig auf und entschloss sich zu einem Bekannten nach Hamburg zu ziehen. Sie entdeckte an sich das neue Talent sich durch Malerei auszudrücken. Nach Iris' Tod gelingt es ihr ein eigenes Leben zu leben und sie wird eine bekannte bildende Künstlerin.

> *Um die Gliederung des Satzes deutlich zu machen, ist es erlaubt, auch bei anderen Infinitivgruppen Kommas zu setzen. Das kann sinnvoll sein, wenn Infinitivgruppen zu lang werden oder am Anfang des Satzes stehen:*
> *Siri entschließt sich (,) in der ihr fremden Stadt Hamburg ein neues Leben zu versuchen.*
> *Nach Hamburg zu gehen (,) beschließt Siri.*

MERKEN

2 Schreibe den folgenden kurzen Text ab und setzte die nötigen Kommas. Einmal solltest du durch ein Komma den Satz übersichtlich halten.

Auf die Gefahren der Gentechnik aufmerksam zu machen das ist das Anliegen dieses Buches. Vermutlich können viele Kinder Siris Problem verstehen, denn auch ohne Klontechnik versuchen Eltern ihr Kind nach ihren ehrgeizigen Vorstellungen zu formen. Um sich selbst zu finden darf das Leben eines Kindes nicht durch die Eltern vorbestimmt werden. Anstatt immer perfektere Kinder zu fordern sollten Eltern ihre Kinder so annehmen, wie sie sind.

Sätze mit Infinitven
➜ **Seite 233**

Silbentrennendes h oder Dehnungs-h?

MERKEN

Zur Erinnerung:
Das **silbentrennende h** *schreibt man, wenn die erste Silbe mit einem Vokal endet und die zweite mit einem Vokal beginnt:* nä**h**en, zie**h**en ...
Das h bleibt in verwandten Wörtern erhalten: genä**h**t, zie**h**t ...
Hinter au, äu *und* eu *steht* kein silbentrennendes h: *Trauer, Treue ...*

TIPP

Zweisilber erhältst du durch Verlängern oder durch Suchen nach Wortverwandten.

Wörter verlängern
➔ Seite 238

Wörter in Bausteine zerlegen
➔ Seite 240

① Entscheide, ob die folgenden Wörter mit silbentrennendem h geschrieben werden oder nicht. Suche dazu eine zweisilbige Wortform. Schreibe so:
die Drohgebärde mit *h*, weil *wir drohen*; *die Bäuerin* ohne *h*, weil *äu*, ...

die Dro◼gebärde   die Bäu◼erin   verdre◼t   abgebrü◼t
das Knä◼el   neu◼e   er nah◼t   anfeu◼ern   verblü◼t
du schau◼st   ausgespä◼t   er bau◼t   sie sie◼t
im Frü◼jahr   gefreu◼t   sie verzei◼t   die Glü◼birne

② Sieh dir die folgenden Wörter an:
abkühlen   teilnehmen   er wohnt   ihr   der Sohn   sehr
vornehm   der Fehler
Welche Buchstaben stehen jeweils vor und hinter dem h?

③ Schreibe den Merksatz ab und vervollständige ihn in deinem Heft.

MERKEN

Zur Erinnerung:
Neben dem silbentrennenden h gibt es auch das **Dehnungs-h**. *Es steht hinter einem* ▨▨▨ *und zeigt an, dass dieser lang gesprochen wird.*
Das Dehnungs-h steht in langgesprochenen Silben nur vor den Buchstaben ▨▨▨, ▨▨▨, ▨▨▨ *und* ▨▨▨: kü**h**len, ne**h**men, wo**h**nen, i**h**r ...
Es steht aber **niemals hinter Gr-/gr-, Kr-/kr-, P-/p-, Sp-/sp-, Sch-/sch-** *oder* **T-/t-**. *Beispiele:* Grab, Krümel, Pore, Schwan, Tal ...

④ Überlege, ob bei diesen Wörtern ein Dehnungs-h steht oder nicht:

la◼m   der Scha◼l   der Ha◼n   die Stü◼le   der Za◼n
gro◼b   die Gefü◼le   me◼r   das Gewe◼r   die Wa◼l
der Kra◼n   er na◼m   das Pa◼ket   die Ba◼n
das Gewü◼le   der Holzspa◼n   se◼r   der Ka◼n
der Verke◼r   die Ta◼fel   ka◼l   das Ma◼l   der Lo◼n

Richtig schreiben

5 Lies den folgenden Textausschnitt. Er stammt aus dem Buch „Das Leben ist voll hart" von Erhard Dietl.

Erhard Dietl

Voll kitschig – total süß!

Connies Eltern waren nicht zu Hause und wir gingen gleich in ihr Zimmer. Connie kramte Filzstifte raus und bat: „Mal aber was Schönes!"
„Was hättest du denn gern?", hab ich gefragt.
„Das überlasse ich dir." Dabei sah sie mich wieder so
5 intensiv an. Also hab ich mich neben sie aufs Bett gesetzt und mir ungefähr zehn Sekunden lang mein Hirn zermartert, was ich malen könnte, denn ich hatte null Ahnung. Vielleicht male ich ein paar schräge Monster, dachte ich, das kann ich gut. Oder einfach eine Gitarre und
10 darunter eine fetzige Unterschrift. Plötzlich hatte ich eine Eingebung und wusste genau, was ich malen muss. Erst mal hab ich einen Gaul gezeichnet, der über einen Graben springt. Das ist gar nicht so leicht auf einem Gips.
Aber es gelang mir gut. Mit flatternder Mähne und Zaumzeug, und
15 das Maul stand offen, als würde der Gaul gerade wiehern. Darauf hab ich zwei Menschen gesetzt, eine Frau und einen Mann. „Geil", fand Connie, „und jetzt mal ihnen noch zwei Herzluftballons!"
„Was soll ich malen?"
„Sie sollen rote Herzluftballons in der Hand halten. Bitte!"
20 Oh Gott, dachte ich, was für eine Idee. Voll kitschig! Ich hab also jedem einen fetten roten Herzluftballon an einer Schnur in die Hand gegeben.
„Total süüüß!", rief Connie und rückte dabei noch ein wenig näher an mich heran. Sie nahm den roten Filzstift und schrieb in die Herz-
25 luftballons ein C und ein O, Connie und Olli.
Ich musste meinen ganzen Mut zusammennehmen und hab meinen Arm um ihren Nacken gelegt. Dann haben wir uns geküsst. Das war erst mal komisch, weil ich extra meinen Kaugummi rausnehmen musste. Wir kicherten.

6 Übertrage die Tabelle in dein Heft. Trage alle Wörter mit silbentrennendem h oder Dehnungs-h aus dem Textausschnitt in die Tabelle ein.

Wörter mit silbentrennnendem h	Wörter mit Dehnungs-h
sah – sehen	

Tipps zum Üben findest du auf der ➜ **Seite 253/254**

Romeo und Julia – ein unsterbliches Liebespaar

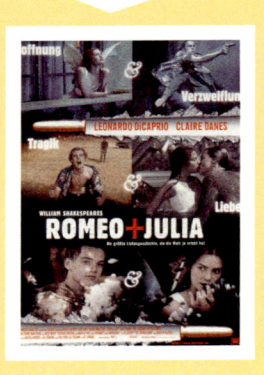

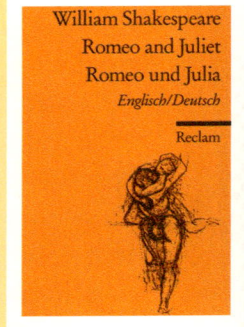

In diesem Kapitel begegnest du einem unsterblichen Liebespaar und ihrer „großen Liebe" zwischen Romantik und Tragik. Das Theaterstück „Romeo und Julia", das der englische Dichter William Shakespeare vor mehr als 400 Jahren geschrieben hat, ist seitdem immer wieder auf Theaterbühnen in der ganzen Welt gespielt worden. Die moderne Inszenierung eines jungen Theaters lernt ihr im zweiten Teil des Kapitels kennen.

In diesem Kapitel
- erfährst du, was mit Romeo und Julia geschah,
- lernst du den Dichter William Shakespeare kennen,
- kannst du dich über Theater, Schauspieler und Theaterberufe informieren,
- gibt es Anregungen, einige Szenen einzuüben,
- stehen Tipps für den Besuch einer Theateraufführung.

① **Woran denkt ihr spontan, wenn die Namen „Romeo und Julia" genannt werden?**

② **Was verrät euch die Illustration auf dieser Seite über das Schicksal der beiden? Welche Hinweise könnt ihr erkennen, welche Vermutungen anstellen?**

③ **Bei welcher Gelegenheit habt ihr schon etwas von Romeo und Julia erfahren?**

Die Geschichte von Romeo und Julia

Romeo und Julia verlieben sich

Zwei feindliche Familien
Vor mehr als 400 Jahren leben in Verona die zwei adligen und reichen Familien Capulet und Montague. Sie sind schon so lange miteinander verfeindet, dass niemand mehr genau weiß, warum man sich so sehr hasst. Fürst Escalus, der damals über Verona herrscht, ist über die häufigen Streitigkeiten sehr verärgert und besorgt und befiehlt den Familien, sich friedlich zu verhalten. Jedem, der den Frieden in der Stadt stört, droht er die Todesstrafe an.

Der Ball bei den Capulets
Graf und Lady Capulet haben nur ein Kind, Julia. Und Julia soll verheiratet werden, denn sie ist fast vierzehn Jahre alt. In diesem Alter waren damals viele Mädchen schon Ehefrauen und manche sogar Mutter. Gerade hat Graf Paris, ein Verwandter des Fürsten, beim Vater um Julias Hand angehalten. Graf Capulet hat ihn zu dem Ball eingeladen, den er abends in seinem Haus geben wird. Dort sollen sich die beiden das erste Mal begegnen und ineinander verlieben. Auch Julias Mutter und die Amme sind über den Heiratsantrag des Grafen sehr erfreut.

Die Montagues haben ebenfalls nur ein einziges Kind, Romeo, der gerade unter Liebeskummer leidet. Um ihn auf andere Gedanken zu bringen, macht ihm sein Freund Benvolio den Vorschlag, auf dem Ball der Capulets vorbeizuschauen. Und damit er nicht als Montague erkannt wird, wollen sie maskiert erschienen. Das war damals nichts Ungewöhnliches, junge Leute machten sich oft einen Spaß daraus, sich auf diese Weise uneingeladen unter die Gäste zu mischen.

Liebe auf den ersten Blick
Spät am Abend erscheinen Romeo und Benvolio zusammen mit ihrem Freund Mercutio, einem Verwandten des Fürsten, maskiert im Ballsaal der Capulets. Und da erblickt Romeo eine unbekannte Schöne, in die er sich auf der Stelle verliebt. Als er sich bei einem Diener nach dem Namen des Mädchens erkundigt, erkennt ihn Julias Cousin Tybalt an der Stimme. Tybalt gerät außer sich vor Wut wegen dieses unverschämten Montague, der es gewagt hat, ihr Haus zu betreten. Er will Romeo auf der Stelle töten, um die Ehre seiner Familie rein zu halten. Doch Julias Vater, sein Onkel, verbietet ihm, in seinem Hause etwas gegen einen Gast zu unternehmen. Und so kann Romeo sich Julia nähern und darf sie sogar küssen. Julia wird von der Leidenschaft seiner Gefühle angesteckt, und auch sie verliebt sich unsterblich in ihn.

Amme: *Ersatzmutter; vornehme Damen stillten ihre Babys nicht*

Romeo und Julia – ein unsterbliches Liebespaar

Ihn totzuschlagen kann nicht Sünde sein …

Mein Leben in der Hand des Feindes …

Eine unmögliche Liebe

Von der Amme, die Julia abholt, erfährt Romeo zu seinem Schrecken, dass seine Geliebte eine Capulet ist. Auch Julia erschrickt, als sie von der Amme Romeos Familiennamen „Montague" hört. Beiden wird klar, dass ihre Familien niemals eine Liebesbeziehung zwischen ihnen erlauben werden …

An den schlimmsten Feind häng ich mein Herz …

❶ Stellt euch vor, ihr wärt auch auf diesem Ball. Denkt euch kleine Szenen aus, die sich dort ereignen könnten: z. B. man trifft jemanden, führt eine kurze Unterhaltung, tanzt miteinander, verabredet sich …
Probt nach eurer Idee mit einem Partner/einer Partnerin und spielt die Szene der Klasse vor.

❷ Welche Gedanken gehen Julia und Romeo wohl durch den Kopf, sobald sie allein sind? Denk dir neue Inhalte für weitere Gedankenblasen aus!

❸ Was würdest du an Julias oder Romeos Stelle jetzt tun?

❹ Wie wird es wohl mit den beiden weitergehen? Was vermutest du?

Die berühmte Balkonszene

Nach dem Ball will Romeo in Julias Nähe sein und springt von der Straße über die Mauer in den Garten der Capulets, wo er nach ihrem Fenster Ausschau hält.

Romeo: Still, was für ein Licht bricht dort durchs Fenster?
Sie ist es, die ich liebe, ja sie ist's.
Ach, wenn sie es doch wüsste!
Julia sieht sehnsuchtsvoll zu den Sternen.

5 **Julia:** O Romeo, Romeo, warum bist du Romeo?
Es ist doch nur dein Name, der mein Feind ist:
Nenn dich doch einfach anders.
Ach, Romeo, leg deinen Namen ab, für ihn,
den du fürs Leben doch nicht brauchst,
10 nimm mich, mein Leben.

Romeo *(ruft wie wild)*: Ich nehm dich beim Wort!
Nenn mich Geliebter, und du taufst mich neu.

Julia: Wer bist du, der getarnt in der Nacht,
hier stolpert in mein Selbstgespräch.
15 Wie bist du hergekommen und wozu?
Die Mauern sind doch hoch, schwer zu erklettern,
der Ort dein Tod – bedenkt man, wer du bist –,
wenn einer unsrer Leute dich hier findet.

Romeo *(mit forscher Lässigkeit)*: Beschwingt von Liebe flog ich einfach drüber,
20 kein Hindernis aus Stein hält Liebe auf.
Was Liebe kann, das wagt die Liebe auch. Und deine Leute?
Scher dich nicht drum.

Julia: Wenn sie dich finden, bringen sie dich um.

Romeo und Julia – ein unsterbliches Liebespaar

Romeo: Vor ihren Blicken <u>hüll</u> ich mich in Nacht,
25   doch wenn <u>du</u> mich nicht <u>liebst</u>, solln sie mich finden.
      Viel besser, <u>sofort</u> tot durch ihren <u>Hass</u>,
      als <u>langsam</u> sterben <u>ohne</u> deine Liebe.
Julia: Du siehst, die Nacht <u>maskiert</u> mir das Gesicht,
      sonst würd ich <u>schamrot</u> vor Verlegenheit,
30   weil du heut Nacht gehört hast, was ich sagte.
      O <u>Romeo</u>, wenn du mich liebst, dann sag es <u>gradheraus</u>.
      Doch wenn du denkst, du kriegst mich zu schnell <u>rum</u>,
      dann zeig ich dir die kalte Schulter und sag <u>nein</u> …
      Ganz ehrlich, schöner Montague, ich lieb dich <u>zu</u> sehr,
35   vielleicht scheint dir, ich wär zu <u>leicht</u> zu haben, doch glaub mir,
      <u>ich</u> bin ehrlicher als <u>die</u>, die einen aus <u>Berechnung</u> zappeln lassen.
Romeo: Ich <u>schwöre</u> bei dem <u>heilgen</u> Mond da oben,
      der <u>Silber</u> auf <u>Obstbaumwipfel</u> tupft.
Julia: Schwör nicht beim Mond, <u>bloß</u> nicht beim Mond,
40   der <u>wechselt</u> doch <u>jeden</u> Monat, ist so unbeständig;
      Nachher liebst du <u>genauso</u> wechselhaft.
Romeo: Und worauf <u>soll</u> ich schwörn?
Julia: Schwör <u>überhaupt</u> nicht.
      Das geht zu schnell, zu unbedacht …
45   Gut Nacht, Geliebter.
Amme: Julia!
Julia: Nur <u>eins</u> noch, lieber Romeo, dann gut Nacht.
      Wenn du es <u>wirklich</u> ernst meinst mit der Liebe,
      die <u>Heirat</u> willst, dann gib mir morgen Antwort
50   Durch jemand, den ich zu dir schicken werde,
      <u>Wo</u> wir uns trauen lassen woll'n und <u>wann</u>.
      Dann leg ich dir mein Schicksal <u>ganz</u> zu Füßen
      Und folg <u>dir</u>, meinem <u>Mann</u>, wohin du willst.

❶ Übt diese Szene laut und gut betont mit verteilten Rollen zu lesen und stellt
anschließend eure Version der Balkonszene euren Zuhörern vor:
 – Die unterstrichenen Wörter können besonders hervorgehoben werden.
 – Lest nicht zu schnell und macht Pausen.
 – Versucht auch, einen Teil eurer Rolle auswendig zu lernen.
 – Unterstreicht den Textvortrag mit Arm- und Handbewegungen:
  Wendet den Kopf und passt eure Mimik den Worten an.
  Macht Schritte in die passende Richtung und bewegt den ganzen Körper.
  Behaltet dabei immer euer Publikum im Auge. Ihr sollt es dazu bringen,
  euch zuzuhören und zuzusehen und möglichst alles andere zu vergessen.

TIPP
Oft weisen Satzzeichen auf eine Pause hin, besonders die Punkte.

Vom Unglück bedroht

verbannen: *ausweisen, vertreiben*

Gnade: *Freisprechung*

Die heimliche Heirat

Romeo macht sich auf den Weg zum Kloster und erklärt dem Mönch Lorenzo, dass er Julia Capulet noch am selben Tag heiraten will. Und weil
5 Pater Lorenzo eine Chance sieht, dass eine Ehe zwischen den jungen Leuten die Feindschaft zwischen den Familien beenden kann, will er sie am Nachmittag trauen. Die Amme,
10 der Julia ihre Pläne verraten hatte, trifft Romeo und bringt Julia die gute Nachricht von der bevorstehenden Vermählung. Und so geben sich Romeo und Julia am Nachmittag vor
15 Pater Lorenzo das Jawort.

Romeo muss fliehen

Auf dem Heimweg gerät Romeo in einen Streit zwischen seinen beiden Freunden (Mercutio und Benvolio) und Tybalt. Tybalt fordert Romeo zu
20 einem Zweikampf heraus. Romeo will aber auf keinen Fall mit seinem neuen Verwandten kämpfen und erinnert alle an das Verbot des Fürsten. Doch der hitzige Mercutio greift
25 Tybalt an und wird von seinem Degen tödlich getroffen, als Romeo dazwischen geht, um den Streit zu schlichten. Mercutio verflucht die beiden feindlichen Familien und stirbt. Nun nimmt Romeo Rache und
30 ersticht Tybalt, dann flieht er. Als der Fürst den Tathergang erfährt, verurteilt er Romeo nicht zum Tode, aber er verbannt ihn aus der Stadt.

Die Amme bringt Julia die Nachricht
35 vom Tod ihres Vetters Mercutio und der Verbannung Romeos. Aber Julia will ihren Mann sehen und bittet sie, ihnen ein Treffen zu ermöglichen. Die Amme verspricht ihr, zu Pater
40 Lorenzo zu eilen, sie hat erfahren, dass Romeo sich bei ihm versteckt hat. Pater Lorenzo rät Romeo, nach Mantua in die Verbannung zu gehen. In dieser Stadt soll er abwarten, bis
45 es ihm gelingt, den Fürsten um Gnade für Romeo und eine Chance für das junge Paar zu bitten. Er hofft auch, dass Fürst Escalus mithelfen wird, die Familien miteinander zu
50 versöhnen, und dass Romeo zurückkehren darf. Lorenzo verspricht, Romeo von Zeit zu Zeit einen Boten mit Nachrichten zu schicken. Doch vorher darf er im Schutz der Dunkelheit
55 zu Julia, die voller Sehnsucht auf ihn und ihre Hochzeitsnacht wartet.

1 Schreibt in Partnerarbeit einen Dialog auf:
– entweder den zwischen der Amme und Julia (passend zu Zeile 35–43)
– oder den zwischen Pater Lorenzo und Romeo (passend zu Zeile 43–57)!

Glück und Verzweiflung

Julia soll Graf Paris' Frau werden
Inzwischen hat Graf Paris um Julias Hand angehalten. Graf Capulet, der nichts von der heimlichen Heirat seiner Tochter weiß, verspricht, ihm seine Tochter zur Frau zu geben. In drei Tagen soll die Hochzeit sein. Davon ahnt Julia noch nichts.

Romeo und Julias Liebesnacht
Nach Anbruch der Dunkelheit klettert Romeo mithilfe einer Strickleiter auf den Balkon und verbringt mit Julia die Nacht in ihrem Zimmer. Als der erste Vogel zu singen anfängt, will Julia erst nicht wahrhaben, dass ihre Liebesnacht schon vorbei ist. „Du willst schon gehen? Der Tag ist ja noch fern. Es war die Nachtigall und nicht die Lerche", sagt sie deshalb zu Romeo. Er weiß, in welcher Gefahr er ist, wenn er bei Julia entdeckt wird. Schweren Herzens schickt sie ihn fort, um ihn nicht in Lebensgefahr zu bringen.

Julia weigert sich, Paris zu heiraten
Kaum ist Romeo verschwunden, erscheint Julias Mutter. Sie glaubt, dass ihre Tochter wegen Tybalt todtraurig ist und dass die Hochzeit mit dem Grafen sie wieder glücklich machen wird. Julia zeigt sich aber nicht mit den Plänen der Eltern einverstanden. Der Vater beschimpft sie und befiehlt ihr zu gehorchen. Auch die Amme rät Julia zur Heirat mit Paris, den sie nun sogar für den besseren Mann hält. Julia ist von ihr enttäuscht und vertraut sich ihr nicht mehr an. Sie sucht Rat bei Pater Lorenzo.

Der Plan
Julia versichert Pater Lorenzo, dass sie lieber sterben will als ihrem Romeo untreu zu werden. Pater Lorenzo erkennt, dass es ihr nicht an Todesmut fehlt. Deshalb gibt er ihr ein Gift mit, das sie scheinbar tötet. Es bewirkt aber nur einen Schlaf, aus dem sie nach zweiundfünfzig Stunden aufwachen wird. So kann sie sich der Hochzeit entziehen. Und Pater Lorenzo gewinnt Zeit. Er setzt darauf, dass sich die Familien an Julias Grab versöhnen werden.
Julia erscheint bei ihrer Rückkehr zu Hause freundlich und willig folgsam in alles ein. Sie sucht mit der Amme noch ein Hochzeitskleid aus und schickt sie dann fort, ohne sie in den Plan einzuweihen. Obwohl sich Julia vor dem Gift und allem, was ihr bevorsteht, fürchtet, nimmt sie es ein.

Die Nachtigall singt nachts, der Gesang der Lerche kündigt den Morgen an.

❶ Bildet Gruppen und schreibt Dialoge für diese Szenen:
– Graf Paris hält bei Capulet um Julias Hand an und bekommt seine Zusage.
– Julia und Romeo verabschieden sich auf dem Balkon.
– Die Eltern sprechen mit Julia über die bevorstehende Heirat.
– Julia bespricht sich mit Pater Lorenzo.

Das Ende

Man brachte Julia in die Familiengruft, aus der sie Romeo, so sah es Lorenzos Plan vor, befreien sollte.

Doch der Brief, der seinen Plan erklärte, ging verloren. Ein Bote überbrachte ihm die Kunde von Julias plötzlichem Tod.

Romeo besorgte sich Gift und ging zur Gruft. Dort traf er auf Paris, der ihn wie besessen angriff und den er im folgenden Kampf tötete.

Romeo küsste Julia und trank das Gift. Zu spät traf Lorenzo ein, dem nun klar wurde, dass Romeo seinen Brief nicht erhalten hatte.

Lorenzos Aufschrei weckte Julia, die ihren geliebten Romeo leblos neben sich liegen sah.

Als er Stimmen hörte, floh der Mönch. Julia, die sich ein Leben ohne Romeo nicht vorstellen konnte, nahm dessen Dolch, erstach sich und sank leblos über ihrem toten Gatten zusammen.

Tief erschüttert sahen die Familien Montague und Capulet, was sie mit ihrem Hass angerichtet hatten. Lord Capulet und Lord Montague gelobten, jeder im Gedenken an das Kind des anderen eine Statue aus Gold fertigen zu lassen. So begruben sie ihren Streit, zusammen mit ihren geliebten Kindern, der lieblichen Julia und ihrem Romeo.

Tragödie: *Theaterstück mit traurigem Ende, Trauerspiel*

1 Was meint der Zuschauer mit seiner Bemerkung?

Romeo und Julia – ein unsterbliches Liebespaar

Haben Romeo und Julia wirklich gelebt?

Bekannt wurde die Geschichte von Romeo und Julia durch William Shakespeares Drama „Romeo and Juliet".

Shakespeare wurde am 26. April 1564 in der englischen Stadt Stratford-apon-Avon getauft, wie man dort im Kirchenregister nachlesen kann. Da seine Mutter aus einer reichen Familie kam, kann man annehmen, dass er auf die Lateinschule in der Stadt geschickt wurde. Er heiratete mit 18 Jahren im Jahre 1582 (da war er so alt wie Romeo). 1583 wird eine Tochter geboren, 1585 bekommt das Paar Zwillinge. Die folgenden Jahre nennt man die „verlorenen Jahre", weil aus dieser Zeit nichts überliefert ist. Danach beweisen wieder Dokumente, dass er 1592 in London als Mitglied einer Schauspieltruppe, Stückeschreiber und Dichter lebte. 1599 wird er als Mitbesitzer des „Globe", eines Theatergebäudes, in dem seine Truppe spielte, genannt. Die Schauspieltruppe spielte auch am Hof von Königin Elizabeth I. und für ihren Nachfolger König Jakob I. Da sie seine Lieblingstruppe wurden, durften sie sich die „King's Men" nennen. Shakespeare wurde also nicht nur ein bekannter Mann, sondern auch so reich, dass er sich noch ein überdachtes Theater in London für die Winterzeit kaufen konnte. Und 1597 erwarb er auch das zweitgrößte Haus in seiner Geburtsstadt, wo er am 23. April 1616 starb.

Den Stoff für seine Stücke fand er in Märchen, Sagen oder Erzählungen. Manchmal schrieb er auch andere Stücke um oder dachte sich eine Fortsetzung als neues Stück aus. 1595 schreibt er „Die ganz vorzügliche und höchst beklagenswerte Tragödie von Romeo and Juliet", die bis heute auf den Bühnen in aller Welt häufig gespielt wird. Sie wurde auch nach- oder weitererzählt, z. B. als Musical, und mehrfach verfilmt. Als Vorlage benutzte Shakespeare die Erzählungen seiner Landsmänner Brooks und Painter, die das Werk eines französischen Autors nutzten, der wiederum auf italienische Autoren zurückgegiffen hatte. Aber schon in der Antike kannte man Erzählungen von Liebespaaren, die lieber auf ihr Leben verzichteten als auf ihre große Liebe. Vielleicht hatte er als Lateinschüler davon gelesen. Er lässt sein Stück in Verona zur Zeit der Renaissance spielen, in der Epoche, in er selber lebte und in der sich auch seine Zuschauer gut auskannten, in die wir uns aber 400 Jahre zurückversetzen müssen.

William Shakespeare

Drama: *Schauspiel, Theaterstück*

Lateinschule: *so hießen damals die weiterführenden Schulen*

❶ Gestalte einen Steckbrief zu William Shakespeare.

❷ Woher hatte Shakespeare seine Ideen?

❸ Warum gelten Romeo und Julia als „unsterbliches" Liebespaar?

Eine Inszenierung am Jungen Theater Bonn

Im Januar 2009 fuhr eine Gruppe von Schülerinnen und Schülern nach Bonn, um dort eine Aufführung von Romeo und Julia am Jungen Theater (JTB) zu besuchen. Sie hatten sich vorher mit dem Inhalt des Stückes vertraut gemacht, auch den Film mit Leonardo di Caprio angeschaut und freuten sich jetzt darauf, „Romeo und Julia" auf der Bühne zu sehen. Besonders neugierig waren sie auf das Zusammentreffen mit den Schauspielern nach der Vorführung, denn das Theater bietet seinen Besuchern die Möglichkeit eines anschließenden Ensemblegespräches. Sie hofften auf ihre Fragen, die sich ihnen während der Vorbereitung gestellt hatten, Antworten zu bekommen und freuten sich auf die Unterhaltung mit den Schauspielern.

Ensemble: alle Schauspieler an einem bestimmten Theater oder in einem Stück

Schon der Blick auf die offene Bühne und das Bühnenbild steigerte die Erwartung. Und als dann das Spiel mit den ersten Streitigkeiten begann, die vom Fürsten streng beendet wurden, merkte man am Zwischenapplaus, dass es dem Publikum gefiel. In der Pause war man sich einig, dass es besser ist, das Stück „live" auf der Bühne zu sehen als im Film. Am Ende applaudierten die Zuschauer begeistert, erschienen ja auch alle Darsteller wieder lebendig vor ihrem Publikum und verbeugten sich dankend.

Romeo und Julia – ein unsterbliches Liebespaar

Nach der Vorstellung versammelten sich die Schülerinnen und Schüler im Foyer und warteten gespannt auf die Schauspieler.

Foyer: Vorhalle, wo man umhergeht und eine Erfrischung zu sich nehmen kann

- Wie sind Sie Schauspieler/Schauspielerin geworden?
- Wären Sie lieber ein Filmstar?
- Wie wurden die Fechtszenen geprobt?
- Wie schafft man es, einen so schwierigen alten Text zu lernen?
- Was passiert, wenn man im Text hängen bleibt?
- Wie lange haben Sie geprobt?
- Warum wurde dieses Theaterstück ausgewählt?
- Welchen Einfluss hat das Publikum auf Ihr Spielen?
- Wie kamen Sie zu Ihrer Rolle? Sind Sie mit Ihrer Rolle zufrieden?

TIPP
Sprechblasen, die die gleiche Farbe haben, gehören zu dem gleichen Abschnitt des Berichts.

❶ Findet Antworten auf die Fragen der Schülerinnen und Schüler in dem Bericht S. 186–189. Ihr könnt dabei die folgende Methode erproben:

Gruppenpuzzle

METHODE

1. Bildet Stammgruppen mit 4 Mitgliedern. Teilt die Aufgaben (Fragen) unter euch auf. Jedes Gruppenmitglied wird nun Experte für sein Thema.
2. Jeder Experte bearbeitet still seine Teilaufgabe (Zeit vereinbaren). Er notiert Aufgabe und Lösung auf einem Blatt.
3. Nach der Stillarbeit setzen sich die Experten aus allen Stammgruppen zu einer Expertenrunde zusammen und tauschen ihre Arbeitsergebnisse aus. Jeder kann dabei sein Ergebnis verbessern oder ergänzen.
4. Danach gehen alle Experten in ihre Stammgruppe zurück und informieren nacheinander die Gruppenmitglieder über ihr Thema.
5. Man kann jetzt noch eine neue Gruppe aus Experten bilden und diese vor der ganzen Klasse vortragen lassen.

Das Ensemblegespräch

Nach und nach kamen die meisten Schauspieler ins Foyer und setzten sich in ihren Alltagskleidern zu der Schülergruppe. Ein bisschen verlegen wurden die ersten Fragen gestellt. Aber weil die Darsteller gern und freundlich Auskunft gaben, war bald eine lebhafte Unterhaltung im Gange. Es entwickelten sich auch immer wieder Nebengespräche zwischen einzelnen Nachbarn. Einige nutzten auch die Chance, sich mit ihren „Stars" fotografieren zu lassen.

Linda und Gisela mit „Mercutio" (Mitte) und „Diener"

Besetzung der Rollen

Der Regisseur erzählte, dass er sich für die Inszenierung von „Romeo und Julia" entschieden hatte, weil die jungen Darsteller in ihrer Ausbildung gerade so weit waren, eine Rolle in diesem Stück zu spielen. Sie hatten schon Theaterkurse am JTB besucht, manche hatten auch schon in früheren Aufführungen mitgespielt. Und sie waren zum Probenbeginn im gleichen Alter wie die jungen Leute im Stück, z. B. Julia 14 Jahre und Romeo 17 Jahre alt. Andere bekamen ihre Rolle bei einem Casting. Sie hatten sich gemeldet, weil sie schon an ihren Schulen bei Theateraufführungen mitgewirkt hatten.

Alle Schüler meistern beide Berufe mit „Diziplin, Disziplin, Disziplin", wie sie uns lachend sagten. Morgens sind sie in der Schule, danach fahren sie sofort zur Probe und abends spielen sie auf der Bühne, hinzu kommen noch Reisen zu Gastspielen an Schulen und auf anderen Bühnen. Der Darsteller des Tybalt macht gerade eine Ausbildung als Veranstaltungskaufmann am JTB.

Die Rollen der Erwachsenen sind mit den Ensemblemitgliedern des Theaters besetzt, sie sind fest angestellte Profis. Wie der Regisseur versicherte, war es nicht schwierig, jede Rolle in Übereinstimmung mit dem Aussehen und dem Charakter der Schauspieler passend zu besetzen. Und alle, nicht nur die Hauptpersonen, versicherten, mit ihrer Rolle zufrieden zu sein, sie am liebsten zu spielen. So sagte beispielsweise „Mercutio", dass er seine Rolle, in der er lustig, frech und kämpferisch sein kann, ganz besonders mag und nicht mit Romeo tauschen wollte.

Romeo und Julia – ein unsterbliches Liebespaar

Die Probenarbeit

Sobald die Besetzung festgelegt war, fingen die Proben an.

Zuerst musste der Inhalt des Stückes geklärt und verstanden werden, dabei wurde der Text immer wieder gelesen. „Man muss mit dem Text eine Hochzeit feiern", nannte das die „Amme".

Dann folgte eine intensive Probezeit, zwei Monate lang wurde täglich geprobt. Dabei lernt man nicht nur das auswendige Sprechen der Rolle, sondern auch, wie man sich bewegt, wo man steht und was man tun muss. Romeo zum Beispiel imponiert damit, wie flink er sich auf den Balkon schwingen kann.

Am meisten bewunderten die Zuschauer das Fechten mit den Degen. Hierfür dachte sich „Herr Montague" die Choreographie für jeden Schritt und Schlag mit dem Degen aus. Jeder Fechter muss genau nach Plan die richtige Bewegung machen, damit niemand verletzt wird und das Kämpfen flüssig und wie echt abläuft. Man kann es mit einer Tanzszene vergleichen, für die man auch jede Bewegung einüben muss.

Familie Capulet begrüßt die Ballgäste

Anna und „Romeo"

Choreographie: *Festlegung von Schritten und Bewegungen*

Zwei „Dienerinnen" mit Regisseur Lachnit und „Pater Lorenzo" im Hintergrund

Arbeit am Text

Anfangs machte den Jugendlichen die altmodische Sprache große Schwierigkeiten, wie sie zugaben. „Man muss diese Sprache in den Mund kriegen", sagte der Regisseur. Und je mehr sie diese Texte lernten, um so mehr gefiel es den jungen Leuten, sich so gut ausdrücken zu können, so gut passende Worte für Gedanken und Gefühle zur Verfügung zu haben. Und als sie dann auch in den Kostümen spielen konnten, fiel es ihnen noch leichter, sich in die Zeit und die Personen hineinzuversetzen.

Das Publikum hätte sie auch an diesem Abend mit seiner guten Stimmung angespornt, ihr Bestes zu geben, verrieten sie uns. Der Regisseur war mit der Aufführung deshalb sehr zufrieden und lobte sein Ensemle. Er verriet auch, dass sich Schauspieler, wenn sie die Gefühle der Personen, die sie verkörpern, so intensiv nachempfinden, oft richtig ineinander verlieben.

Übrigens, Angst davor, den Text zu vergessen, hat niemand. Alle versicherten, dass man nicht hängen bleiben würde, die meisten könnten sowieso auch die Rollen der Mitspieler durch das häufige Proben auswendig und würden sich unauffällig gegenseitig helfen. Deshalb gibt es bei ihnen keine Souffleuse, die den Text mitliest und leise vorsagt.

Berufswünsche

Als wir von den Schauspielern wissen wollten, ob sie lieber in einem Film mitspielen möchten, meinten alle, dass ihnen die Bühne
135 lieber sei, weil sie sich dort im Spiel vom Anfang bis zum Ende entwickeln könnten und nicht nur eine Szene immer wieder wiederholen müssten.

140 Die „Amme" als die älteste Schauspielerin erzählte, dass sie von dem Moment an, als sie als 16-Jährige in Berlin zum ersten Mal ein Theaterstück auf der Bühne sah,
145 Schauspielerin werden wollte. Und sie hatte das Glück, dass ihre Eltern ihr dazu gratulierten und sie unterstützten. Man glaubt ihr, dass sie ihren Beruf für den Schönsten
150 hält, wenn man miterlebt hat, wie großartig und intensiv sie ihre Rolle spielt und wie viel Applaus sie dafür bekommt. Wie sie das schafft? „Schauspielern ist die stän-
155 dige Abwechslung von Entspannung und Energie", erklärte sie uns.

Beeindruckt fuhren die Theaterbesucher erst spät nach Hause.
160 Und am nächsten Tag in der Schule erzählten sie ihren Mitschülern, wie es im Theater gewesen war, und zeigten stolz ihre Fotos herum.

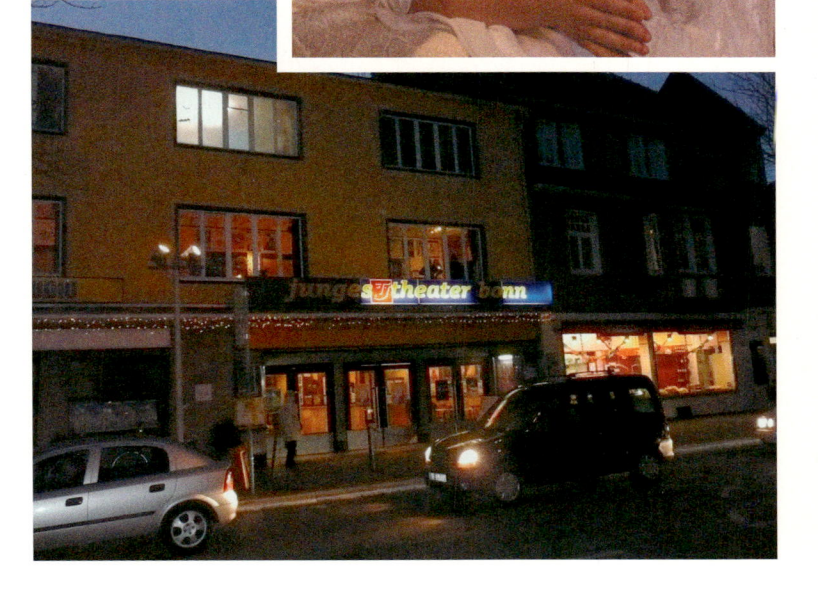

Berufe am Theater

An einer Theateraufführung wirken noch viele andere Personen als nur die Schauspieler, die auf der Bühne stehen, mit. Darauf wird z. B. im Programmheft zu einer Aufführung hingewiesen:

Etat: Haushalt
Subvention: Öffentliches Geld als Zuschuss
Gage: Künstlergehalt

Intendant/in: Geschäftsführer und Leiter des Theaters, verwaltet den Etat, zahlt aus Einnahmen und Subventionen alle Ausgaben, z. B. Gehälter, Gagen und Rechnungen, macht den Spielplan.

Regisseur/in: verantwortlich für Auswahl und Produktion der Stücke, besetzt die Rollen, führt Castings durch, plant das Bühnenbild, arbeitet mit allen Beteiligten bei Planung, Probenarbeit und Ausführung zusammen.

Bühnenbildner/in: entwirft und plant die Bühnenbilder, fertigt sie in der Werkstatt an oder lässt die Entwürfe von Theaterschreinern und -malern herstellen.

Requisit: Zubehör

Kostümbildner/in: entwirft die Kostüme und näht sie oder lässt sie von Theaterschneidern anfertigen, sorgt dafür, dass die Kostüme gereinigt und gut verwahrt werden und betreut die Requisiten.

Tournee: Gastspielreise

Veranstaltungstechniker/in: ausgebildet in Elektrik, Mechanik (z. B. nötig für Drehbühne), Holztechnik; verantwortlich für Beleuchtung, Geräusch und Musikeinspielung, Spezialeffekte, z. B. mit Nebelmaschine: bedient und wartet alle Maschinen; ausgebildeter Sicherheitsexperte, z. B. für den Transport des Bühnenbildes mit Lkw bei Gastspielen oder Tourneeaufführungen; angestellt für die technische Leitung.

Andere beteiligte Berufe:
- **Feuerwehrleute** müssen die Sicherheit, z. B. die Fluchtwege, prüfen und überwachen und jede Produktion abnehmen,
- **Sanitäter**, auf Abruf oder anwesend (in großen Theatern).

❶ Welche Arbeiten könnten Menschen mit diesen Berufen an einem Theater erledigen?
Lkw-Fahrer/in   Reinigungsfachkraft   Friseur/in
Dekorateur/in   Kosmetiker/in   Modellbauer/in

❷ Welche anderen für das Theater nützlichen Berufsausbildungen fallen euch noch ein?

Romeo und Julia – ein unsterbliches Liebespaar

⚠ Wiederholen & weiterarbeiten

▶ Einen Theaterbesuch organisieren und dokumentieren

Theater, Schauspielhäuser oder Bühnen gibt es in allen Städten und oft auch in kleineren Orten. Ihr könnt euch hierüber im Lokalteil eurer Zeitung oder auf der Homepage eures Wohnortes informieren.

Vor dem Theaterbesuch:
- Informiert euch, wo sich das nächste Theater in eurer Nähe befindet. Gibt es auch ein Jugend-oder Kindertheater? Welche Stücke stehen auf dem Spielplan? Gibt es Theateraufführungen an eurer Schule? …
- Entscheidet euch für ein Stück, das ihr gern sehen möchtet.
- Besorgt euch den Rollentext und lest das Stück. Klärt den Inhalt, übt das laute Lesen, spielt Szenen oder Teile davon …
- Besorgt euch Eintrittskarten und Theaterprospekte in einer Vorverkaufsstelle oder an der Theaterkasse.
- Ruft im Theater an und fragt nach, ob ein Ensemblegespräch möglich ist.
- Viele Besucher zeigen mit ihrer Aufmachung, dass für sie ein Theaterbesuch etwas Besonderes ist: Überlegt, was ihr anziehen wollt. Nimm euch Zeit, euch vorher zurechtzumachen.

Im Theater:
- Die Platzanweiser verkaufen Programmhefte. Darin steht Interessantes über das Stück sowie Schauspieler und sonstige Mitwirkende. Manchmal kann man auch ein Plakatposter bekommen.
- Ihr könnt auch im Theater Fotos machen, z. B. vom Zuschauerraum oder der Bühne, aber nicht während der Aufführung.
- Genießt die Aufführung und spart nicht mit Applaus!
- Schaut euch in der Pause um und nutzt die Chance, Theaterleute zu befragen.

Nach dem Theaterbesuch:
- Legt Theaterordner an und sammelt darin Eintrittskarten, Programme, Schauspielerfotos und -autogramme, eigene Fotos, Berichte über Aufführungen und Premieren, Kritiken und Leserbriefe (auch selbst geschriebene).
- Vielleicht habt ihr Lust bekommen, selbst Theater zu spielen: in einer Arbeitsgemeinschaft eurer Schule oder einer Jugendgruppe …

Premiere: *erste Aufführung einer Inszenierung eines Stückes*

Wollen, dürfen, sollen ... – kleine Verben, große Bedeutung

Romeo und Julia sind hin- und hergerissen zwischen ihren eigenen Wünschen und dem, was von ihnen erwartet wird. Sie sehnen sich danach, ihre Liebe zu leben, und ahnen doch, dass die Feindschaft ihrer Familien ihren sehnlichsten Wunsch unmöglich macht.

1 Erstelle in deinem Heft eine Tabelle und ordne die Modalverben *können, müssen, wollen, sollen, mögen* und *dürfen*, soweit es geht, ein.

Eigene Wünsche ausdrücken	Erwartungen anderer ausdrücken

MERKEN

> Mit den **Modalverben** können, müssen, wollen, sollen, mögen, dürfen kann man ausdrücken, ob etwas den eigenen Wünschen entspricht oder ob man Aufforderungen und Erwartungen anderer nachkommt. Durch die Verwendung von Modalverben wird die Aussage von Sätzen verändert:
> Ich <u>kann</u> die Nachtigall hören. Ich <u>muss</u> die Nachtigall hören.
> Ich <u>darf</u> die Nachtigall hören. Ich <u>möchte</u> die Nachtigall hören.

2 Schreibe die Sätze ab und ergänze jeweils das Modalverb, das deiner Meinung nach am besten zu der Geschichte von Romeo und Julia passt.
   a) Graf Paris ▒▒▒▒▒ Julia heiraten.
   b) Romeo ▒▒▒▒▒ auf dem Ball der Capulets eine Maske tragen.
   c) Julias Cousin ▒▒▒▒▒ den demaskierten Romeo töten.
   d) Die Capulets ▒▒▒▒▒ das Gastrecht achten.
   e) Romeo ▒▒▒▒▒ Julia auf dem Ball küssen.
   f) Julia ▒▒▒▒▒ ihn nicht wiedersehen.
   g) Romeo ▒▒▒▒▒ auf Julia verzichten.
   h) Julia ▒▒▒▒▒ Romeo treffen.
   i) Pater Lorenzo ▒▒▒▒▒ den beiden helfen.
   j) Julia ▒▒▒▒▒ sich für Romeo zum Schein vergiften.

3 Vergleicht eure Sätze und begründet mündlich eure Entscheidung.

über Sprache nachdenken

Die Frage ist, wer es ist – indirekte Fragesätze

Eine Schauspielerin spricht folgenden Text in direkter Rede auf der Bühne:
Julia: Wer bist du, der getarnt in der Nacht,
hier stolpert in mein Selbstgespräch.
Wie bist du hergekommen und wozu?

Ein Theaterkritiker, der für eine Zeitung einen Theaterbericht schreibt, formuliert in seiner Besprechung:
In der Balkonszene stellt Julia sich die Frage, wer es ist, der, getarnt in der Nacht, in ihr Selbstgespräch stolpert. Sie möchte wissen, wie und wozu er gekommen ist.

1 Wie hat der Theaterkritiker den Dramentext in seinen Bericht eingebaut und dabei verändert?

> Mit den **Fragepronomen** *wann, wer, wohin, was, warum, wozu usw.* **kann man Sätze verbinden:**
> Julia ist besorgt. Was wird ihre Familie Romeo antun?
> → Julia ist besorgt, was ihre Familie Romeo antun wird.
> Dabei wandert die veränderliche Form des Verbs an das Ende des Satzes:
> Aus dem Fragesatz wird ein Nebensatz. Solche Satzverbindungen mit Fragepronomen heißen **indirekte Fragesätze**.

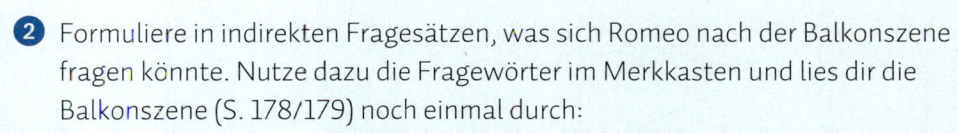

MERKEN

2 Formuliere in indirekten Fragesätzen, was sich Romeo nach der Balkonszene fragen könnte. Nutze dazu die Fragewörter im Merkkasten und lies dir die Balkonszene (S. 178/179) noch einmal durch:
Romeo fragt sich, …   Romeo überlegt, …   Romeo denkt darüber nach, …
Romeo ist besorgt darüber, …   Romeo geht durch den Kopf, …

3 Schreibe den folgenden Satz ab. Kreise alle Konjunktionen, Relativpronomen und Fragepronomen ein und setze dann die nötigen Kommas:
Julia die von Romeos Schwüren nichts wissen will möchte von Romeo einen Ort erfahren wo sie heimlich getraut werden können weil sie ihn heiraten will obwohl ihr klar ist dass ihre Familien dieser Heirat nicht zustimmen werden und sie sich beide in große Gefahr begeben.

4 Schreibe einen Satz, in dem du eine Konjunktion, ein Relativpronomen und ein Fragepronomen benutzt. Setze die nötigen Kommas.
Du kannst den Satz auch einem Partner geben, damit er die Kommas setzt.

Arbeit mit dem Wörterbuch

Um schnell Wörter nachzuschlagen, musst du sicher im Umgang mit dem Alphabet sein.

1 Schreibe die folgenden Wörter in alphabetischer Reihenfolge auf:

Inszenierung Theater Szenen Illustration maskieren Mimik
Publikum Renaissance Ensemble Choreographie Charakter
Souffleur Requisite

2 Schlage die Wörter nun nach und notiere die Seitenzahl hinter dem Wort. Ergänze auch den Artikel. Mithilfe der Seitenzahl kannst du überprüfen, ob du richtig nach dem Alphabet sortiert hast.

3 Die Wörter oben stammen aus der Welt des Theaters. Sprecht über die Schreibung der Wörter: Welche Besonderheiten bei der Rechtschreibung, welche schwierigen Stellen haben die einzelnen Wörter?

4 Sammle Wörter mit ähnlicher Rechtschreibung wie die Wörter oben, z. B. Wörter mit *ch, th* ...

> **MERKEN**
>
> *Die Schreibung einiger Wörter kannst du dir mithilfe der Rechtschreibstrategien nicht herleiten. Um sicherzustellen, wie sie geschrieben werden, hilft oft nur ein* **Wörterbuch**.

5 Sina möchte ein Wort schreiben, weiß aber nicht, wie es geschrieben wird. Gesprochen wird es „KORMUSIK". Nun überlegt sie, wo sie im Wörterbuch nachschlagen soll.
Welchen Tipp kannst du ihr geben?

> **MERKEN**
>
> *Überlege beim Nachschlagen von Wörtern immer, mit welchen Buchstaben ein Laut zu Beginn eines Wortes geschrieben werden könnte, und schlage bei diesem* **Anfangsbuchstaben** *nach.*
> *Zum Beispiel kann der Laut [k] mit den Buchstaben k, ck, c oder ch geschrieben werden.*

6 Wie lautet die richtige Schreibweise für Sinas gesuchtes Wort? Überprüfe mit dem Wörterbuch.

Richtig schreiben

7 Die folgenden Wörter sind so geschrieben, wie man sie im Deutschen ausspricht:

GAASCHE   LEIENDARSTELLER   ORKESTER   PREMJÄRE

Schlage die Wörter im Wörterbuch nach und schreibe sie richtig auf.
Schreibe auch die Bedeutung der Wörter dazu:
die Gage: Entlohnung von Schauspielern, Sängern, Musikern; der ...

8 Sieh dir den Wörterbucheintrag in der Randspalte an.
– Welche Information findest du in den eckigen und den runden Klammern?
– Welche Informationen findest du zu diesem Wort in deinem Wörterbuch?

Happening, das [häpening] (besonderes Ereignis, Kunstveranstaltung mit Aktionen); des Happenings, die Happenings; Hap-pe-ning

9 Schlage folgende Begriffe in deinem Wörterbuch nach:

Bandage   Aerobic   Yankee   Animateur   ungeniert   Trikot
Atelier   Lasagne   Mountainbike   zappen   Aftershave   Toupet
Memoiren   Accessoire   Trance   Message   Ampere   Baguette
Montage   Patrouille

Schreibe die Wörter mit Artikel, richtiger Aussprache und Bedeutung auf:
die Hardware [hadwär]: technische Ausstattung von Rechnern, ...

> **Zur Erinnerung:**
> Beim Nachschlagen musst du immer nach der **Grundform** eines Wortes suchen.
> Bei Verben ist das der *Infinitiv (gewogen → wiegen),*
> bei *Adjektiven* der *Positiv (am besten → gut).*
> Bei *zusammengesetzten Nomen* musst du häufig die *einzelnen Wörter*
> *nachschlagen (der Theaterschauspieler → das Theater – der Schauspieler).*

MERKEN

10 Schlage die folgenden Wörter nach:

die Meniskusoperation   genoss   die Theateratmosphäre
misslungen   die Balletttänzerin   am nächsten   geschrien
die Parfümabteilung   gewusst   am meisten   du warst
die Regieassistentin

Notiere die Grundform und die Seitenzahl im Wörterbuch:
die Meniskusoperation: der Meniskus (S. ...), die Operation (S. ...) ...

Mit dem Computer arbeiten

In diesem Kapitel lernst du, eine Datei mit mehreren Seiten (zum Beispiel eine Praktikumsmappe, eine Literaturarbeit oder ein Referat) am Computer zu schreiben und zu gestalten.

Wenn du dieses Kapitel bearbeitet hast, kannst du
– Titelseiten gestalten,
– Inhaltsverzeichnisse anlegen,
– Tabellen in ein Dokument einfügen,
– Seiten gestalten und
– einen längeren Text ausdrucken.

Praktikumsmappe
von meinem Praktikum
in der Zeit vom 2. Februar bis 14. Februar
2009
in der Gärtnerei Blumenhaus

Sina Schneider
Gutenbergschule

Meine Praktikumsmappe

von: **Sarah Heinzelmann**
Hauptschule Erfttal
Zeit: 4. Mai bis 15. Mai 2009
Betrieb: Bäckerei Müller, Erfttal

① Beschreibe die Titelseiten der Praktikumsmappen:
 – Welche Informationen werden gegeben?
 – Aus welchen Elementen sind die Titelseiten aufgebaut?

② Welche Titelseite gefällt dir am besten? Warum?

③ Hast du Verbesserungsvorschläge?

Ein einheitliches Layout wählen

Eine Praktikumsmappe kann ganz verschiedene Teile enthalten:
- die Titelseite,
- das Inhaltsverzeichnis,
- die Bewerbungsunterlagen (Lebenslauf, Bewerbungsschreiben),
- die Erwartungen an das Praktikum,
- die Beschreibung der Firma,
- die Tagesberichte,
- ein oder mehrere Wahlthemen,
- die Praktikumsbewertung,
- Fotos und Material aus dem Praktikum,
- ...

Damit die Mappe einheitlich und ansprechend aussieht, ist es wichtig, sich für ein Layout zu entscheiden: Alle Seiten der Mappe sind in gleicher Weise aufgebaut.

❶ Öffne eine neue Seite im Textverarbeitungsprogramm. Um die voreingestellte Seiteneinrichtung zu erkennen, musst du das Fenster **Datei** öffnen und hier **Seite einrichten** wählen.

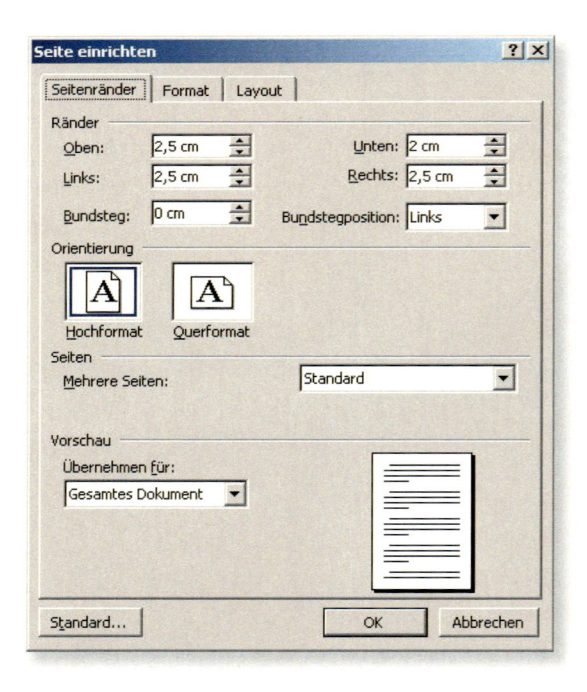

❷ Welche Informationen zu deiner Seite kannst du aus diesem Fenster ablesen?

Mit dem Computer arbeiten

Die voreingestellten Ränder sind Standardränder und können in der Regel so übernommen werden. Wichtig ist auch, dass du dich für eine einheitliche **Schriftart** entscheidest. In der Regel schreibt man mit Arial oder Times New Roman in Schriftgröße 12. Wähle eine klare, nicht verschnörkelte Schriftart.

❸ Öffne das Fenster **Ansicht** und wähle hier **Kopf- und Fußzeile** aus.

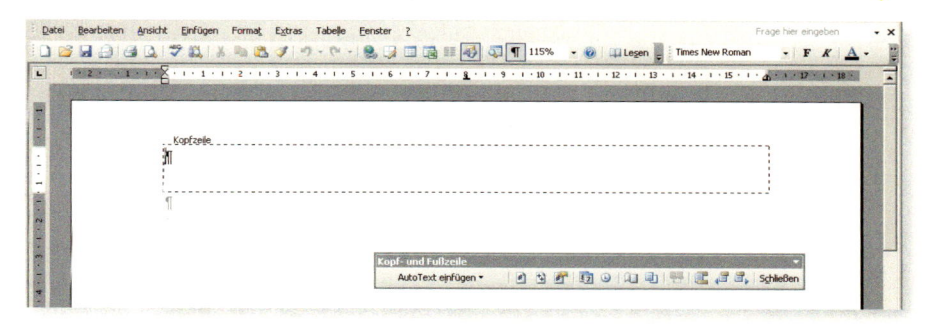

❹ Gib in das Textfeld für die Kopfzeile beispielsweise „Praktikumsmappe ..." ein. Diese Kopfzeile erscheint dann auf jeder neuen Seite.

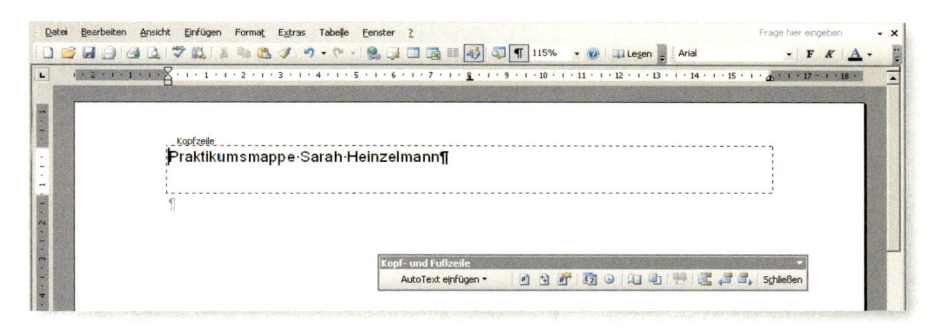

❺ Bevor du das Fenster schließt, solltest du als Fußzeile unter **AutoText einfügen–Seite** wählen. So erscheint auf jeder Seite die aktuelle Seitennummerierung.

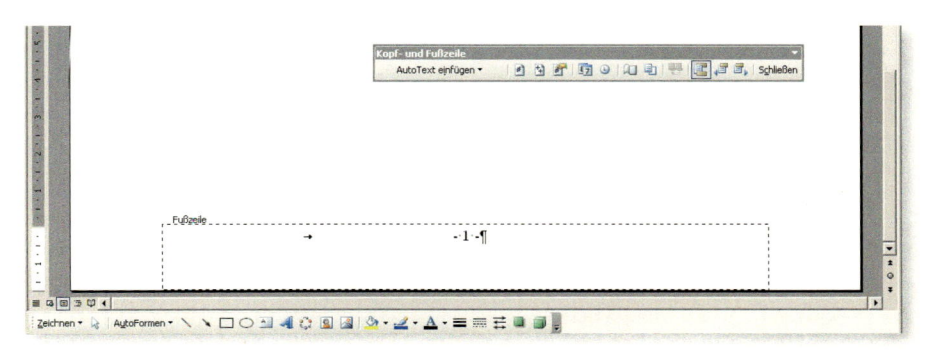

❻ Speichere die Datei unter dem Namen „Praktikumsmappe".

Eine Seite gliedern

> **TIPP**
> Schreibe den Text im Flattersatz. Blocksatz sieht meistens nicht so gut aus.

Seiten, die viel Text enthalten, werden leicht unübersichtlich und schwer lesbar. Deshalb ist es wichtig, die Seiten zu gliedern, indem man Überschriften in einer größeren Schrift und fett absetzt (F). Auch durch das Einfügen von Absätzen lässt sich ein langer Text übersichtlicher gestalten.

❶ Vergleiche die beiden Seiten. Was fällt dir auf?

Mit Fotos aus dem Betrieb kannst du deinen Text ergänzen.

Mit dem Computer arbeiten

Eine Word-Tabelle erstellen

In die Praktikumsmappe gehören auch Tagesberichte, die immer wieder die gleichen Angaben enthalten. Mit einer Word-Tabelle kannst du diese Angaben übersichtlich und ordentlich aufbereiten.

❶ Öffne deine Datei „Praktikumsmappe". Wähle in der Menüleiste oben **Tabelle**, **Einfügen** und **Tabelle**. Du siehst nun dieses Fenster.

❷ Klicke nun einfach auf **OK** und Word fügt den voreingestellten Tabellenentwurf ein:

❸ Vergleiche die Tabelle mit dem Fenster: Welche Übereinstimmungen entdeckst du?

❹ Probiere verschiedene Tabellen aus, indem du im oben gezeigten Fenster, die Anzahl der Zeilen und der Spalten veränderst.

❺ Füge den unten angegebenen Text ein, indem du mit dem Cursor in das entsprechende Tabellenfeld klickst. Du kannst auch die Tabulatortaste verwenden, um innerhalb der Tabelle das nächste Feld anzusteuern.

Zeit	Ort	Tätigkeiten	Arbeitsmittel	Arbeitsablauf

❻ Für einen Tagesbericht müssen nicht alle Spalten gleich breit sein. Wenn du mit dem Cursor auf die Tabellenlinien klickst, kannst du sie verschieben:

Zeit	Ort	Tätigkeiten	Arbeitsmittel	Arbeitsablauf
	←‖→			

❼ Durch das Drücken der Eingabe-Taste kannst du die Zellen um weitere Zeilen vergrößern:

Zeit	Ort	Tätigkeiten	Arbeitsmittel	Arbeitsablauf

❽ Um die Tabelle zu verändern, musst du sie markieren. Du findest dann im Fenster **Tabelle** verschiedene Möglichkeiten. Probiere diese Möglichkeiten aus.

❾ Wenn du in der Menüleiste **Tabelle** das Fenster **Tabelle zeichnen** wählst, öffnet sich das Fenster **Tabellen und Rahmen**. Hier kannst du die Linienart und -stärke verändern. Dieses Fenster bietet noch viele Möglichkeiten, die Tabelle zu bearbeiten. Probiere sie aus.

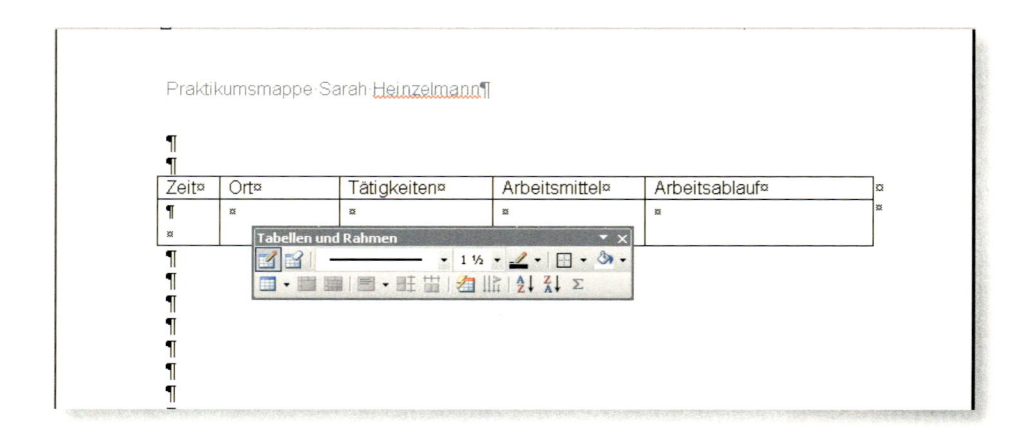

Mit dem Computer arbeiten

Ein Inhaltsverzeichnis anlegen

Wenn du alle Teile deiner Mappe fertig hast, überlegst du dir eine sinnvolle Reihenfolge. Diese Reihenfolge wird im Inhaltsverzeichnis festgehalten.

❶ Lege das Inhaltsverzeichnis als Word-Tabelle an. Dazu wählst du nur zwei Spalten aus und so viele Zeilen, wie deine Mappe Seiten hat.

Inhaltsverzeichnis

Seite 1	Deckblatt
Seite 2	
Seite 3	

❷ Die Gitternetzlinien der Tabelle kann man ausblenden, sodass sie nur beim Bearbeiten sichtbar sind, aber nicht gedruckt werden. Dazu markierst du die Tabelle und öffnest im Fenster **Tabelle** die **Tabelleneigenschaften**. Unter **Rahmen** und **Schattierungen** findest du die Möglichkeit **Ohne**. Klicke **Ohne** an und bestätige mit **OK**.

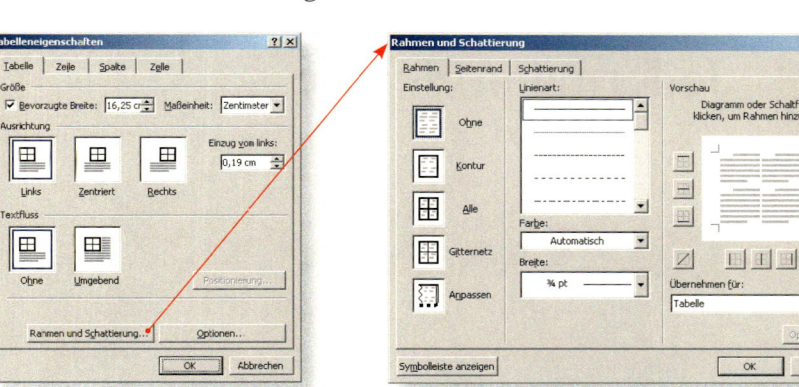

> **TIPP**
> Du kannst auch die Tabulatorentasten benutzen und mit den voreingestellten Tabulatoren das Inhaltsverzeichnis erstellen.

Jetzt sieht deine Tabelle so aus:

Seite 1   Deckblatt
Seite 2
Seite 3

❹ Um die Seiten in deiner Datei-Mappe in die richtige Reihenfolge zu bringen, verschiebst du sie nun so, wie es im Inhaltsverzeichnis festgelegt ist. Dazu kopierst du die gesamte Seite – beispielsweise das Inhaltsverzeichnis – und fügst sie an der richtigen Stelle in deine Datei ein.

Titelseiten gestalten

Meine Praktikumsmappe

Kai Biedermann
Jedermann-Schule

TIPP

Denke daran:
Du möchtest mit deiner Mappe beim Betrachter einen guten Eindruck machen.

❶ Kennst du die Gestaltungselemente, die Kai für seine Titelseite verwendet hat? Auf der nächsten Seite findest du eine Auflistung der Gestaltungselemente, die Word bietet. Diese Auflistung kann dir helfen.

❷ Wie findest du die Gestaltung? Würdest du das für deine Praktikumsmappe auch so machen?

❸ Probiere einige der Gestaltungsmöglichkeiten für eine völlig „verrückte" Titelseite aus.

❹ Kai hat einige Angaben auf seiner Titelseite vergessen. Welche Angaben müsste Kai ergänzen?

Gestaltungselemente in Word

Seitenrand:	– Öffne das Fenster Format, wähle Rahmen und Schattierungen aus. – Klicke auf den Begriff Seitenrand. – Probiere die einzelnen Möglichkeiten aus. – Vergiss nicht, bei Übernehmen für auszuwählen: Diesen Abschnitt – nur erste Seite, sonst erscheint der Seitenrand auf allen Seiten deiner Mappe!
AutoFormen:	– In der Menüleiste am unteren Bildschirmrand findest du den Begriff AutoFormen. – Oder du wählst über das Fenster Einfügen, Grafik den Begriff AutoFormen aus. – Hier findest du eine Vielzahl von Formen, mit denen man ein Titelblatt gestalten kann.
WordArt:	– In der Menüleiste am unteren Bildschirmrand findest du den Begriff WordArt. – Oder du wählst über das Fenster Einfügen, Grafik den Begriff WordArt aus. – Wähle eine Schriftart aus dem WordArt-Katalog. – Gib deinen Text ein, zum Beispiel: Meine Praktikumsmappe. – Probiere verschiedene Gestaltungen aus: Meine Praktikumsmappe **Meine Praktikumsmappe** **Meine Praktikumsmappe** Meine Praktikumsmappe
Extra-Tipp:	Damit deine Titelseite keine Seitenzahl und auch keine Kopfzeile hat, öffne das Fenster Datei, wähle Seite einrichten, Layout und klicke hier an: Erste Seite anders.

Einen längeren Text drucken

Da Papier und Druckerpatronen teuer sind, sollten gerade bei längeren Texten Fehldrucke vermieden werden. Deshalb ist es wichtig, vor dem Druck zu prüfen, ob der Text auch so formatiert und angeordnet ist, wie es gewünscht wurde. Dazu gibt es mehrere Möglichkeiten.

❶ Klicke das Icon **Ansicht** an und wähle dort **Seitenlayout** aus (vielleicht war dein Bildschirm sowieso schon so eingestellt). Jetzt siehst du die Seiten genau so, wie sie auch im Druck erscheinen:

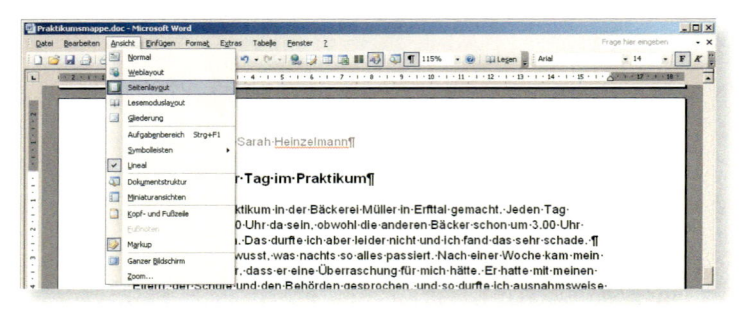

❷ Klicke das Icon **Seitenansicht** an: Du siehst nun immer zwei vollständige Seiten deines Textes, wie sie auch im Druck erscheinen, und kannst schnell durch das ganze Dokument scrollen:

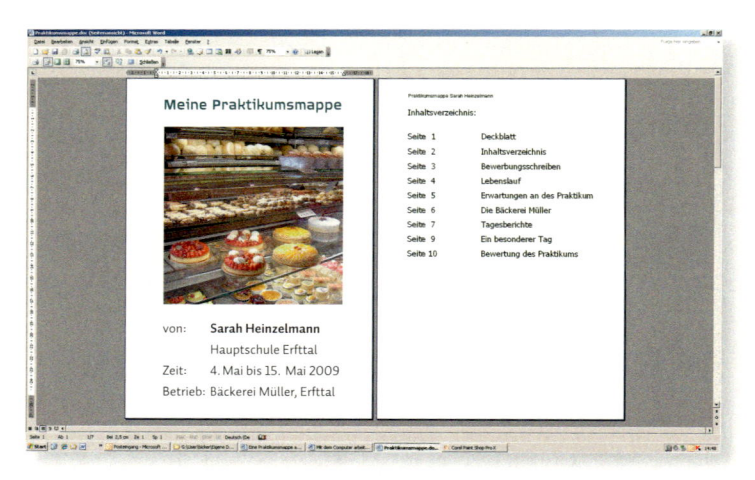

❸ Um dein Dokument auszudrucken, öffnest du über Datei das Menü **Drucken**. Dort kannst du einstellen, ob du
 – alles (d. h. das gesamte Dokument),
 – nur die aktuelle Seite auf deinem Bildschirm oder
 – bestimmte Seiten drucken willst: Dann musst du die Seitenzahlen in das vorgesehene Feld eingeben.

Mit dem Computer arbeiten

⚠ Wiederholen & weiterarbeiten

▶ Experimentiert mit den verschiedenen Gestaltungselementen, die es in Word gibt. Gestaltet zur Übung **Titelseiten** für die **Ordner**, die ihr für eure verschiedenen Schulfächer habt.

▶ Entwerft mithilfe der Funktion **Kopfzeile** persönliche Kopfzeilen für verschiedene Schulfächer und speichert sie.

▶ Legt euch zur Übung verschiedene **Word-Tabellen** an:
– euren Stundenplan,
– den Geburtstagskalender eurer Klasse oder eurer jeweiligen Familie,
– einen Wochenhausaufgabenplan,
– …

▶ Gestaltet einen **Lebenslauf** mithilfe einer Word-Tabelle, wie ihr es in diesem Kapitel auf der Seite 203 für das Inhaltsverzeichnis gelernt habt.

▶ Gestaltet eure erweiterten **Buchpräsentationen** ebenfalls am Computer.

▶ Nutzt den Computer für eure **Klassenzeitung**:

Flotter Bote der Klasse 8c — Unsere Klassenzeitung

▶ Schreibt eure **Referate** und **Facharbeiten** am Computer.

Textbezüge herstellen und verstehen

Mit einem kurzen Text über professionelles Haarewaschen soll in einer Praktikumsmappe deutlich gemacht werden, dass in einem Friseurbetrieb jede Arbeit am Kunden mit größter Umsicht geschieht:

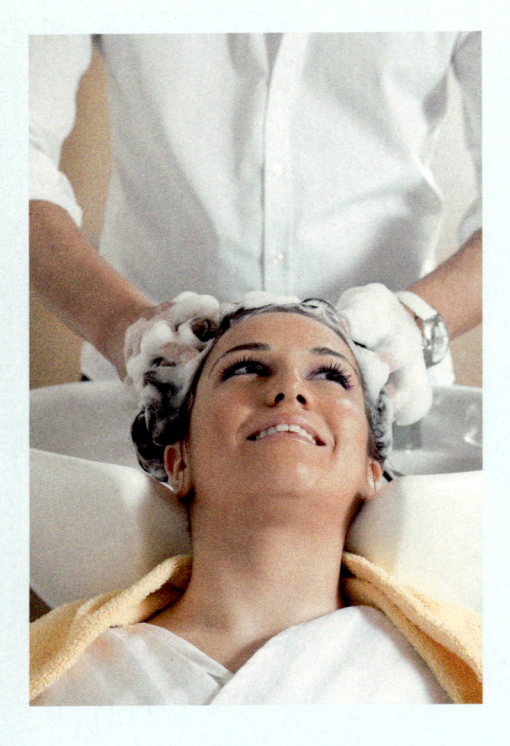

Professionelles Haarewaschen

a) Der Friseur bittet die Kundin an das Waschbecken.
   legt ... um – der Friseur – der Kundin – ein Handtuch – vor dem Waschbecken

b) Die Kundin legt ihren Kopf in eine spezielle Mulde des Waschbeckens.
   gießt – der Friseur – warmes Wasser – über den Kopf der Kundin

c) Der Friseur schäumt das Shampoo in der Hand auf.
   massieren – die Hände des Friseurs – das Shampoo – mit kreisenden Bewegungen – in das Haar der Kundin

d) Das Shampoo spült der Friseur aus dem Haar der Kundin.
   bindet – er – das Handtuch – turbanartig – über das Haar der Kundin

e) Er begleitet die Kundin zum Schneideplatz.
   befragt – er – die Kundin – nach ihren Wünschen – am Schneideplatz

1 Formuliere mithilfe der vorgegebenen Satzbausteine immer den zweiten Satz. Es soll ein gut lesbarer Text entstehen.

2 Lest eure Texte einem Partner vor: Klingen sie gut oder wollt ihr etwas umstellen? Beachtet dazu auch den folgenden Merkkasten:

> **MERKEN**
>
> Schon der **Satzbau** hilft, **Sätze zu einem Text** zu **verweben**.
> Die **Reihenfolge der Satzglieder** richtet sich nämlich oft danach, was vorher schon genannt wurde und was neu ist: Am **Anfang** eines Satzes steht meistens, was schon **bekannt** war. Das **Neue** wird am **Ende** des Satzes genannt. Von dieser Reihenfolge kann abgewichen werden, wenn etwas hervorgehoben werden soll.

Reihenfolge der Satzglieder
➜ Seite 226

3 Macht eure Texte noch lesefreundlicher, indem ihr Nomen, die sich zu häufig wiederholen, durch Personalpronomen oder Demonstrativpronomen ersetzt. Der Text muss aber verständlich bleiben!

Über Sprache nachdenken

MERKEN

*Du hast schon eine Reihe von **Wortarten** kennengelernt, mit denen man Sätze zu Texten verweben kann:*
***Personalpronomen** (ich, du, wir …),* ***Relativpronomen** (der, die, den …),*
***Demonstrativpronomen** (dieser, jene …) und **Possessivpronomen** (mein, ihr …) vertreten oder begleiten in Sätzen Worte und Wortgruppen, die vorher schon genannt wurden. Verbindende **Adverbien** (deshalb, daran, so …) verweisen ebenfalls auf Dinge, die vorher schon genannt wurden.*
Wer mit ihrer Hilfe die Bezüge in einem Text verfolgt, unternimmt schon den ersten Schritt, um den Text zu verstehen.

Die Pronomen
➔ **Seite 219**

4 Schreibe den folgenden Textabschnitt ab und ergänze dabei in Klammern die unterstrichenen Pronomen durch die Ausdrücke, für die sie stehen.

Perücken
Im 17. Jahrhundert ging man für eine feine Frisur nicht zum Friseur. Für diese besuchte man einen Perückenmacher. Die Perücke galt als topmodisches Kleidungsstück und sie wurde auch von Menschen mit
5 gesunden Haaren getragen. Ihre Herstellung war sehr aufwändig. Hergestellt wurde sie aus Menschenhaar, das oft von Gefangenen, Kriegsopfern oder der verarmten Landbevölkerung geliefert wurde.

5 Schreibe den folgenden Abschnitt ebenfalls ab (mit doppeltem Zeilenabstand). Ermittle die Bezüge, indem du die Wörter, die einen Bezug zu vorher Genannten herstellen, unterstreichst. Markiere mit einem Pfeil, auf welche Textpassage sie sich beziehen.

Der Perückenmacher wusch den Schmutz und das Fett aus dem Haar
und ordnete es nach Farbe und Länge. Anschließend kräuselte er es.
10 Dafür wickelte er die Haare auf runde, fingerlange Kräuselhölzer und kochte alles bis zu drei Stunden lang in Regenwasser. Die aufgewickelten Haare, die getrocknet und in einen Brotteig eingerollt wurden, backte er dann drei Stunden im Backofen. Dies festigte die Locken. Die Haare wickelte er vom Kräuselholz ab und knüpfte mithilfe von
15 Seidenfäden einzelne Haarbündel zu schmalen Bändern aneinander. Diese wurden „Tresse" genannt. Er spannte über einen hölzernen Perückenkopf eine textile Haube, die den Kopfmaßen der Kunden entsprach, und benähte sie mit den Tressen. Deshalb war jede Perücke eine Maßanfertigung. War sie fertig, wurde sie frisiert, parfümiert, oft
20 auch mit Pomade gefestigt und gepudert.

Besondere Schreibweise von Fremdwörtern

Die folgenden Wörter stammen aus der Computersprache. Es handelt sich um Fremdwörter, deren Schreibweise nicht mit Regeln des Deutschen erklärt werden kann. Oft hilft dir bei Unsicherheit nur das Wörterbuch weiter.

Layout   Cursor   Icon   Scanner   Software   Mailbox   Download

❶ Erstelle zu den Wörtern oben Wörterbucheinträge nach diesem Muster:
Hardware, die; (engl.) alle technischen Teile einer Computeranlage

❷ Auch Fremdwörter haben manchmal Wortbausteine, die immer gleich geschrieben werden. Lies dazu den folgenden Merksatz:

MERKEN

> *Zur Erinnerung:*
> **Fremdwörter** *erkennst du oft an ihren* Endungen (-ie, -ine, -ieren, -il, -iv ...).
> *Diese Endungen werden immer gleich geschrieben.*

❸ Beim Drucken sind die Endungen der Wörter links unleserlich geworden. Schreibe sie mit den richtigen Endungen in dein Heft.

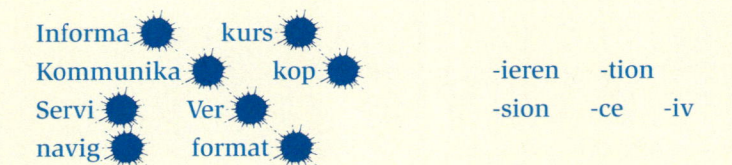

Informa   kurs
Kommunika   kop   -ieren   -tion
Servi   Ver   -sion   -ce   -iv
navig   format

❹ Finde zu jeder Endung noch weitere Wörter und schreibe sie auf.

Bei Fremdwörtern kannst du den Buchstaben für den s-Laut nicht so herleiten wie bei deutschen Wörtern. Trotzdem gibt es einige Merkhilfen.

❺ Schau dir die Wörter unten an. Welche Wortbausteine haben sie gemeinsam? Wie wird der s-Laut jeweils geschrieben?

das Virus   der Atlas   der Mechanismus   die Arktis   der Globus
die Basis   die Ananas   der Modus

MERKEN

> *Fremdwörter mit den* Endungen -as, -is *und* -us *werden immer mit* einfachem s *geschrieben.*

Richtig schreiben

6 Finde weitere Wörter mit den drei Endungen und schreibe sie auf.

der Masseur   der Assistent   die Ressource   das Motocross
der Regisseur   die Kassette

7 Die Fremdwörter oben werden mit ss geschrieben. Du musst dir ihre Schreibweise merken.
Sortiere sie nach dem Alphabet und schreibe sie mit ihrer Bedeutung auf. Benutze dazu ein Wörterbuch.

> *Viele Fremdwörter schreibt man mit dem Buchstaben y, man spricht aber [ü].*
> *Beispiele: das Symbol, das Acryl, das System ...*

MERKEN

6 Finde auch hierzu weitere Beispiele und schreibe sie auf.

> *Oft erkennst du ein Fremdwort auch an seiner Schreibung mit h. Es steht hinter den Buchstaben t, p und r.*
> *Beispiele: das Thema, die Katastrophe, der Rhythmus ...*

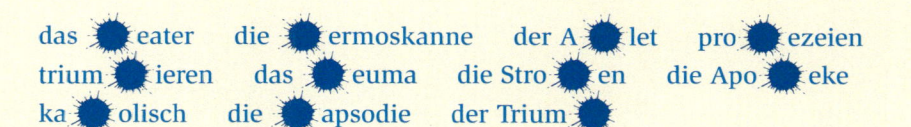

MERKEN

das ■eater   die ■ermoskanne   der A■let   pro■ezeien
trium■ieren   das ■euma   die Stro■en   die Apo■eke
ka■olisch   die ■apsodie   der Trium■

9 Schreibe die Wörter oben in dein Heft und setze **th, ph** oder **rh** ein.
Schlage, wenn nötig, in einem Wörterbuch die Schreibweise und die Bedeutung nach. Achte auf die Großschreibung der Nomen.

Für einige Fremdwörter, die häufig gebraucht werden, gibt es auch eine deutsche Schreibweise. Beide Schreibungen sind korrekt.

10 Finde zu den Fremdwörtern links das passende Wort mit deutscher Schreibweise und schreibe die Wortpaare in dein Heft.
Schreibe so: *der Delphin – der Delfin ...*

Delphin   Joghurt   Friseur   Mikrofon   Portmonee   Frisör
Mayonnaise   Panther   Thunfisch   Fotograf   Delfin   scharmant
Portemonnaie   charmant   Panter   Geografie   Jogurt
Geographie   Mikrophon   Tunfisch   Majonäse
Photograph

Nachschlagen und üben
Grammatik

Wörter, Wortformen und Wortarten

Die Wörter der deutschen Sprache werden in Wortarten eingeteilt.
Es gibt veränderliche Wortarten, die unterschiedliche Wortformen haben.
Zu den veränderlichen Wortarten gehören:

- die **Verben** (*montieren, pflegen ...*),
- die **Nomen** (*Zukunft, Bewerbung ...*),
- die **Artikel** (*die, eine ...*),
- die **Pronomen** (*du, mein, dieser ...*) und
- die **Adjektive** (*sportlich, geschickt ...*).

Und es gibt die unveränderlichen Wortarten, die keine unterschiedlichen Wortformen haben. Dazu gehören:

- die **Präpositionen** (*an, bei, nach ...*)
- die **Konjunktionen** (*und, wenn, obwohl, damit ...*) und
- die **Adverbien** (*darum, deshalb, gestern, leider ...*)

Die Verben

Vollverben, Hilfsverben und Modalverben

Vollverben nennt man Verben, die eine Handlung ausdrücken können:
Ich tanze gern.

Hilfsverben (*sein, haben, werden*) können allein keine Handlung ausdrücken. Sie unterstützen die Vollverben bei der Bildung der unterschiedlichen Verbformen: *Ich werde morgen tanzen.*

Auch die **Modalverben** (*dürfen, können, mögen, müssen, sollen, wollen*) drücken allein keine Handlung aus. Sie machen aber deutlich, ob die Handlung eigenen Wünschen und Fähigkeiten entspricht oder ob man dazu aufgefordert wird: *Ich möchte tanzen. Ich kann tanzen. Ich muss tanzen.*

Aussagemöglichkeiten und Formen der Verben

Im Wörterbuch findet man die Verben im **Infinitiv** (in der Grundform):
wissen, träumen, kopieren ...
In Sätzen kommen sie in ganz verschiedenen Formen vor: *sie kopiert, ihr kopiertet, du wirst kopieren, ein Text wird kopiert, er würde gern kopieren ...*
Aber auch die Grundformen der Verben können zum Bau von Sätzen gebraucht werden, oft in Verbindung mit *zu*:
Zum Glück ist es noch nicht möglich, Menschen zu kopieren.
Mit Verben kannst du eine Reihe von Aussagen über Handlungen machen:

- Du kannst sagen, wann etwas passiert, indem du eine **Zeitform** des Verbs wählst und zum Ausdruck bringst, ob etwas in der Gegenwart (*ich träume*), in der Vergangenheit (*ich träumte*) oder in der Zukunft (*ich werde träumen*) geschieht.

> *Bei den **einfachen Zeitformen** (Präsens, Präteritum) verändert sich das jeweilige Verb.*
> *– Bei den regelmäßigen Verben die Endung: ich träume, ich träumte ...*
> *– Bei den unregelmäßigen Verben der Wortstamm: ich weiß, ich wusste ...*
> *Die **zusammengesetzten Zeitformen** (Futur, Perfekt, Plusquamperfekt) setzen sich aus einem Hilfsverb als veränderlichem Teil und einem Vollverb zusammen, das sich nicht verändert:*
> *– Futur I = werden + Infinitiv: ich werde träumen, ich werde aufwachen ...*
> *– Futur II = werden + Partizip II + haben/sein: Ich werde geträumt haben ...*
> *– Perfekt = haben/sein + Partizip II: ich habe geträumt, ich bin aufgewacht ...*
> *– Plusquamperfekt = Präteritum von haben/sein + Partizip II: ich hatte geträumt, ich war aufgewacht ...*

MERKEN

- Du kannst deutlich machen, wer etwas tut, indem du eine **Personalform** wählst, die sich auf das Subjekt (ein Nomen oder Pronomen) im Satz bezieht: *ich träume, du träumst, sie träumt ...*

> *Die **Personalformen** werden gebildet, indem eine Personalendung an das Verb angehängt wird:*
> *– Bei den **einfachen Zeitformen** wird die Personalendung an das Vollverb angehängt: ich forme, du formst, er formt ...*
> *– Bei den **zusammengesetzen Zeitformen** bekommt das Hilfsverb eine Personalendung: ich hatte geformt, du hattest geformt, wir hatten geformt ...*

MERKEN

▶ Du kannst den Täter einer Handlung aber auch verschweigen, indem du eine **Passivform** des Verbs verwendest: *Die Kinder* werden geformt *(von wem?), der Chip* wird eingepflanzt *(von wem?)* …

MERKEN

Beim der Bildung des **Passivs** *bildet das Hilfsverb* werden *den veränderlichen Teil der Verbform, das Vollverb steht als unveränderlicher Teil im Partizip II:*
ich werde geformt, du wirst geformt, er wird geformt …

Das Hilfsverb werden *hilft dabei, die Zeitformen des Passivs zu bilden:*
wird geformt (Präsens), wurde geformt (Präteritum),
ist geformt worden (Perfekt), war geformt worden (Plusquamperfekt),
wird geformt werden (Futur I), wird geformt worden sein (Futur II).

▶ Du kannst zum Ausdruck bringen, dass eine Handlung in der Realität stattfindet. Dazu benutzt du den **Indikativ**: *Ich bin Fußballstar.*
Du kannst aber auch deutlich machen, dass etwas nur gewünscht ist oder so in der Realität nicht stattfindet. Dazu verwendest du den **Konjunktiv II** oder eine entsprechende Ersatzform mit *würde*:
Wenn ich Fußballstar wäre *(aber leider bin ich es nicht),* würde *ich viele Autogramme geben.*

MERKEN

Der **Konjunktiv II** *wird gebildet, indem man der Präteritumsform des Indikativs ein e hinzufügt:* ich ging → ich ginge, du gingst → du gingest, er ging *…*
Manchmal ändert sich dann auch der Stamm: ich gab → ich gäbe *…*

Oft ist der Konjunktiv II nicht vom Indikativ Präteritum zu unterscheiden:
ich sagte → ich sagte, wir fingen → wir fingen. Deshalb benutzt man in solchen Fällen die Ersatzform mit würde *und Infinitiv:* ich würde sagen, wir würden fangen.
Man kann die Ersatzform auch verwenden, wenn die Konjunktiv-II-Form ungewöhnlich klingt oder nicht mehr gebräuchlich ist: ich wüsche
(von waschen*) → ich würde waschen, er läse (von* lesen*) → ich würde lesen.*
Interessant wird ein Text, wenn beide Formen gemischt werden und man nicht ständig würde *wiederholt.*

▶ Und du kannst deutlich machen, dass du von einer Handlung nur durch einen anderen erfahren hast. Dazu benutzt du die berichtende (indirekte) Rede und bildest eine Verbform im **Konjunktiv I**:
Er erzählte mir, er sei *ein berühmter Fußballstar.*

Nachschlagen und üben **Grammatik**

> Der **Konjunktiv I** wird vom Infinitivstamm des Verbs abgeleitet:
> ich komme, du komm<u>e</u>st, er komm<u>e</u>, wir kommen, ihr komm<u>e</u>t, sie kommen.
> Häufig lässt sich der Konjunktiv I nicht vom Indikativ unterscheiden.
> Dann verwendet man den Konjunktiv II als Ersatzform:
> Er sagte, sie <u>kommen</u> morgen. → Er sagte, sie <u>kämen</u> morgen.
> In der gesprochenen Sprache wird oft die Ersatzform mit würde benutzt:
> Er sagte, sie <u>würden</u> morgen <u>kommen</u>.
> Bei der indirekten Rede werden die Personalpronomen verändert:
> Aus: Er erzählte mir: „<u>Ich</u> …" wird: Er erzählte mir, <u>er</u> …

MERKEN

Über etwas Gesagtes berichten – der Konjunktiv I
⊠ Seite 110

Prognosen für die Zukunft stellen
⊠ Seite 24

MERKEN

Die Zeitformen

Einfache Zeitformen	Zusammengesetzte Zeitformen	
	Futur I (Zukunftsform) ich werde verspeisen, du wirst verspeisen … sie werden verspeisen	Etwas wird in der Zukunft passieren.
	Futur II (vollendete Zukunft) ich werde verspeist haben, du wirst verspeist haben … sie werden verspeist haben	Etwas ist vor einem anderen Ereignis in der Zukunft geschehen.
Präsens (Gegenwartsform) ich verspeise, du verspeist … sie verspeisen Die Fischbestände des Meeres sind begrenzt.		Etwas passiert gerade. Etwas gilt immer.
Präteritum (einfache Vergangenheitsform) ich verspeiste, du verspeistest … sie verspeisten ich lief, du liefst … sie liefen	**Perfekt** (zusammengesetzte Vergangenheitsform) ich habe verspeist, du hast verspeist … sie haben verspeist ich bin gelaufen, du bist gelaufen … sie sind gelaufen	Etwas ist schon geschehen.
	Plusquamperfekt (vollendete Vergangenheitsform) ich hatte verspeist, du hattest verspeist … sie hatten verspeist ich war gelaufen, du warst gelaufen … sie waren gelaufen	Etwas ist vor einem anderen Ereignis in der Vergangenheit geschehen.

❶ In welchen Zeitformen stehen die unterstrichenen Verben? Bestimme sie mithilfe der Tabelle von S. 215: *ist = Präsens, bemerkte = …*

Die Erfindung der Fischstäbchen
Erfinder der Fischstäbchen <u>ist</u> der Amerikaner Clarence Birdseye. Beim Eisangeln mit kanadischen Eskimos <u>bemerkte</u> er, dass Fisch in der minus 40 Grad kalten Arktis in kürzester Zeit <u>gefriert</u>. Trotzdem <u>schmeckte</u> der Fisch nach dem Auftauen wie frisch gefangen und nicht wie die fade Ein-
5 frierware, die der Amerikaner bisher <u>gegessen hatte</u>. Nachdem er nach New York <u>zurückgekehrt war</u>, probierte Birdseye verschiedene Gefriertechniken aus und <u>brachte</u> schließlich Tiefkühlfilets auf den Markt. Erst mit den Fischstäbchen <u>ist</u> es ihm ein geschäftlicher Erfolg <u>gelungen</u>.

Die Erfindung der Fischstäbchen
10 <u>bedeutet</u> eine große Veränderung in der Fischindustrie. Nachdem die Produzenten vom Frisch- zum Tiefkühlfisch <u>übergegangen waren</u>, <u>vermarkteten</u> sie vermehrt
15 Fast-Food-Produkte. Dieses Geschäftsfeld <u>wird</u> in Zukunft noch größere Bedeutung <u>bekommen</u>.

❷ Schreibe den folgenden Textabschnitt ab und setze die Verben, die in den Klammern stehen, in den passenden Zeitformen ein.

Die ersten Fischstäbchen (bestehen) vor einem halben Jahrhundert aus Heringen. Danach (produzieren) Iglo sie aus Kabeljau. Heute (befinden)
20 sich Alaska-Pollack, eine Dorschart, in den Stäbchen.
Nachdem die Fischnachfrage (steigen) und die Fischbestände (zurückgehen), (werden) Fisch in den letzten Jahren zur knappen Rohware. Experten (äußern) die Befürchtung, dass der Kabeljau (aussterben können). In dieser Gefahr (schweben) der Pollack heute noch nicht. Trotzdem (hal-
25 ten) die Fischindustrie schon Ausschau nach dem neuen Fischstäbchenfisch. Vielleicht (stecken) der in Asien leicht zu züchtende Pangasius in Zukunft im Fischstäbchen.

❸ Vergleicht eure Texte:
– Habt ihr an allen Stellen die gleichen Zeitformen verwendet?
– Kann man unterschiedliche Zeitformen an einigen Stellen begründen?

Die Nomen und ihre Artikel

> **Nomen** bezeichnen Dinge (Hinterrad, Schraubenzieher …), Lebewesen (Fahrradmechaniker, Fisch, Alge …), vorgestellte Sachverhalte (Erdanziehungskraft, Sorgfalt …), Oberbegriffe zum Sortieren von Dingen (Werkzeug, Rohstoffe …), Gefühle (Hass, Neugierde, Zuneigung …) und sprachliche Bilder (Kabelsalat …).
>
> Nomen haben ein **grammatisches Geschlecht**, das man an ihrem Artikel erkennt: der Schraubenzieher, die Zuneigung, das Hinterrad …
> Sie können im **Singular** (in der Einzahl) und im **Plural** (in der Mehrzahl) stehen: die Alge – die Algen, der Fisch – die Fische …
> Manche Nomen haben keine Pluralformen: das Wasser, der Hass …
> Oft haben vorgestellte Sachverhalte und Gefühle keinen Plural.
>
> Von Nomen gibt es vier **Fälle**: Nominativ (Werfall), Genitiv (Wesfall), Dativ (Wemfall) und Akkusativ (Wenfall). Die Fälle lassen sich im Singular oft nur in Verbindung mit einem Begleiter erkennen: der Fisch, des Fisches, dem Fisch, den Fisch.

MERKEN

❶ Schreibe den folgenden Text ab und setze dabei die angegebenen Fälle ein. Verändere auch die beigefügten Adjektive und ergänze einen passenden Artikel, wo es nötig ist.

Fischfang für Fischstäbchen

(Fisch – Nominativ Singular) (Fischstäbchen – Genitiv Plural) wird vor (Alaska – Dativ Singular) gefangen. (Maschine –
5 Nominativ Plural) köpfen, entgräten und filetieren (Fischleiber – Akkusativ Plural) schon auf (Fangschiff – Dativ Singular). In (Hochleistungsfroster – Dativ Plural) gefrieren (Fischfilet – Nominativ Plural)
10 zu (flache Eisblöcke – Dativ Plural). Es können (Woche – Nominativ Plural) vergehen, bis (Fangschiff – Nominativ Singular) (Hafen – Akkusativ Singular) anläuft und (eisige Fracht – Akkusativ
15 Singular) (kleineres Kühlschiff – Dativ Singular) übergibt, das dann (europäische Fischfabrik – Akkusativ Plural) beliefert.

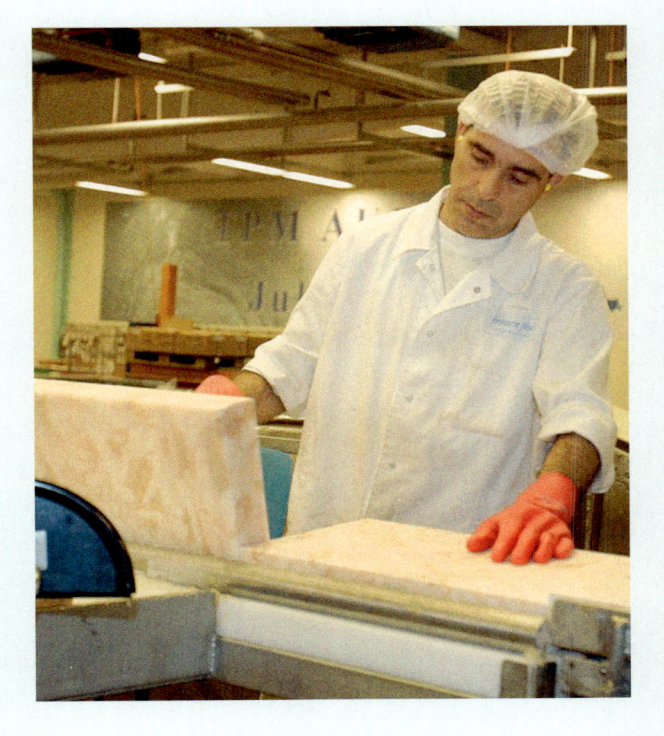

MERKEN

Nominalisierungen helfen, etwas knapp wiederzugeben
⌕ Seite 44

Andere Wortarten wie Verben, Adjektive oder Partizipien können zu Nomen werden. Dies nennt man **Nominalisierung**. *Dabei wird entweder ein Wortbaustein angefügt (schön – die Schönheit, öffnen – die Öffnung) oder es wird ein Begleiter vor das Wort gesetzt (laufen – das Laufen, schön – das Schöne, aufpumpen – das Aufpumpen). Nominalisierte Wörter bilden die vier Fälle aus: das Aufpumpen, des Aufpumpens, dem Aufpumpen, das Aufpumpen.*

2 Finde in dem folgenden Text die Nominalisierungen heraus und mache sie rückgängig. Schreibe so: *Anlieferung = anliefern …*

Vom Eisblock zum nackten Fischstäbchen

Nach ihrer Anlieferung werden die gefrorenen Filetblöcke in einer Fischfabrik weiterverarbeitet. Die Zerteilung übernimmt eine automatische Säge, die die Fischblöcke in neun Zentimeter lange Stäbchen zerteilt. Die Genauigkeit und die Schnelligkeit dieser Maschine
5 kann keine menschliche Hand erreichen. Die Suche nach Fremdkörpern übernehmen ein Metalldetektor und ein Röntgenapparat. Sie schützen den Verbraucher vor Unappetitlichem. Nach der Durchleuchtung sind die Fischstäbchen bereit zum Panieren.

MERKEN

Nomen werden häufig von einem **Artikel** *begleitet. Der* **unbestimmte Artikel** *(ein, eine) wird verwendet, wenn etwas noch unbekannt ist und erst einmal vorgestellt werden muss:* Ein *Fahrrad wird in die Werkstatt gebracht.*
Die unbestimmten Artikel haben keinen Plural:
ein Fahrrad (Singular) – Fahrräder (Plural).
Der **bestimmte Artikel (der, die, das)** *wird verwendet, wenn etwas schon vorgestellt wurde und deshalb bekannt ist:*
… Das *Fahrrad wird auf seine Fahrtüchtigkeit überprüft.*

3 Schreibe den folgenden Text ab und entscheide, ob der bestimmte oder der unbestimmt Artikel passt.

Paniert, frittiert und verpackt

(Die/…) nackten Fischstäbchen nehmen (das/ein) Bad in (der/einer) klebrigen Soße. Danach werden sie mithilfe (des/eines) Förderbandes durch (die/…) Panadebrösel gezogen. (Die/…) Panadebrösel umhüllen (die/…) Stäbchen. Sie werden in Pflanzenfett geworfen. (Das/ein)
5 Pflanzenfett wurde auf 200 Grad erhitzt, (der/ein) panierte Fisch wird 20 Sekunden goldbraun gebacken, wieder schockgefrostet und verpackt.

Die Pronomen

Pronomen können Nomen vertreten (oder begleiten). Sie spielen eine große Rolle, wenn man Sätze zu Texten verknüpfen will. Um ihre Bedeutung in Texten zu verstehen, muss man wissen, welche Nomen sie vertreten.

Textbezüge herstellen und verstehen
Seite 208

> **Personalpronomen** stehen für Personen oder Dinge, die an einer Handlung oder einem Vorgang beteiligt sind:
> Der Kunde → er, die Friseuse → sie, das Shampoo → es ...
>
> Das Nomen, für das sie stehen, findet man oft in vorhergehenden Sätzen oder Satzteilen: Die Friseuse wühlt in ihrer Tasche. Sie sucht ihren Kamm.

MERKEN

> **Relativpronomen** (der, die, das) verbinden zwei Sätze miteinander. Sie stehen für das Nomen, das im ersten Teil der Satzverbindung genannt wird:
> Die Friseuse, die in ihrer Tasche wühlt, sucht ihren Kamm.
>
> So kannst du Relativpronomen von bestimmten Artikeln unterscheiden:
> Der Kunde, der sich vor den Spiegel setzte, wünschte eine Kurzhaarfrisur.
>
> Artikel stehen vor dem Nomen, das sie begleiten.   Relativpronomen stehen hinter dem Wort, das sie vertreten.

MERKEN

❶ Entscheide, ob es sich bei den Formen von *der, die, das* um ein Relativpronomen oder um einen Artikel handelt:
 – Schreibe den Text ab und unterstreiche alle Formen von *der, die, das*.
 – Markiere mit einem Pfeil, auf welches Nomen sich diese Wörter beziehen.
 – Setze die nötigen Kommas.

Die Haartiere

Der Mensch gehört zu den Säugetieren die man auch daran erkennen kann, dass ihr Körper von Haaren bedeckt ist. Als Haare bezeichnet man Hornfäden die aus dem Körper wachsen. Die Haare die mit Hautzellen verwandt sind bilden sich aus der Hornhaut. Die aus abgestor-
⁵ benen Hornzellen und luftgefüllten Hohlräumen bestehenden Haare können sich mithilfe von Muskeln die sich an der Haarwurzeln befinden aufrichten. Tiere die ihr Haar aufrichten wollen damit größer erscheinen und Artgenossen imponieren. Die Talgdrüsen die auch an den Haarwurzeln sitzen ermöglichen das Einfetten der Haare und
¹⁰ verhindern so ihr Austrocknen.

MERKEN

Possessivpronomen (besitzanzeigende Fürwörter) zeigen an, zu wem etwas gehört: seine Haare, ihre Schere, mein Friseur …
Sie zeigen das Geschlecht des „Besitzers" an und beziehen sich dabei oft auf die vorhergehenden Sätze:
Ein Mann und eine Frau sitzen beim Friseur. Auf dem Boden liegen seine Haare.
Ein Mann und eine Frau sitzen beim Friseur. Auf dem Boden liegt ihr Ring.
Die Form des Posssivpronomens richtet sich nach dem Nomen, das es begleitet.
Sie hebt ihren Handschuh auf. Sie hebt ihre Handschuhe auf.

MERKEN

Demonstrativpronomen (hinweisende Fürwörter) sind Wörter wie dieser, diese, dieses, jener, diejenige, dasselbe oder solche. Auch der, die, das können Demonstrativpronomen sein.
In der gesprochenen Sprache werden Demonstrativpronomen häufig verwendet, um auf etwas hinzuweisen, das die Sprecher vor Augen haben:
„Schau dir mal diesen Haarschnitt an."
In Texten verweisen sie meist auf etwas, das vorher genannt wurde:
Diese Anzeige wirbt für ein neues Shampoo. Dieses Haarpflegemittel hätte ich gern.
Sie können auch etwas ankündigen, das im nächsten Satz genannt wird:
Das kann ich dir verraten: Ich habe große Lust auf einen auffälligen Haarschnitt.

2 Schreibe den folgenden Text ab und unterstreiche Possessivpronomen und Demonstrativpronomen. Zeige dann mithilfe von Pfeilen, auf welche Nomen oder Nomengruppen sie sich beziehen.

Das menschliche Haar

Die Kopfhaare des Menschen sind eine Sonderform des Fells. Seine Haare gehören zu den Langhaaren. Zu dieser Haargruppe gehört auch der Schweif der Pferde. Solche Haare haben keine schützende Funktion, sondern dienen im Tierreich nur dem Imponiergehabe.
5 Die Farbe der Haare wird von eingelagerten Farbzellen geprägt. Sie verlieren ihre Leuchtkraft, wenn sie absterben. Dies führt dazu, dass die Haare grau oder weiß werden. Ob man glatte, gewellte oder gelockte Haare hat, das soll vom Querschnitt des Haares abhängen. Ist sein Querschnitt rund, bleibt das Haar glatt, ist sein Querschnitt oval,
10 wellt sich das Haar. Ist sein Querschnitt elliptisch, bilden sich starke, kleine Locken.

Nachschlagen und üben **Grammatik**

Adjektive und Partizipien

> *Adjektive* sind Wörter, mit denen man genauer beschreiben kann, wie etwas ist oder wie man es wahrnimmt: blond, schön, weiß, wertvoll ...
> Sie verändern ihre Form, wenn sie ein Nomen begleiten:
> die weiß<u>en</u> Haare, der weiß<u>e</u> Berggipfel, ein weiß<u>es</u> Hemd ...
> Sie können sich auch auf ein Verb beziehen. Dann verändern sie sich nicht:
> Die Haare sind <u>weiß</u>. Der Berggipfel sieht <u>weiß</u> aus. Die Hemd ist <u>weiß</u>.
> Viele Adjektive lassen sich steigern:
> – **Grundform** (Positiv): schön, wertvoll ...
> – **Vergleichsform** (Komparativ): schöner, wertvoller ...
> – **Höchstform** (Superlativ): am schönsten, am wertvollsten ...
> Mit den Steigerungsformen der Adjektive kann man vergleichen:
> Deine Augen sind <u>so schön wie</u> ein Taubenpaar.
> Deine Augen sind <u>schöner als</u> Juwelen.

MERKEN

1 Schreibe aus dem folgenden Text die Adjektive heraus und bilde, soweit es geht, die Vergleichsform und die Höchstform.

Meine Schöne ...
Der Verliebte blickt durch das alte Fenster, schaut neugierig durch die zugigen Luken und spricht verführerisch zu seiner Geliebten: „Meine Schöne, komm doch! Meine Taube – im Hohlweg des Felsens, im Versteck an der Felsenwand lass mich sichten dein Gesicht, lass mich
5 hören deine Stimme, denn deine Stimme ist liebenswürdig und dein Gesicht anmutig."

> Auch Verben können so verändert werden, dass sie Nomen begleiten können. Sie passen dann ihre Endung wie ein Adjektiv dem Nomen an. Solche Verbformen heißen **Partizipien**.
> Das **Partizip I**: die flieβ*end*en Tränen, die trockn*end*e Jacke ...
> Man erkennt es meist an der Buchstabenfolge *end*, die zwischen Wortstamm und Endung steht.
> Das **Partizip II**: die *ge*flossenen Tränen, die *ge*trocknete Jacke ...
> Man erkennt es oft an der Buchstabenfolge *ge* vor dem Wortstamm.
> Das Partzip I zeigt an, dass etwas gerade passiert:
> die fließenden Tränen = man sieht die Tränen fließen.
> Das Partizip II zeigt an, dass etwas vorher passiert ist:
> das geflossenen Tränen = das Weinen hat aufgehört.

MERKEN

❷ Schreibe den folgenden Text ab. Setze dabei die fehlenden Adjektive und Partizipien ein. Du musst dazu die Grundform der Adjektive anpassen und aus den angegebenen Infinitiven ein Partizip I oder ein Partizip II bilden.

Der fürchterliche Affenbrotbaum

a) Der ▒▒▒▒ Planet des ▒▒▒▒ Prinzen war kaum ▒▒▒▒ als ein ▒▒▒▒ Haus. (heimatlich, klein, groß, irdisch)

b) Im ▒▒▒▒ Boden des ▒▒▒▒ Planeten schlummerten ▒▒▒▒ Samen. (sandig, winzig, geheimnisvoll)

c) Ein sich ▒▒▒▒ Sproß ist nicht immer ein Grund zur ▒▒▒▒ Freude. (entfalten, hell)

d) Samen von ▒▒▒▒ Affenbrotbäumen durchstoßen ▒▒▒▒ die Erdoberfläche. (mächtig, schüchtern)

e) ▒▒▒▒ Affenbrotbäume durchdringen mit ihren ▒▒▒▒ Wurzeln den ▒▒▒▒ Planeten. (auswachsen, gierig, zierlich)

f) ▒▒▒▒ Blattwerk und ▒▒▒▒ Äste nehmen der Oberfläche des Planeten das ▒▒▒▒ Licht. (wuchern, sich verzweigen, lebensnotwendig)

g) Am Ende reicht der ▒▒▒▒ Planet den ▒▒▒▒ Bäumen nicht mehr und sie sprengen ihn mit ihrer ▒▒▒▒ Pflanzenkraft. (klein, sich vermehren, zerstören)

f) Deshalb zupft der Prinz am ▒▒▒▒ Morgen ▒▒▒▒ die ▒▒▒▒ Affenbrotbaumsprößlinge aus. (früh, unermüdlich, unscheinbar)

Unveränderliche Wortarten

MERKEN

Präpositionen sind Wörter, die immer in Verbindung mit einem anderen Wort (Nomen, Pronomen) gebraucht werden. Sie stellen Beziehungen zwischen Dingen her. Man nennt sie deshalb auch *Verhältniswörter*:
in Verona, *unter* dem Balkon, *nach* dem Ball, *über* die Mauer, *vor* dem Hauseingang, *seit* gestern, *wegen* des Familienstreites …
Präpositionen bestimmen, in welchem Fall das folgende Nomen steht:
wegen des Familienstreites (Genitiv), *nach dem Familienstreit* (Dativ), *durch den Familienstreit* (Akkusativ).
Nach einigen Präpositionen kann der Fall wechseln:
– Auf die Frage „Wo?" folgt der *Dativ:* Ich sitze *auf der Gartenbank.* Das Ballkleid hängt *in einem Kleiderschrank.*
– Auf die Frage „Wohin?" folgt der *Akkusativ:* Ich setze mich *auf die Gartenbank.* Das Ballkleid hängt sie *in einen Kleiderschrank.*

Nachschlagen und üben **Grammatik**

1 Schreibe den folgenden Text ab. Orientiere dich an der Illustration und setze die passenden Präpositionen ein. Passe dabei auch den Fall der in dem Klammern angegebenen Nomen der verwendeten Präposition an.

Vor dem Auftritt

Eine Schauspielerin, die Julias Mutter spielt, steht verdeckt hinter dem Vorhang und wartet auf ihren Auftritt. Dabei geht ihr einiges durch den Kopf:

„Ich werde gleich ▒▒▒ (der Scheinwerfer) stehen. Mir wird gleich der Schweiß ▒▒▒ (die Wangen) hinablaufen. Die Schweißrinnsale werden Spuren ▒▒▒ (meine gepuderten Backen) hinterlassen. Ich werde mit der Dienerin ▒▒▒ (Julias Bett) stehen und mit entsetzten Augen ▒▒▒ (die Scheintote) blicken. Ich werde ▒▒▒ (der Bühne) laut meinen Mann rufen, der jetzt noch ▒▒▒ mir wartet.

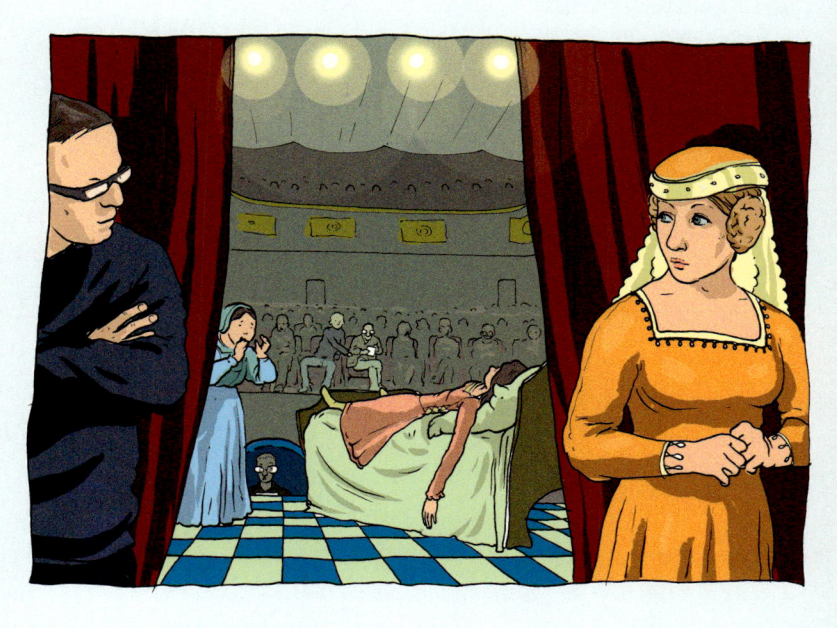

Ich hoffe, dass mein Spiel dem Regisseur, der ▒▒▒ (der Vorhang) alles verfolgt, gefällt. Ich hoffe auch, dass der Theaterkritiker, der ▒▒▒ (das Parkett) sitzt, mein Spiel würdigt. Aber was macht der Mann, der ▒▒▒ dem Theaterkritiker sitzt? Er greift ▒▒▒ (die Jackentasche des Kritikers). Ich kann nichts machen, muss doch nur ▒▒▒ (mein Stichwort) warten, darf meinen Auftritt, meinen Gang ▒▒▒ (die Bühne) nicht vergessen."

Zu den unveränderlichen Wortarten gehören auch die **Konjunktionen** *(Bindewörter) wie z. B.* da, obwohl, und. *Mit ihnen kannst du Sätze verbinden. Du erfährst mehr über sie im Abschnitt „Sätze mit Konjunktionen verbinden" (S. 229–231).*
Auch verknüpfende und kommentierende **Adverbien** *wie* deshalb, davon, dafür, daran, so, keinesfalls, hoffentlich *gehören zu den unveränderlichen Wortarten. Sie verweisen in Texten oft auf Dinge, Sachverhalte oder Ereignisse, die vorher genannt wurden, oder helfen, den eigenen Standpunkt zu einer Aussage deutlich zu machen.*

MERKEN

Konjunktionen helfen, einen Standpunkt zu verstehen
Seite 87

Adverbien können Meinungen verdeutlichen
Seite 86

Satzglieder und Attribute

MERKEN

Satzglieder umstellen
🔖 Seite 64

Textbezüge herstellen
und verstehen
🔖 Seite 208

> *Satzglieder* sind die Bausteine, aus denen Sätze aufgebaut sind.
> Wenn man *Sätze bildet*, stellt man passende Satzglieder zusammen. Entscheidend ist dabei das Verb des Satzes. Es bestimmt, welche weiteren Satzglieder notwendig oder passend sind, damit ein vollständiger Satz entsteht. Manche Verben brauchen nur ein ergänzendes Satzglied, andere benötigen mehrere ergänzende Satzglieder.
> In einem vorhandenen Satz *ermittelt man die Satzglieder* durch die **Umstellprobe**: Wörter, die nur gemeinsam im Satz umgestellt werden können, bilden ein Satzglied. Man kann dann diese Satzglieder bestimmen, indem man nach ihnen fragt.

Name des Satzglieds	Rolle des Satzglieds bei der Bildung von Sätzen	Wie wird das Satzglied bestimmt?
Prädikat (Satzaussage)	– zeigt an, was jemand tut oder was passiert – entscheidet, welche Satzglieder ergänzt werden müssen/können	– besteht immer aus einem *Verb*: *macht, war, kommt … an,* *hat … geschrieben …*
Subjekt (Satzgegenstand)	– zeigt oft, wer es ist, der etwas tut – steht im Nominativ und enthält meistens ein Nomen oder ein Pronomen	– nach ihm wird mit *wer oder was* gefragt: *Wer rannte auf den Rasen?* → *die Nürnberger Fans*
Dativobjekt	– zeigt oft, wer etwas bekommt	– nach ihm wird mit *wem* gefragt: *Wem gab der Spieler seine Schuhe?* → *den Nürnberger Fans*
Akkusativobjekt	– eines der häufigsten ergänzenden Satzglieder – hat beim Satzbau sehr unterschiedliche Aufgaben	– nach ihm wird mit *wen oder was* gefragt: *Wen zogen die Fans aus?* → *den Stürmer*
Adverbiale Bestimmungen	Sie helfen zu beschreiben, – wo etwas passiert (ist) – adv. Best. *des Ortes*: *im Fussballstadion, hier …* – wann etwas passiert (ist) – adv. Best. *der Zeit*: *1991, gestern, heute …* – wie etwas passiert (ist) – adv. Best. *der Art und Weise*: *plötzlich, jubelnd …* – warum etwas passiert (ist) – adv. Best. *des Grundes*: *aufgrund einer Fehleinschätzung …*	Nach den ihnen fragt man so: – *wo, woher, wohin*: *Wo stand der Stürmer?* → *am Spielfeldrand* – *wann, seit wann, wie lange*: *Wann ertönte der Pfiff?* → *In der 85. Spielminute* – *wie, auf welche Weise*: *Wie verlies der Spieler das Spielfeld?* → *nackt* – *warum, wieso, weshalb, weswegen*: *Warum musste Nürnberg das Spiel gewinnen?* → *aufgrund des gefährdeten Klassenerhaltes*

Nachschlagen und üben **Grammatik**

Satzglieder können aus einem einzigen Wort (spielte) oder aus mehreren Wörtern bestehen (ein turbulentes und aufregendes Spiel).
*Oft werden Satzglieder erweitert, indem ihre Nomen durch **Attribute** zusätzlich erklärt oder ausgeschmückt werden. Attribute können aus verschiedenen Wortarten bestehen, z. B. als Adjektiven (ein turbulentes Spiel), Partizipien (ein turbulentes, aufregendes Spiel) oder Ausdrücken mit Präpositionen (ein turbulentes, aufregendes und von einem ungewöhnlichen Ende gekröntes Spiel).*
Viele Attribute stehen vor einem Nomen. Es gibt aber auch Attribute, die den Nomen folgen, auf die sie sich beziehen. Zu ihnen gehören die Genitivattribute (ein turbulentes, aufregendes und von einem ungewöhnlichen Ende gekröntes Spiel des 1. FC Nürnberg).
Attribute erkennt man auch daran, dass sie sich im Satz nur in Verbindung mit ihrem Bezugswort verschieben lassen.

MERKEN

TIPP
Wenn sich zwei oder mehrere Attribute auf das gleiche Nomen beziehen, werden sie wie die Glieder einer Aufzählung durch Kommas abgetrennt oder mit und verbunden.

Kommasetzung
bei Attributen
→ Seite 228

1 Erweitere einzelne Satzglieder in den folgenden Sätzen, indem du die unterstrichenen Nomen durch passende Attribute ergänzt. Die Wörter in der Klammer helfen dir, du musst sie allerdings noch an den Fall des Nomens anpassen.

a) Vor dem Torwart steht der Stürmer.
(unsicher, schussstark, gefährlich, angriffslustig)
b) Mit einem Schuss schießt er den Ball in die Ecke.
(elegant, unhaltbar, links, des gegnerischen Tores)
c) Die Handschuhe greifen ins Leere.
(aus edlem Leder gefertigt, des Torwarts)
d) Das Spiel ist durch dieses Tor entschieden.
(verregnet, spannungslos, mit traumhafter Leichtigkeit erzielte)
e) Die Spieler verlassen mit Kopf den Rasen.
(geschlagen, gesenkt, durchgeweicht, matschig, von Fußballschuhen durchpflügt)
f) Die Spieler drehen in der Kurve eine Ehrenrunde.
(siegreich, jubelnd, ihrer Fans, wohlverdient)

2 Bestimme alle Satzglieder in den erweiterten Sätzen. Gehe dazu in zwei Schritten vor.
– Ermittle mithilfe der Umstellprobe die einzelnen Satzglieder. Stelle den Satz dazu in deinem Heft einmal um.
– Führe die Frageprobe durch, um die Satzglieder zu bestimmen.

Attribute – „Zutaten"
für Nomen
→ Seite 130

MERKEN

*Für die **Reihenfolge der Satzglieder** im Satz gilt:*

*Im Aussagesatz steht das **Prädikat** immer an der 2. Stelle. Hauptbestandteil des Prädikats ist immer ein Verb.*
*Es gibt Verben, deren Vorsilbe an das Ende des Satzes rutscht. Sie klammern dann die nachfolgenden Satzglieder ein. Man spricht deshalb von einer **Verbklammer**: Der Schiedsrichter pfeift das Spiel ab.*
Auch wenn die Zeitform des Verbs zusammengesetzt ist oder eine Passivform verwendet wird, werden Satzglieder eingeklammert:
Der Mittelstürmer hat ein Tor geschossen.

Die Reihenfolge der anderen Satzglieder ist nicht so streng festgelegt. Normalerweise gilt die Reihenfolge:
Subjekt – Prädikat – adv. Best. – weitere Satzglieder (wie z. B. Objekte).
Der Rechtsaußen umspielt geschickt seinen Gegenspieler.
Von dieser Reihenfolge kann abgewichen werden, um bestimmte Satzglieder zu betonen und dadurch Abwechslung und Spannung zu erzeugen:
Geschickt umspielt der Rechtsaußen seinen Gegenspieler.

❶ Stelle die Satzglieder der folgenden Sätze so zusammen, wie es der normalen Reihenfolge entspricht.

Ein Fußball auf Reisen
a) ein Spieler des Hamburger Sportvereins – den Ball – schießt – bei einem Spiel gegen Eintracht Frankfurt – über das Stadion hinaus
b) am Stadion – ein Lkw – zufälligerweise – fährt vorbei
c) landet – auf der Ladefläche des Lkw – der Ball
d) der Ball – wird verladen – mit der restlichen Lkw-Ladung
e) den Atlantik – bei gutem Reisewetter – überquert – auf einem Schiff – der Ball
f) den Ball – erstaunt – amerikanische Hafenarbeiter – entdecken – bei der Entladung des Frachters
g) sie – in ihrer Mittagspause – an der Kaimauer – spielen – Fussball – seitdem

❷ Stelle dann die Sätze so um, dass ein spannender, gut lesbarer Text entsteht. Vergleiche deinen Text anschließend mit dem eines Partners.

Satzarten unterscheiden

*Wenn man etwas mitteilen will, bildet man **Aussagesätze:***
Heute spielt Eintracht Frankfurt gegen den Hamburger SV.
Ich komme morgen zum Fußballspiel.
Am Ende eines Aussagesatzes steht ein Punkt.

*Wenn man etwas wissen will, bildet man **Fragesätze:***
- ***Entscheidungsfragen:** Der Gefragte soll mit ja oder nein antworten.*
  Er kann also etwas entscheiden. Das Verb rückt an den Satzanfang:
  Kommst du morgen zum Fußballspiel? Ja / nein.
- ***Ergänzungsfragen:** Der Gefragte soll über eine Sache genauer informieren.*
  Die Frage wird mit einem Fragepronomen (wann, wo, warum …) einleitet:
  Wo spielt die Eintracht? Die Eintracht spielt in Hamburg.
  Nach Fragesätzen kommt immer ein Fragezeichen.

Wenn man jemanden zu einer Handlung auffordern will, bildet man
***Aufforderungssätze.** Dazu benutzt man den Imperativ der Verben.*
Das Verb steht am Anfang und das Subjekt entfällt:
Bring mir bitte eine Eintrittskarte mit!
Am Ende eines Aufforderungssatzes steht ein Ausrufezeichen.

MERKEN

❶ Schreibe den folgenden Text einer Radioreportage über eine Fußballspiel ab und markiere dabei die Satzenden durch passende Satzschlusszeichen.

… da verstolpert er den Ball Beherzt nimmt Schmidt ihm den Ball ab Wird er zu einem Flankenlauf ansetzen Nein, er drischt den Ball in den Strafraum der Gäste Die Abwehr der Gäste bleibt lässig stehen Lauft doch endlich Mittlerweile sind drei
5 Angreifer der Heimmannschaft im Strafraum der Gäste Aber die Abwehr der Gäste tritt von einem Fuß auf den anderen Unbehelligt spielen sich die Stürmer den Ball im Strafraum zu Greift sie doch endlich mal an Aber die Gäste lassen sie gewähren Wie soll eine solche
10 Abwehr das eigene Tor schützen Sie liefert ihren Tormann dem gegnerischen Sturm aus.
Es ist noch keine Minute gespielt und schon brennt es im Strafraum der Gäste. Ein Pass auf Fritzsche, der mit dem Rücken zum Tor steht. Fritzsche gibt weiter zu Neu Hält er direkt
15 aufs Tor Nein, schöner Pass zum Kapitän, der sich freigespielt hat, in aller Ruhe Maß nimmt und … Tor Tor in der zweiten Spielminute

Sätze gliedern und verbinden

Aufzählungen und eingeschobene Wortgruppen

MERKEN

Das Komma bei Aufzählungen
→ Seite 66

Kommas helfen, Sätze zu gliedern und so die Übersicht beim Aufbau von Sätzen zu behalten.
Bei *Aufzählungen* trennt das Komma Attribute, die sich auf die gleichen Nomen beziehen, gleichartige Satzglieder oder Wortgruppen. Werden Glieder einer Aufzählung durch *und/oder* verbunden, entfällt das Komma:
Ich beiße in das goldgelbe, feingeröstete und duftende Cheeseburger-Brötchen.
In dem Cheeseburger befinden sich ein Hackfleischfladen, eine Gurkenscheibe und eine Scheibe Käse.
Cheeseburger werden meistens gefroren angeliefert, im Restaurant warm gemacht und über die Theke gereicht.
Eingeschobene Wortgruppen nach einem Nomen werden durch zwei Kommas markiert:
Der Cheeseburger, mit Einpackpapier umwickelt, liegt auf dem Tablett.
Ich nehme den Cheeseburger, das beliebte Fast-Food-Erzeugnis, mit nach Hause.

1 Schreibe den folgenden Text ab und gliedere die Sätze durch Kommas. Achte auf Aufzählungen und eingeschobene Wortgruppen.

Juwelenreis

Juwelenreis ein prächtiges Reisgericht und Augenschmaus ist persischen Ursprungs. Das Gericht besteht aus gelbem duftendem Safranreis Berberitzenbeeren getrockneten säuerlichen roten Sauerkirschen geraspelten und orange leuchtenden Blutorangenschalen
5 getrockneten Aprikosen tiefschwarzen Rosinen ausgesuchten Nüssen goldgelben Mandelblättern und gehackten grünen und leicht gesalzenen Pistazien. Die getrockneten Früchte werden eingeweicht zum Reis gegeben und mit ihm in einer Pfanne erhitzt. Der Reis wird 10 Minuten gekocht mit Safranfäden und den Früchten in
10 einer Pfanne angebraten und dann 10 Minuten in einer abgedeckten Pfanne gegart. Die Berberitzen wirken auf einem Teller serviert mit den Früchten und Nüssen wie Rubine unter Juwelen.

2 Schreibt andere Rezepte mit Aufzählungen und eingeschobenen Wortgruppen ohne Kommas auf, tauscht die Texte untereinander aus und setzt die fehlenden Kommas ein. Vergleicht und besprecht anschließend eure Arbeitsergebnisse.

Sätze mit Konjunktionen verbinden

> Man kann auch **ganze Sätze** mithilfe von **Konjunktionen** (Bindewörtern) verbinden. Die Verbindungsstelle zwischen den beiden Sätzen wird meistens mit einem **Komma** markiert.
>
> **Unterordnende Konjunktionen** wie da, weil, nachdem, als, obwohl, wenn führen dazu, dass das Verb des verbundenen Satzes nach hinten rückt:
> Experten machen sich über die Internetnutzung Jugendlicher Sorgen, weil sie in ihren Internetprofilen oft sehr persönliche Informationen enthüllen.
> Der unveränderte Satzteil heißt **Hauptsatz**, der veränderte Satzteil **Nebensatz**. Diese Satzverbindung nennt man **Satzgefüge**.
>
> **Nebenordnende Konjunktionen** wie aber, denn, doch, oder, und verändern den verbundenen Satz nicht:
> Experten machen sich über die Internetnutzung Jugendlicher Sorgen, denn sie enthüllen in ihren Internetprofilen oft sehr persönliche Informationen.
> Diese Verbindung aus zwei Hauptsätzen heißt **Satzreihe**.

MERKEN

Das Komma zwischen Haupt- und Nebensatz
→ Seite 67

	Werden verwendet, ...	Beispiel:
reihende und ausschließende Konjunktionen und, sowie, außerdem, nicht nur – sondern auch, weder – noch, sowohl – als auch ... oder, andernfalls, entweder – oder ...	wenn du gleichartige Sätze und Satzglieder miteinander verknüpfen willst.	Eine Schülerin hat über 100 Freundschaftskontakte online und hat davon noch keine Person im wirklichen Leben getroffen.
begründende Konjunktionen weil, denn, da ...	wenn du eine Begründung anfügen willst.	Die Schülerin kann im wirklichen Leben niemand treffen, weil sie online ist.
Konjunktion des Zwecks damit	wenn du anfügen willst, zu welchem Zweck oder mit welcher Absicht etwas geschieht.	Sie muss online sein, damit sie ihre Freundschaftskontake pflegen kann.
zeitliche Konjunktionen nachdem, bevor, als, während, sobald, bis ...	wenn du anfügen willst, was davor, danach oder gleichzeitig geschieht.	Sie schaltet den Computer aus, nachdem sie sich von einer virtuellen Freundin verabschiedet hat.
Konjunktion dass	wenn du eine Meinung oder eine Wahrnehmung anfügen willst.	Sie glaubt, dass ein reales Treffen mit Netzbekanntschaften gefährlich werden kann.
bedingende Konjunktionen wenn, sofern, falls ...	wenn du deutlich machen willst, was passiert sein muss, damit etwas anderes passiert. Oft steht die Bedingung, die erfüllt sein muss, im einleitenden wenn-Satz.	Wenn ihr im wirklichen Leben eine interessante Person begegnet, lässt sie auch ihren Computer aus.
einräumende Konjunktionen obwohl, obgleich, wenn auch ...	wenn du einen nicht so entscheidenden Gegengrund ausdrücken willst.	Sie genießt die Gespräche mit ihren Online-Partnern, obwohl sie sich manchmal auch ein wirkliches Gespräch wünscht.
entgegensetzende Konjunktionen aber, doch, trotzdem ...	wenn du einen entscheidenden Gegengrund ausdrücken willst.	Sie hat sich auch schon für Computerspiele interessiert, aber das dauernde Ballern findet sie langweilig.

Nachschlagen und üben **Grammatik**

❶ In dem folgenden Gespräch wird der Standpunkt der beiden Schülerinnen nicht richtig deutlich, weil sie ständig die Konjunktion *und* verwenden.
Wähle besser passende Konjunktionen aus der Randspalte aus und
verbinde die Sätze damit. Beachte dabei auch den Unterschied von unterordnenden und nebenordnenden Konjunktionen.

aber/denn	**Sandra:**	Ich bin besorgt um meinen Bruder und er verbringt seine ganze freie Zeit allein mit Computerspielen.
weil/doch	**Songül:**	Mein Bruder verbringt auch viel Zeit mit Computerspielen und ich mache mir keine Sorgen.
bevor/seitdem	**Sandra:**	Er hat kaum noch Besuch von Freunden und er hat mit dem Computerspiel angefangen.
da/obwohl	**Songül:**	Durch das Computerspielen hat mein Bruder Anschluss gefunden und er kann sich auf dem Schulhof über die Tricks zu einzelnen Spielen austauschen.
aber/nachdem	**Sandra:**	Es ist ja schön, wenn er sich auf dem Schulhof einer Clique anschließen konnte, und diese Gruppe redet in ihrer eigenen Sprache und ist für andere nicht zu verstehen.
damit/obgleich	**Songül:**	Auch andere Cliquen haben eine Art Geheimsprache und sie können sich untereinander besser verständigen.
denn/obwohl	**Sarah:**	Jetzt will mein Bruder sogar an einer Lan-Party teilnehmen und er muss seinen Computer dort hinschleppen.
da/wenn	**Songül:**	Ich werde meinen Bruder begleiten. Mein Bruder geht auf die nächste Lan-Party.
aber/weil	**Sarah:**	Ich gehe lieber zu einer richtigen Party und da kann ich den Gästen direkt ins Gesicht sehen.

MERKEN

Die Konjunktion dass *kann man manchmal mit dem Relativpronomen* das *verwechseln, weil sich beide Worte gleich anhören und beide Worte durch ein Komma abgetrennt werden. Man kann sie so unterscheiden:*
– *Die* **Konjunktion** dass *leitet nach Verben des Fühlens und Wahrnehmens einen Satz ein und bezieht sich nicht auf ein Nomen.*
– *Das* **Relativpronomen** das *steht hinter dem Nomen, das es vertritt.*

Nachschlagen und üben **Grammatik**

2 Entscheide, ob in die Textlücken **dass** oder **das** eingesetzt werden muss. Schreibe den Text ab und markiere, wenn nötig mit einem Pfeil, auf welches Nomen sich das Wort in der Lücke bezieht. Setze auch die nötigen Kommas.

Skaten ist mehr als ein Gelegenheitssport
Ein Skateboard ist ein rollendes Brett ▒▒▒▒ nur durch Gewichtsverlagerung zu lenken ist. Skater wissen ▒▒▒▒ sie über viel Körperbeherrschung verfügen müssen, um ihr Brett zu steuern. Das akrobatische Können ▒▒▒▒ viele Skater auf
5 der Straße zeigen ist Ergebnis ausdauernder Übung. Um neue akrobatische Tricks einzuüben, nehmen Skater in Kauf ▒▒▒▒ sie dafür manchmal monatelang trainierem müssen.
Viele Skater finden ▒▒▒▒ Skateboarding mehr als nur ein Sport ist. Sie verbringen so viel Zeit wie möglich beim ge-
10 meinsamen Training ▒▒▒▒ oft an öffentlichen Plätzen in der Stadt stattfindet. Sie zeigen durch einen eigenen Style in Kleidung und Musik ▒▒▒▒ sie einer besonderen Jugendszene angehören.

> *Die Konjunktion* **dass** *kann zusammen mit dem* **Konjunktiv I** *verwendet werden, um etwas, was gesagt wurde, in indirekter Rede wiederzugeben:*
> *Der Skater sagte: „Ich übe einen Trick oft monatelang."*
> → *Der Skater sagte,* <u>*dass er*</u> *einen Trick oft monatelang* <u>*übe*</u>.

MERKEN

3 Wandle die folgenden Äußerungen aus einem Interview in indirekte Rede um: *Der Skater berichtet, dass … Er erklärt, dass …*

Interview mit einem Skater
Reporter: Was ist das Besondere am Streetskaten?
Skater: Beim Streetskaten sucht man die Hindernisse für die Tricks auf der Straße.
Reporter: Welche Hindernisse sind das?
Skater: Das kann eine kleine Mauer sein. Besonders gern nutzen wir auch Treppengeländer.
Reporter: Haben diese Hindernisse besondere Namen?
Skater: Ja, das Treppengeländer heißt z. B. „Rail".
Reporter: Warum gehst du mit deiner Clique nicht auf einen Skateboardpark mit einem fertigen Hindernisparcours?
Skater: Wir finden es interessanter, selbst Hindernisse zu entdecken, als vorgeplante Hindernisparcours zu befahren.

Sätze mit Fragepronomen und Infinitiven

MERKEN

Indirekte Fragesätze sind Satzgefüge, bei denen Fragesätze direkt mit einem einleitenden Satz verbunden sind.
Dazu wird vor dem *Fragepronomen (wann, wer, wohin, was, warum, wozu …)* ein Komma gesetzt und die veränderliche Form des Verbs an das Ende des Fragesatzes gerückt:
Direkter Fragesatz: *Wohin <u>kann</u> die Feindschaft von Familien führen?*
Indirekter Fragesatz: *Das Theaterstück „Romeo und Julia" zeigt, wohin die Feindschaft von Familien führen <u>kann</u>.*

Von der Liebe zwischen einem Androidenjäger namens Deckard und einer Androidin mit Namen Rachael, erzählt der amerikanische Autor Philip K. Dick in seinem Zukunftsroman „Träumen <u>Androiden</u> von elektrischen Schafen?".

<u>Androiden:</u>
künstliche Menschen

❶ In dem folgenden kurzen Text sind fünf Fragen versteckt. Schreibe sie als direkte Fragesätze heraus: *Wie geht der Polizeibeamte Deckard …*

a) Dick erzählt wie der Polizeibeamte Deckard seinem Beruf auf einer Erde nachgeht die fast unbewohnbar geworden ist.
b) Nachdem ein Großteil der Menschen auf den Mars ausgewandert ist versuchen die Androiden die zur Unterstützung der Auswanderer hergestellt wurden auf die Erde zurückzukommen.
c) Weil diese Rückkehr verboten ist muss Deckard ermitteln wo sich die illegalen Androiden verstecken und Wege finden wie sie außer Funktion gesetzt werden können.
d) Das Hauptproblem seiner Arbeit ist wie man die Androiden identifiziert da sie den Menschen sehr gleichen.
e) Bei einer Jagd auf fünf Androiden die auf die Erde zurückkehrten verliebt er sich in Rachael und muss im Laufe der Ermittlung erkennen wer sie wirklich ist.

❷ Schreibe die Sätze ab, kreise alle Konjunktionen, Relativpronomen und Fragepronomen ein und setze dann die nötigen Kommas.

TIPP
Die Satzanhänge auf Seite 193, Aufgabe 2, können dir dabei helfen.

❸ „Wir werden nicht geboren, wir wachsen nicht auf, wir sterben nicht an Krankheit und Alter, sondern wir nutzen uns einfach ab wie Ameisen." So fasst Rachael den Unterschied zwischen Menschen und Androiden zusammen. Formuliere in indirekten Fragesätzen, was sie sich über ihre Liebesbeziehung zu Deckard Fragen könnte.

Nachschlagen und üben **Grammatik**

> Wenn **Infinitivgruppen** in einen Satz eingefügt werden, helfen Kommas, den Satz zu gliedern und so die Übersicht zu bewahren.
>
> Ein Komma muss gesetzt werden,
> – wenn Infinitivgruppen mit als, anstatt, außer, ohne, statt oder um eingeleitet werden: Die Androidin wurde produziert, statt heranzuwachsen.
> – wenn sie sich auf ein Nomen beziehen:
>   Viele Androiden hatten das Ziel, auf die Erde zurückzukehren.
> – wenn Infinitivgruppen mit einem hinweisenden Wort (es, daran, das …) angekündigt oder wieder aufgenommen werden:
>   Androiden hatten Freude daran, ihre hohe Intelligenz zu zeigen.
>   Einen Androiden nicht mehr von einem Menschen unterscheiden zu können, das war Deckards größte Sorge.
>
> Um die Gliederung des Satzes deutlich zu machen, ist es erlaubt, auch bei anderen Infinitivgruppen Kommas zu setzen. Das kann sinnvoll sein, wenn Infinitivgruppen zu lang werden oder am Anfang des Satzes stehen:
> Wie ein Mensch zu altern (,) beunruhigt Rachael nicht.
> Rachael beunruhigt (,) sich langsam wie ein Werkzeug abzunutzen.

MERKEN

Infinitive helfen beim Satzbau
→ Seite 170

❶ Erkläre die Kommasetzung in diesem kurzen Informationstext mithilfe des Merkkastens:

Für die Zeitgenossen von Deckard ist es ein Beweis großen Reichtums, ein lebendes Tier zu besitzen. Tot vom Himmel zu fallen oder still auf der Erde zu verenden, das war die Reaktion der Tiere auf den Atomkrieg. Die meisten Menschen lebten von da an mit elektronischen Attrappen, um nicht ganz auf Tiere zu verzichten.

❷ Schreibe den folgenden kurzen Text ab und setze, wo es nötig ist, ein Komma. Beachte dabei Infinitivgruppen, eingeschobene Wortgruppen, indirekte Fragesätze und Relativsätze.

Deckard besitzt ein Schaf eine elektronische Attrappe mit dichtem Fell das aus echter weißer Wolle besteht. Um Schäden zu beheben kommt der „Tierarzt" eigentlich ein Mechaniker in einem Auto auf dem „Tierklinik" steht.
5 Deckard muss es vor den Nachbarn verheimlichen kein echtes lebendes Tier zu besitzen. Die Frage was für ein Schaf man besitzt gehört sich nicht. So kann Deckard weiterhin am Anschein festhalten glücklicher Besitzer eines im Stall geborenen Schafes zu sein.

Nachschlagen und üben
Rechtschreibung

Rechtschreibstrategien anwenden

Das Werkzeug eines guten Rechtschreibers sind die Rechtschreibstrategien. Mit ihrer Hilfe kannst du dir die Schreibung von ca. 80 % der deutschen Wörter herleiten. Daher solltest du sicher im Umgang mit den Strategien sein. Auf den nächsten Seiten werden sie noch einmal wiederholt und geübt.

Herd schreibt man am Wortende mit d, denn es heißt *die Herde*.

Räucherstäbchen schreibt man mit äu, denn es ist verwandt mit den Wörtern *Rauch* und *Stab*.

Klemmmappe hat drei m, weil es sich aus den Wörtern *klemmen* und *Mappe* zusammensetzt.

brennt – brennen: Die erste Silbe ist geschlossen. Das n wird verdoppelt, damit der Vokal kurz gelesen wird.

Klemmmappe
Räucherstäbchen
brennt
Herd

❶ Welche Strategien wenden die Schüler an, um die Rechtschreibprobleme zu lösen?

❷ An welche Rechtschreibstrategien erinnerst du dich? Bei welchen Rechtschreibfragen helfen sie dir? Nenne Beispiele.

Rechtschreibstrategie:
Wörter in Silben zerlegen, Silben untersuchen

Das Zerlegen von Wörtern in Silben kann dir besonders bei langen Wörtern dabei helfen, Flüchtigkeitsfehler wie Buchstabendreher oder Buchstabenauslassungen zu finden.

1. Bei den Wörtern unten haben sich Flüchtigkeitsfehler eingeschlichen. Schreibe die Wörter richtig in dein Heft. Sprich beim Schreiben die Silben leise mit. Zeichne die Silbenbögen ein.
   Famileinfeier   Klassenlehrin   Jugendherbregsvater
   Mobiltelfonnummer   Bedienugsanleitung   Strenenhimmel
   Aulfladegerät   Fensehreklame

2. Sieh dir die Silben unten genau an. Worin liegt der entscheidende Unterschied im Aufbau der Silben links und rechts?
   klei   me   brö   ga   top   gur   las   hir
   schla   nu   flie   blau   fen   ras   schil   wer

3. Vervollständige die Sätze aus dem Merkkasten in deinem Heft. Benutze dabei folgende Begriffe:
   Konsonant, Vokal, endet, kurz gelesen, lang gelesen, offen, geschlossen.

   > Endet eine Silbe mit einem ░░░, ist sie ░░░. Der Vokal wird ░░░
   > Beispiele: Hase, Flieder, schlafen ...
   > Endet eine Silbe mit einem ░░░, ist sie ░░░. Der Vokal wird ░░░
   > Beispiele: Gurke, Kasten, helfen ...

   MERKEN

4. Im dem Wort *sie kamen* wird der Vokal a lang gelesen. Welchen „Trick" müsstest du anwenden, damit er kurz gelesen wird?

   > Damit der Vokal kurz gelesen wird, wird bei einigen Wörtern der ░░░ in der Mitte verdoppelt. Die Silbe ist dann ░░░.
   > Beispiel: Schiffe und nicht Schife.

5. Sammle zu den folgenden Wörtern weitere Beispiele mit demselben Kürzezeichen. Schreibe so: *schrubben, Ebbe* ...
   schrubben   die Griffe   stellen   die Kladde   die Schwämme
   die Mitte   schmuggeln   brennen   die Gruppe   besser

6 Begründe, warum in den folgenden Wörtern der Vokal kurz gelesen wird:

die Schnecke   die Blöcke   trocken   der Wecker   meckern
petzen   die Katze   die Spritze   die Sätze   glotzen   schmutzig

7 Vervollständige den Merksatz in deinem Heft:

MERKEN

> Die Konsonanten ▨▨ und ▨▨ werden im Deutschen nicht verdoppelt. Stattdessen schreibt man nach kurz gelesenem Vokal ▨▨ und ▨▨.
> Beispiele: die Lücke, die Jacke …; die Tatze, die Ritze …

8 Nach einem lang gelesenen Konsonanten steht ein k oder ein z. Doch auch hinter einem kurz gelesenen Vokal kann k oder z stehen. Untersuche in den Wörtern unten die Silben. Unterstreiche den Buchstaben vor dem k oder z. Schreibe so: die Wanze

die Wanze   der Balken   der Anzug   die Kerze   die Münzen
der Ranzen   der Anker   die Hölzer   der Erker   der Imker

9 Vervollständige nun mit den Ergebnissen aus Aufgabe 8 den Merksatz.

MERKEN

> Nach den Konsonanten ▨▨, ▨▨, ▨▨ und ▨▨ schreibt man z oder k, weil die betonte Silbe schon geschlossen ist.

10 Setze bei den Wörtern unten k oder ck ein. Zeichne Silbenbögen ein:

tor▨eln   das Pa▨et   die Brü▨e   der Vo▨al
der Win▨el   bli▨en   die Schau▨el   der Po▨al
das Fer▨el   pflü▨en   schwan▨en   der Kor▨en
die Pau▨e   die The▨e   die Wol▨e

11 Setze bei den Wörtern unten z oder tz ein. Zeichne Silbenbögen ein:

stür▨en   die Prin▨en   blin▨eln   scher▨en   hei▨en
bli▨en   gei▨ig   die Mü▨e   die Wur▨el   glän▨en
die Hei▨ung   stü▨en   die War▨e   he▨en   pla▨en
die Wan▨e

Rechtschreibstrategie: Wörter verlängern

> Bevor du bei einem einsilbigen Wort untersuchen kannst, ob die **Silbe offen oder geschlossen** ist, musst du es erst einmal zu einer **zweisilbigen Form** verlängern:
> – Bei **Nomen** bildest du die Mehrzahl: *der Pass – die Pässe*.
> – Bei **Verben** bildest du die wir-Form: *er rennt – wir rennen*.
> – Bei **Adjektiven** suchst du ein passendes Nomen: *schnell – die schnelle Läuferin*.

MERKEN

das Bett   der Griff   die Not   still   er backt   schlapp
er biss   sie grüßt   das Maß   knapp   gezackt   das Lamm

1 Verlängere die Wörter oben und begründe so ihre Schreibweise.
Schreibe so: *Bett* mit **tt**, weil *die Betten*

er speist – er grüßt

Stimmloses s – mit s oder mit ß?

2 Wie klingt der s-Laut in den Wörtern oben: stimmlos oder stimmhaft?

3 Verlängere die Wörter zu Zweisilbern. Wie klingen die s-Laute nun?

4 Verlängere die folgenden Wörter ebenfalls und schreibe nur diejenigen auf, bei denen du im Zweisilber ein stimmhaftes s hörst: *sie liest*, weil *wir lesen*.

sie lie☒t   das Lo☒   er bü☒t   verru☒t   sie lie☒t
das Gesä☒   sie brem☒t   das Gra☒   der Prei☒
er schie☒t   das Hau☒   gesü☒t

5 Wiederhole die Regel, wann das stimmlose s mit ss und wann es mit ß geschrieben wird. Vervollständige dazu die Sätze im Merkkasten:

Stimmloses s – mit ss oder mit ß?

> Für zweisilbige Wörter mit stimmlosem s gilt:
> Ist die erste Silbe ☒☒☒ und wird der Vokal ☒☒☒ gesprochen, schreibt man ☒☒☒.
> Ist die erste Silbe ☒☒☒ und wird der Vokal ☒☒☒ gesprochen, schreibt man ☒☒☒.

MERKEN

6 Verlängere die folgenden Wörter und setze ss oder ß ein:
sie schlie☒t   der Bi☒   der Flu☒   das Fa☒   die Nu☒
hei☒   der Gru☒

Wörter mit s, ss und ß
↪ Seite 88

*Schreibt man am Wortende **b** oder **p**, **d** oder **t**, **g** oder **k**?*

Die Laute der Konsonanten b oder p, d oder t und g oder k kannst du am Ende einer Silbe nicht unterscheiden. Auch hier hilft das Verlängern bei der Entscheidung für den richtigen Buchstaben.

b oder p?	der Die■	lie■	er hu■t	gefär■t	es kle■t
d oder t?	run■	der Or■	das Rin■	das Zel■	kal■
g oder k?	der Zwei■	der Krie■	star■	der Ta■	der Sie■

❶ Verlängere die Wörter oben. Setze jeweils den richtigen Buchstaben ein. Schreibe so: *der Dieb – die Diebe, …*

*Warum steht am Wortende ein **h**?*

Um das silbentrennende h eindeutig erkennen zu können, musst du eine zweisilbige Wortform bilden.

du stehst   sie zieht   die Naht   er sah   der Schuh   du ruhst
es droht   er floh   froh   roh   er kräht   du mähst   sie sprüht

❷ Verlängere die Wörter oben, um die Schreibweise mit silbentrennendem h zu begründen. Schreibe so: *du stehst* mit **h**, weil *wir stehen*, …

Warum schreibt man mit doppeltem Konsonanten?

Ob in einem Wort der Konsonant verdoppelt werden muss, damit der Vokal kurz gesprochen wird, kannst du an der zweisilbigen Wortform erkennen.

❸ Verlängere die Wörter unten und begründe so die Konsonantenverdopplung. Schreibe so: *der Damm – die Dämme, …*

der Damm   er kennt   knapp   stumm   er tippt   der Sinn
er füllt auf   er schleppt ab   sie sonnt sich   toll   der Stoff

MERKEN

Bei einigen Wörtern musst du zunächst den Wortstamm abtrennen und dann verlängern, um die Verdopplung des Konsonanten zu erklären.
Beispiel: ausgeflippt: ausge-flippt → flippen

Wörter mit doppelten Konsonanten Seite 132

❹ Trenne bei den folgenden Wörtern zunächst den Wortstamm ab und verlängere sie dann.

die Hoffnung   eingestellt   eingestimmt   männlich   das Mäppchen

Nachschlagen und üben **Rechtschreibung**

**Rechtschreibstrategie:
Wortverwandte suchen, Wörter ableiten**

Wenn du über die Herkunft eines Wortes nachdenkst, kannst du dir die Schreibung oft herleiten. Dabei helfen dir Wortverwandte. Diese findest du, indem du nach anderen Wortarten (Nomen, Verben, Adjektiven) in einer Wortfamilie suchst. Beispiel: *das Gemälde, malen, malerisch …*

1 Begründe, warum die Wörter unten mit ä bzw. äu geschrieben werden, indem du einen Wortverwandten suchst.
Schreibe so: *abergläubisch* mit *äu*, weil *der Glaube, …*

Schreibt man ä oder e, äu oder eu?

abergläubisch   abräumen   die Säure   anhäufen   das Gebäude
die Betäubung   das Geräusch   drängeln   durchblättern   regelmäßig

2 Auch die Schreibweise eines Wortes mit eu lässt oft sich herleiten, indem man Wortverwandte sucht. Begründe die Schreibweise folgender Wörter:

das Feuer   teuflisch   erfreulich   bezeugen   erneuern   gekreuzt

3 Suche bei den Wörtern unten nach Wortverwandten. Entscheide dann, ob das Wort mit äu oder eu geschrieben wird.
Wenn du keine Wortverwandten mit den Buchstaben au findest, suche nach Wortverwandten mit eu.
Schreibe so: *überschäumend*, weil *der Schaum, …*

zweid■tig   einschl■sen   zerst■ben   das Geh■se
der Kronl■chter   das Gem■er   ausb■ten   der R■ber

4 Suche zu den folgenden Wörtern möglichst viele Wortverwandte.
Schreibe so: *tragen, getragen, der Träger, die Tragetasche …*

tragen   angeeckt   laufen   brauchen   geerntet   der Stand
hart   freundlich   kalt   bezeugen   heben   der Schlauch

Auch bei Merkwörtern (z. B. mit Dehnungs-h) helfen dir Wortverwandte.

belehren   fahren   ahnen   nehmen   stehlen

5 Finde zu den Wörtern oben möglichst viele Wortverwandte.
Schreibe so: *belehren: Lehrer, lehrreich, gelehrt …*

Silbentrennendes h oder Dehnungs-h?
→ Seite 172

Rechtschreibstrategie: Wörter in Bausteine zerlegen

Wortzusammensetzungen haben auf den ersten Blick häufig schwierige Stellen. Diese Schwierigkeiten lassen sich jedoch lösen, wenn man sich die einzelnen Wortbestandteile genauer ansieht.

MERKEN

> *Jedes Wort besteht mindestens aus einem* **Wortstamm**.
> *Er ist in allen Wörtern einer Wortfamilie gleich.*
> *Beispiel:* klein: *die* Kleinigkeit, kleiner, verkleinert …
> *Einige Wörter bestehen aus mehreren Wortstämmen:*
> *Beispiel:* fuß + ball + platz – der Fußballplatz
> *Vor dem Wortstamm können* **Vorsilben** *stehen:*
> an-, er-, un-, ver-, vor-, ge-, ein-, zer- …
> *Beispiel:* verkleinert, zerkleinert, unzerkleinert …
> *Hinter dem Wortstamm können* **Nachsilben** *stehen:*
> -ung, -heit, -keit, -chen, -ig, -lich
> *Beispiel: die Frei*heit*, die Heiter*keit*, lust*ig*, freund*lich …
> *Zusammengesetzte Wörter haben oft eine* **Fuge**
> *(einen Verbindungsbaustein): -s-, -e-, -er-, -n-*
> *Beispiel: Zwilling*s*schwester, Schwein*e*stall, Licht*er*kette, Tint*en*klecks …*

> *Warum schreibt man Drehstuhl mit h?*

die Drohgebärde   der Drehstuhl

❶ In den Wörtern oben kommt jeweils ein h vor. Begründe, warum.

Silbentrennendes h oder Dehnungs-h?
↪ Seite 172

❷ Begründe in den folgenden Wörtern das silbentrennende h, indem du die Wörter zunächst in ihre Bausteine zerlegst und dann verlängerst.
Schreibe so: *das Rehkitz: Reh-kitz. Reh* mit *h*, weil: *Rehe*, …

das Rehkitz   die Nähgarn   erste Gehversuche   das Geschehnis
der Mähdrescher   mühsam   die Rohkost

> *Warum schreibt man Kauffrau mit zwei f?*

❸ Begründe die Schreibweise der folgenden Wörter an der unterstrichenen Stelle, indem du die Wörter zerlegst.
Schreibe so: *die Kauffrau: Kauf/frau, das Ausflugsziel: Ausflug/s/ziel,* …

die Kauffrau   das Ausflugsziel   der Rollladen   lehrreich
der Picknickkorb   der Kreuzzug   die Kennnummer
das Lieblingsgericht   die Klemmmappe   der Kunststoff
die Schifffahrt   der Ortsteil

Nachschlagen und üben **Rechtschreibung**

End-/end-	Ent-/ent-
der Endkampf	die Entzündung
endlos	entscheiden
endgültig	entweder

Wann schreibt man End-/end, wann Ent-/ent-?

4 Bei den Wörtern oben kommt *End-/end-* bzw. *Ent-/ent-* als Wortbaustein vor. Überlege, um welche Art von Wortbaustein es sich jeweils handelt. Bedenke dabei die Bedeutung von *End/end*.

> Steht der Wortbaustein *End-/end-* am Anfang eines Wortes, handelt es ich um einen Wortstamm. Er ist die verkürzte Form von *Ende*.
>
> Der Wortbaustein *Ent-/ent-* ist eine Vorsilbe.

MERKEN

5 Setze bei den folgenden Wörtern *End-/end-* oder *Ent-/ent-* ein:

der ●spurt   ●lang   ●lich   ●lassen   ●fernen
●gegenkommen   das ●spiel   der ●decker   ●laufen
●gleisen   die ●scheidung

6 Bei den folgenden Wörtern kommt der Wortbaustein *-end* als Endung vor. Schreibe die Wortbausteine getrennt auf: *ansteck-end*, …

singend   glühend   stinkend   juckend   parkend   springend

7 Welche Wortart kannst du aus dem übriggebliebenen Wortstamm bilden?

> Der Wortbaustein *-end* ist die Endung des Partizips Präsens.
>
> Infinitiv: singen → Partizip Präsens: sing<u>end</u>.

MERKEN

8 Bilde aus den Verben unten und der Endung *-end* jeweils das Partizip Präsens. Schreibe so: *musizieren – musizierend*, …

musizieren   genügen   beruhigen   fragen   ausreichen
entsprechen   durchgehen   scherzen   abweichen   abwerten
vorübergehen

Rechtschreibstrategie: Wörter merken

Übungsmöglichkeiten findest du auf
➔ Seite 253/254

Die Schreibweise einiger Wörter lässt sich nicht durch Regeln erklären. Diese Wörter muss man sich merken. Zu den Merkwörtern gehören:

Wörter mit Dehnungs-h
Beispiele: *ihn, ihnen, ihr, ihre, ihm, ahnen, bohren, lehren, wehren, zahm* ...
Die Schreibweise dieser Wörter kann man sich nicht herleiten – anders als beim silbentrennenden h. Du musst sie lernen.
Die einzigen Hinweise auf ein Dehnungs-h sind: Es steht manchmal nach einem lang gesprochenen Vokal, aber nur vor den Konsonanten l, m, n und r.

Wörter mit langem i als i geschrieben
In der Regel wird das lange i in deutschen Wörtern mit ie geschrieben.
Es gibt jedoch einige Ausnahmen. Ihre Schreibweise musst du lernen.
Beispiele: *Tiger, Liter, Minute, Musik, widerlich, wir, dir, mir, Igel* ...

Wörter mit pf
Beispiele: *der Pfad, der Pfahl, das Pfand, die Pfanne, der Pfeffer, das Pferd, die Pfeife, der Pfeil, der Pfiff, die Pflanze, die Pflege, der Pfirsich, der Pfosten, die Pfote, die Pfütze* ...

Wörter mit dem Laut ks
Beispiele: *die Achse, der Keks, die Hexe* ...
Diese Wörter haben den Laut ks, werden jedoch unterschiedlich geschrieben: chs, ks, x. Dafür gibt es keine Regel.

Wörter mit v statt f
Beispiele: *bevor, brav, der Vers, das Vieh, viel, vier, der Vater, der Vogel* ...
Diese Wörter werden mit v geschrieben. Dabei handelt es sich nicht um eine Vorsilbe. Du musst diese Wörter lernen.

Wörter mit v statt w
Beispiele: *das/der Virus, die Gravur, der Vulkan* ...

Wörter mit Doppelvokal
Beispiele: *das Paar, der See, das Moor* ...
Diese Wörter haben als Kennzeichen des lang gesprochenen Vokals alle einen Doppelvokal. Hierfür gibt es keine Regel. Du musst diese Wörter lernen.

Nachschlagen und üben **Rechtschreibung**

Rechtschreibstrategie: Sätze untersuchen

Bei manchen Rechtschreibfragen kannst du durch Untersuchen des Satzes entscheiden, wie ein Wort geschrieben wird.

> Woran erkennt man, ob ein Wort großgeschrieben wird?

MERKEN

> **Nomen** werden großgeschrieben. Dass es sich bei einem Wort um ein Nomen handelt, erkennst du in der Regel an dem Begleiter des Nomens.
>
> Begleiter können sein:
> – Artikel: der Hund, die Lampe, ein Haus …
> – Pronomen: mein Hund, seine Lampe, unser Haus …
> – Präposition + Artikel (= versteckter Artikel): beim Haus, am Fenster …
>
> Zwischen Begleiter und Nomen steht manchmal ein Adjektiv:
> der kleine Hund, seine neue Lampe, am offenen Fenster …

die Baustelle   beim Volksfest   die jubelnden Zuschauer   zum Parkplatz
ein bunter Blumenstrauß   die gute Laune   der sportliche Erfolg
ihr Bruder   zum Training   am Ball   sein größter Erfolg   ins Finale
ein weißer Abdruck   ein letzter Check   der begeisterte Modellbauer
das mulmige Gefühl   im kalten Winter   im Flugzeug   euer Glück

1 Übertrage die Tabelle in dein Heft. Trage die Beispiele oben in die richtigen Spalten ein. Denke daran, die Nomen großzuschreiben.

Artikel + Nomen	Pronomen + Nomen	versteckter Artikel + Nomen	Begleiter + Adjektiv + Nomen

MERKEN

> Manchmal hat ein Nomen im Satz keinen Begleiter. Um das Nomen zu erkennen, musst du dir den Begleiter hinzudenken.
>
> Beispiel: Ich esse gern (die) Schokolade.

2 Schreibe den Text „Das Jugendmuseum Tempelhof Schöneberg" auf der nächsten Seite in richtiger Groß- und Kleinschreibung ab.

Das jugendmuseum tempelhof schöneberg

Wir sind ein experimentierfreudiges geschichtsmuseum für junge leute. Unser sitz ist die „millionenvilla" im berliner stadtteil schöneberg. Hier findest du ungewöhnliche ausstellungs- und werkstatträume und ein lebendiges programm. Unser team ist bunt gemischt. Hier gibt es forscher/innen, techniker/innen und handwerker/innen, film- und theaterleute, künstler/innen, museumspädagogen/innen und natürlich schüler/innen, die ein praktikum machen.

Wir machen ausstellungen, in denen es um geschichte geht. Denn historische ermittlungen sind spannend! Wir machen ausstellungen zum leben hier und heute – meist mit der hilfe junger expertinnen und experten vor ort. Denn auch die gegenwart ist schnell geschichte. Wir bieten projekttage für schulklassen an. Zu manchen themen gibt es mehrtägige workshops. Die ergebnisse werden öffentlich präsentiert. Wir haben eine kleine museumsdruckerei, ein jugendarchiv und vieles mehr … Wir bieten praktika für schüler/innen und studierende und veranstalten tagungen.

MERKEN

> *Verben* können zu *Nomen* werden, wenn
> – ein Artikel vor dem Verb steht *(das, ein, beim …)*,
> – ein Pronomen vor dem Verb steht *(sein, ihr …)*.
>
> *Adjektive* können zu *Nomen* werden, wenn
> – ein Artikel allein vor dem Adjektiv steht,
> – ein Mengenwort vor dem Adjektiv steht *(nichts, wenig, viel, etwas …)*.

3 Entscheide bei den folgenden Sätzen, ob das Verb oder Adjektiv zum Nomen geworden ist. Schreibe die Sätze dann in richtiger Groß- und Kleinschreibung auf.
  a) Das FÜTTERN der Tiere ist streng VERBOTEN.
  b) Ich kann sein NÖRGELN nicht mehr ERTRAGEN.
  c) Nach dem VERREGNETEN Ausflug brauche ich etwas WARMES zu TRINKEN.
  d) Beim ERLEDIGEN der Hausaufgaben esse ich gern etwas SÜSSES.
  e) Sein SCHÖNES LÄCHELN fasziniert mich.
  f) Vom vielen SCHREIBEN sind meine Hände ganz ROT.
  g) Er ist beim LAUFEN ins STOLPERN geraten.

Nachschlagen und üben **Rechtschreibung**

Auch bei **Zeitangaben** gibt es das Problem der Groß- oder Kleinschreibung.

Wie schreibt man Zeitangaben?

4 Ordne die Beispielsätze a) bis e) den Sätzen 1.–5. im Merkkasten zu und schreibe sie zusammen auf.
   a) Bis Dienstag.
   b) Ich kann am Dienstag nicht kommen, dienstags habe ich doch Training.
   c) Ich komme heute Abend bei dir vorbei.
   d) Wir machen den Ausflug am Freitagmorgen.
   e) Ich war gestern mit meiner Mutter einkaufen.

MERKEN

Folgende **Zeitangaben** schreibt man **groß**:
1. Die Namen der Wochentage
2. Zusammengesetzte Zeitangaben
3. Tageszeiten nach den Zeitadverbien heute, gestern, vorgestern, morgen, übermorgen

Folgende Zeitangaben schreibt man **klein**:
4. Zeitadverbien
5. Zeitangaben mit -s

Auch beim Problem der **Kommasetzung** kann es dir helfen, den Satz genau zu untersuchen.

Muss man ein Komma setzen?

5 Untersuche die Kommas in den folgenden Beispielsätzen und vervollständige dann den Merkkasten in deinem Heft.
   a) Pop, Rock, R & B und Dance sind Musikrichtungen.
   b) Ich interessiere mich für Kunst, für verschiedene Musikrichtungen und für viele Sportarten.
   c) Ich lese gern Abenteuerromane, Krimis gefallen mir auch gut.
   d) Ich habe eine Leihkarte, damit ich nicht alle Bücher kaufen muss.

MERKEN

Das Komma steht
1. bei der Aufzählung von ▒▒▒▒▒,
2. bei der Aufzählung von ▒▒▒▒▒,
3. zwischen zwei ▒▒▒▒▒ und
4. zwischen ▒▒▒▒▒ und ▒▒▒▒▒.

Der Nebensatz wird häufig durch eine ▒▒▒▒▒ (aber, denn, doch, sondern, weil, wenn, während, falls, als, damit, obwohl, bevor, nachdem, damit, da …) eingeleitet. Das ▒▒▒▒▒ steht im Nebensatz am Ende.

Fehler erkennen und korrigieren

Groß- und Kleinschreibung
Seite 26

Christian hat einen Tagesbericht entworfen. Bei der Kontrolle der Rechtschreibung hat er noch einige Fehler entdeckt. Um in Zukunft ein guter Rechtschreiber zu werden, trägt er die Fehler in einen Fehlerbogen ein.

praktikum   obwol   mußte   Überaschung   neugierik   dreten   schnel
Beckerei   anstrengent   Tak   aufreumen   Stük   Begin   tisch

① Korrigiere die Falschschreibungen. Wenn du unsicher bist, benutze ein Wörterbuch.

② Übertrage den Fehlerbogen unten in dein Heft und trage Christians falsch geschriebene Wörter (in richtiger Schreibweise) ein. Lasse in den Zeilen genug Platz, damit du mehrere Fehler eintragen kannst.

Fehlerart:	Christians Fehler:	Rechtschreibstrategie:
Nomen und nominalisierte Verben und Adjektive kleingeschrieben	Praktikum	Wortart untersuchen, Sätze untersuchen
Satzanfang kleingeschrieben		auf Satzzeichen achten
Konsonantenverdopplung vergessen		in Silben zerlegen
e statt ä / eu statt äu		ableiten
t statt d / p statt b / k statt g		verlängern
Dehnungs-h vergessen		merken
silbentrennendes h vergessen		verlängern
Zeichensetzungsfehler		Sätze untersuchen
Fremdwörter		merken
Sonstige Fehler		

③ Welche Rechtschreibstrategie muss Christian besonders gut üben? Wobei macht er noch die meisten Fehler?

④ Lege nun einen eigenen Fehlerbogen an. Zeichne dazu Christians Fehlerbogen in dein Heft. Lass in den Zeilen genug Platz, um eigene Fehler einzutragen.

5 Diktiert euch gegenseitig den Text „Tipps für das Bewerbungsgespräch".

Tipps für das Bewerbungsgespräch

Es ist normal, wenn du beim Bewerbungsgespräch nervös bist. Aber du solltest einige Dinge beachten, um einen guten Eindruck zu hinterlassen.
Erkundige dich vorher, wie du zu dem Praktikumsbetrieb gelangst und wie lange du für die Anreise brauchst. Es macht keinen guten Eindruck, zu spät oder abgehetzt anzukommen.
Überlege dir vorher, welche Fragen man dir stellen könnte. Welche Antworten willst du auf diese Fragen geben?

Auch die richtige Auswahl der Kleidung ist wichtig. Wähle die Kleidung so aus, dass sie zum Beruf passt. Du solltest dich aber auch in der Kleidung wohlfühlen. Dennoch gilt: Es ist besser, zu vornehm gekleidet zu sein als zu unelegant. Jeans zum Beispiel sind oft nicht angebracht und ein Hemd ist besser als ein Pulli.
Im Betrieb solltest du dich immer mit deinem vollen Namen vorstellen. Zur Begrüßung ist ein Handschlag Pflicht. Dieser sollte weder zu fest noch zu lasch sein.

Setze dich erst dann hin, wenn es dir angeboten wird. Während des Gesprächs solltest du gut zuhören, Augenkontakt halten und die Fragen genau beantworten.
Auch eine richtige Körperhaltung ist wichtig: Sitze aufrecht, verschränke nicht die Arme und Beine und setze dich nicht breitbeinig auf den Stuhl.
Die Hände und Unterarme legst du am besten auf den Tisch.
Nach dem Gespräch solltest du dich für das Gespräch bedanken und dich mit einem festen Händedruck verabschieden.

6 Vergleiche deinen Text mit der Vorlage.
Trage alle falsch geschriebenen Wörter in deinen Fehlerbogen ein.

7 Bei welcher Fehlerart hast du die meisten Unsicherheiten?

8 Suche dir auf den Seiten „Rechtschreibstrategien anwenden" (S. 234–245) und „Übungsideen" (S. 253/254) passende Aufgaben, um deine Rechtschreibung zu trainieren.

In Bewerbungen Rechtschreibfehler vermeiden
Seite 46

Mit einer Lernwörterkartei arbeiten

Du kannst mit deinen Fehlerwörtern auch eine **Lernwörterkartei** anlegen.
Dafür brauchst du einen Karteikasten oder eine Schachtel.
Unterteile den Kasten oder die Schachtel in fünf Fächer.

Für die Wörter nimmst du kleine Karteikarten oder Zettel.
Darauf schreibst du die Wörter, die du falsch geschrieben hast:
auf jede Karte ein Wort. Schreibe auch Merkhilfen oder Strategien
(verlängern, ableiten …) dazu:

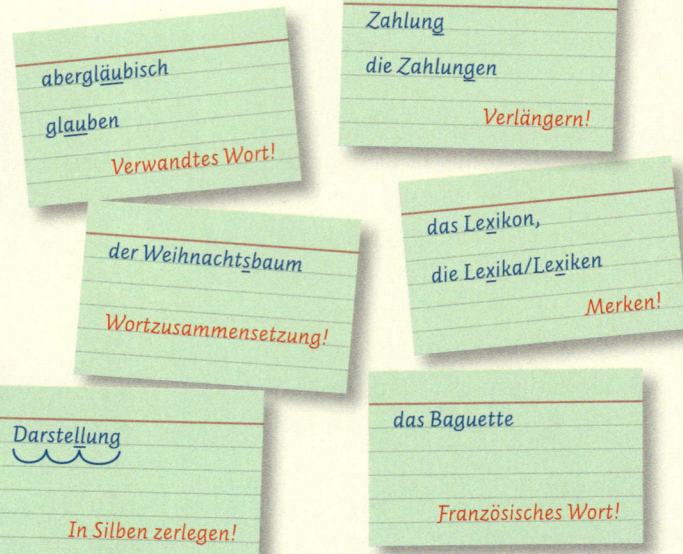

abergläubisch
glauben
Verwandtes Wort!

Zahlung
die Zahlungen
Verlängern!

der Weihnachtsbaum
Wortzusammensetzung!

das Lexikon,
die Lexika/Lexiken
Merken!

Darstellung
In Silben zerlegen!

das Baguette
Französisches Wort!

- ▶ Pro Übungseinheit solltest du mit maximal 10 Wörtern üben:
  – Nimm dir eine Karte und lies das Wort.
  – Lege die Karte weg und schreibe das Wort auswendig auf.
  – Vergleiche dein geschriebenes Wort mit dem Wort auf der Karte:
    Richtig geschrieben? → Die Karte wandert ins zweite Fach.
    Falsch geschrieben? → Die Karte bleibt im ersten Fach.

- ▶ Übe mit Fach 1 möglichst jeden Tag.

- ▶ Die anderen Fächer werden erst bearbeitet, wenn sie voll sind.
  Auch hier gilt:
  Wort richtig geschrieben? → Karte ins nächste Fach.
  Wort falsch geschrieben? → Karte zurück ins erste Fach.

- ▶ Ist eine Karte in Fach 5 angekommen, darfst du sie aussortieren.

Nachschlagen und üben **Rechtschreibung**

Mit der Korrekturkarte arbeiten

Damit du dich bei einem Text besser auf die Rechtschreibung konzentrieren kannst, solltest du eine Korrekturkarte benutzen. Sie hilft dir, die Schreibung der einzelnen Wörter zu überprüfen.

Es ist normal, wenn du beim Be solltest einige Dinge beachten, Erkundige dich vorher, wie du

① Lies vorwärts:
Hast du ein Wort oder Satzzeichen vergessen?

Das kann dir helfen:

▶ – In Silben zerlegen: Silbe offen *(Blu-me)* oder geschlossen *(Kas-se)*?
– Wörter verlängern: *der Kor* – die Körbe – der Korb, ko*t – kommen – kommt*
– Wortverwandte suchen: *s*bern – sauber – säubern, B*ckerei – backen – Bäckerei*
– Wörter in Bausteine zerlegen: *Ge*weg – gehen – Geh + weg, Fah*ad – fahren – Fahr + rad – Fahrrad*

▶ Groß oder klein?

Nomen: – Begleiter?
– Begleiter – Adjektiv – Nomen?
– Endungen von Nomen: *-ung, -heit, -nis ...*

Zeitangaben: Begleiter + Zeitangabe?

② Lies rückwärts, Wort für Wort.
Achte auf jeden Buchstaben!

Händedruck verabschieden

1. **Lies zunächst vorwärts:**
   – Lege die Karte so an, dass im oberen Sichtfenster das erste Wort zu lesen ist. Ziehe die Karte Wort für Wort weiter.
   – Achte darauf, ob du ein Wort oder Satzzeichen vergessen hast.
   – Ist der Text einmal vorwärts kontrolliert, folgt Schritt 2.

2. **Lies nun rückwärts:**
   – Lege die Karte so an, dass im unteren Sichtfenster das letzte Wort zu lesen ist. Schiebe die Karte Wort für Wort zurück.
   – Achte besonders auf die Schreibung der einzelnen Wörter.
   – Die Hinweise in der Mitte der Korrekturkarte helfen dir bei der Suche nach Fehlern.

> **TIPP**
> Hast du ein fehlendes Wort, Satzzeichen oder falsch geschriebenes Wort entdeckt? Dann korrigiere es sofort und kontrolliere erst dann weiter.

Rechtschreibgespräche führen

Die Arbeit mit der Korrekturkarte und das Entdecken von Fehlern werden dir leichter fallen, wenn du sie regelmäßig benutzt. Beim **Rechtschreibgespräch** übt ihr gemeinsam, die Schreibung von Wörtern zu erklären.

Die Klasse 8b führt heute ein Rechtschreibgespräch. Monika schreibt dazu einen Satz an die Tafel. Ihre Mitschülerinnen und Mitschüler begründen die Schreibung der Wörter:

TIPP
Ihr könnt das Rechtschreibgespräch auch in kleinen Gruppen oder in Partnerarbeit führen

> *glaubt* wird mit b geschrieben. Wenn man das Wort verlängert, kann man das b deutlich hören: *wir glauben*.

> *Dass* ist eine Konjunktion und bezieht sich auf das Verb *glaubt*. Deshalb wird es mit **ss** geschrieben.

Er glaubt, dass er morgen wieder schwimmen gehen kann.

> Bei *schwimmen gehen* handelt es sich um zwei Verben, daher werden die Wörter getrennt geschrieben.

> Ein verwandtes Wort von *kann* ist *können*, daher wird *kann* auch mit **nn** geschrieben.

> Die erste Silbe in *wieder* ist offen, der Vokal wird lang gesprochen. Daher wird das Wort mit **ie** geschrieben.

> *morgen* ist ein Zeitadverb und wird daher kleingeschrieben.

1 Führt in eurer Klasse auch Rechtschreibgespräche. Folgende Sätze könnt ihr gemeinsam untersuchen:

a) Wir müssen den Merksatz auswendig lernen, damit wir kein Komma vergessen.
b) Wir gehen heute shoppen: Überall sind die Waren reduziert.
c) Meine Mutter sammelt Uhren, sie hat schon ungefähr hundert Stück.
d) Simone kann an der Klassenfahrt nicht teilnehmen, da sie sich das Bein gebrochen hat.
e) Es ist zum Verzweifeln, schon wieder habe ich den Bus verpasst.
f) Ich befürchte, dass es Montagnachmittag regnet.
g) Wir treffen uns am Hamburger Ring um Viertel vor sechs.
h) Das Essen hat nicht geschmeckt: Die Pommes waren fetttriefend und die Cola wässerig.

Wörter mit besonderen Rechtschreibschwierigkeiten

ein Paar Schuhe   ein paar Bälle
ein Paar Handschuhe   ein paar Stifte

Paar oder paar?

1 Auf der linken Seite wird **Paar** großgeschrieben, auf der rechten klein. Kannst du erklären, warum?

2 Vervollständige den Merkkasten anhand deiner Beobachtungen.

> *Zwei Dinge, die zusammengehören, bilden ein ▩▩▩. Paar wird ▩▩▩.*
> *Mehrere (mehr als zwei) Dinge sind ein ▩▩▩ Dinge. In diesem Fall wird*
> *paar ▩▩▩.*

MERKEN

3 Setze ein: *Paar* oder *paar*?
  a) Nach der Klassenparty waren sie ein ▩▩▩.
  b) Ein ▩▩▩ Mädchen und Jungen sind nicht zur Party gekommen.
  c) Leihst du mir ein ▩▩▩ Blätter. Ich habe mein Heft vergessen.
  d) Bringst du mir ein ▩▩▩ Schnürsenkel mit, wenn du einkaufen gehst?
  e) Ich habe heute ein ▩▩▩ Lautsprecherboxen gekauft.

4 Setze vor die folgenden Nomen *ein Paar* oder *ein paar* und verwende sie in einem sinnvollen Satz, der die Schreibung verdeutlicht:
  Pommes   Stiefel   Tage   Mal   Turnschuhe   Socken

Das letzte <u>Mal</u> habe ich dich abgeholt.
Er hat mich schon <u>viermal</u> besucht.

Mal oder mal?

5 Um welche Wortarten handelt es sich jeweils bei den unterstrichenen Wörtern? Welches Erkennungszeichen gibt es?

> *Das Wort Mal kann als Nomen gebraucht werden. Es wird dann groß-*
> *geschrieben. Man erkennt es am Begleiter.*
> *Beispiel: Heute gehe ich zum letzten Mal zum Tanzkurs.*
>
> *Wird -mal/-mals als Adverb benutzt, wird es kleingeschrieben.*
> *Beispiel: fünfmal, vielmals …*

MERKEN

6 Schreibe die Sätze richtig in dein Heft:
  a) Ich werde DIESES + MAL besser für die Klassenarbeit lernen.
  b) Den Salat musst du ZWEI + MAL waschen.
  c) Danke VIEL + MALS für die Hilfe.
  d) Ich frage sie jetzt zum LETZTEN + MAL:
  e) Eine Redewendung lautet: EIN + MAL ist KEIN + MAL!

Wieder oder wider?

Links siehst du Wörter mit dem Wortbaustein *wieder*, rechts mit dem Wortbaustein *wider*.

wiederkommen, wieder kommen	widersprechen
wiedersehen, wieder sehen	widerrufen
wiederherstellen, wieder herstellen	widersetzen
wiederbringen, wieder bringen	Widerhall
wiederkäuen	widerrechtlich

7 Ersetze die Wortbausteine so mit den folgenden Wörtern, dass sich der Sinn des Gesamtwortes nicht verändert:
nochmals, entgegen, erneut, gegen, zurück, dagegen.

Schreibe so:
*wieder*kommen: *zurück*kommen, *wieder* kommen: *nochmals* kommen, *wider*sprechen: *dagegen* sprechen, …

8 Sieh dir die Ersetzungen aus Aufgabe 7 an. Welche Bedeutung kann der Wortbaustein *wieder*, welche Bedeutung kann *wider* haben?

MERKEN

Wieder wird mit ie geschrieben, wenn es nochmals, erneut oder zurück bedeutet.
Wider wird mit i geschrieben, wenn es in der Bedeutung von entgegen, dagegen oder gegen benutzt wird.

9 Setze ie oder i ein:
  a) Ich kann dir das Geld erst morgen w___dergeben.
  b) Keine W___derrede! Um 10 Uhr bist du zu Hause.
  c) Der Täter verstrickte sich bei der Vernehmung in W___dersprüche.
  d) Der Zeuge hatte den Täter gleich w___dererkannt.
  e) Wir haben die Klassenarbeit noch nicht w___derbekommen.
  f) Die Batterie ist w___deraufladbar.

Nachschlagen und üben **Rechtschreibung**

Übungsideen

Hier findet ihr ein paar Ideen zum Üben der Rechtschreibung:

Wörter sammeln
Legt euch Listen mit Wörtern an, die Gemeinsamkeiten haben:
- Wörter mit Vorsilben: *Vorfahrt, vergessen* ...
- Wörter mit Nachsilben: *friedlich, spaßig* ...
- Wörter mit „merkwürdiger" Schreibung (Lernwörter): *Fee, Meer,* ...
- Fremdwörter: *Motiv, primitiv,* ...

Mit Rechtschreibstrategien üben
- Wörter in Silben zerlegen und nach ihrer Silbenzahl sortieren
- Silben untersuchen: offene und geschlossene Silben
- einsilbige Wörter verlängern: *kommt – kommen* ...
- Wortfamilien zusammenstellen:
  saugen, gesaugt, Säugling, Säugetier, Staubsauger ...
- Wörter zerlegen: *Frühstücksei = Früh + stück + s + ei*
- Merkwörter sortieren:
  nach dem Alphabet (vorwärts und rückwärts), nach Themen
- Sätze mit Merkwörtern schreiben:
  Mein Vater steht mit vier Vögeln vor dem Vulkan ...

Diktate schreiben
- **Eigendiktat:** Textabschnitt merken, Vorlage abdecken, Textabschnitt aufschreiben ... am Ende mit Vorlage vergleichen
- **Partnerdiktat:** diktiert euch gegenseitig einen Text, vergleicht am Ende mit der Textvorlage
- **Stopp-Diktat:** ein Schüler diktiert einem anderen Schüler einen Text oder eine Wörterliste, er beobachtet den Schreibenden und ruft „Stopp!", wenn dieser einen Fehler macht, der Schreibende korrigiert sofort
- **Hilfsdiktat:** der Lehrer oder ein Mitschüler diktiert und gibt bei schwierigen Wörtern Hinweise (z. B. *Apparat* mit t, weil *die Apparate* ...)
- **Fragediktat:** der Lehrer oder ein Mitschüler diktiert, der Schreiber darf Fragen stellen und bekommt passende Antwort:
  Frage: Wald mit d oder t? Antwort: *Wald* mit d, weil die *Wälder*.
- **Wörterbuchdiktat:** der Lehrer oder ein Mitschüler diktiert (z. B. eine Wörterliste mit Merkwörtern), der Schreiber darf anschließend im Wörterbuch nachschlagen
- **Schleich-Diktat:** Text hängt an verschiedenen Stellen im Raum, leise hingehen, Textabschnitt merken, zurückgehen, Textabschnitt aufschreiben ... am Ende mit Vorlage vergleichen

▶ Dosen-Diktat: Textabschnitte stehen auf Papierstreifen, Textabschnitt merken, Papierstreifen in Dose stecken, Textabschnitt aufschreiben … am Ende mit Vorlage vergleichen

Kuckuckseier legen
▶ Vier Wörter zusammenstellen, eins davon passt nicht zu den andern: *gefahren, das Fahrgeld, der Verkehr, die Vorfahrt* …
Ein Partner muss begründen, welches Wort nicht passt.

▶ **Fehler suchen**
der Butterkex, die Fütze
Erfindet selbst solche Fehlerwörter.
Euer Tischnachbar muss sie korrigieren.

Richtig oder falsch?
▶ Ein Spiel für die ganze Klasse oder eine Gruppe: Ihr einigt euch auf Wörter mit einer bestimmten Schreibweise (z. B. Wörter mit Doppelkonsonant). Der Spielleiter liest langsam eine Wörterliste vor. Jedes Mal, wenn ein Wort mit der gesuchten Schreibweise vorgelesen wird, schreiben die Spieler es auf. Wer zum Schluss die meisten richtigen Wörter aufgeschrieben hat, ist Sieger.
Ideen für weitere gesuchte Wörter: Wörter mit ck, tz, aa, oo, ee, chs, x, ks …

Groß oder klein?
▶ Ein Spiel für die ganze Klasse oder eine Gruppe: Der Spielleiter nennt Wörter oder Wortgruppen, die Mitspieler müssen entscheiden, ob groß- oder kleingeschrieben wird. Vorher wird ein Zeichen vereinbart, z. B.: Großschreibung – Kniebeuge, Kleinschreibung – Arme nach oben.

Wörterwettlauf
▶ Ein Spiel für die ganze Klasse oder eine Gruppe: Es werden zwei Mannschaften gebildet. Der Spielleiter nennt ein Wort. Die jeweils ersten Schüler der Gruppen laufen zur Tafel und schreiben es an. Wer das Wort zuerst korrekt geschrieben hat, bekommt für seine Mannschaft einen Punkt.
Mögliche Wörter: Merkwörter, Fremdwörter …

Silbenrätsel
▶ Aus einer Wörterliste ein Silbenrätsel erstellen und vom Tischnachbarn lösen lassen
z.B. *schil – ßen – der – Stra: Zeichen, die den Verkehr regeln*

Nachschlagen und üben
Sprechen und zuhören

Wir sprechen, um anderen etwas mitzuteilen.
Wir hören zu, um von anderen etwas zu erfahren.
In der Klasse geht dies am besten in einem **Gesprächskreis**.
Beim Sprechen und Zuhören helfen **Gesprächsregeln**, die ihr in der Klasse gemeinsam festlegt, damit alle zu Wort kommen.

Es gibt wichtige **Gesprächsregeln**, die nicht nur für Gespräche in der Klasse gelten, sondern z. B. auch bei **Vorstellungsgesprächen** gültig sind: ▣ **Seite 37, 247**
1. Man lässt jeden ausreden.
2. Man hört zu und schaut den Sprecher an.
3. Man redet erst, wenn man an der Reihe ist.
4. Man schaut beim Sprechen die Zuhörer an.
5. Man überlegt, mit wem man spricht und in welchem Rahmen das Gespräch stattfindet.
6. Man lacht niemanden aus.
7. Man beleidigt niemanden.

Der **Klassenrat** ist ein besonderer Gesprächskreis. Dort werden die Vorhaben und Probleme der Klasse besprochen. Dazu gelten im Klassenrat vorher festgelegte Regeln:
1. Der Klassenrat findet regelmäßig statt.
2. Die Themen werden vorher auf einem Plakat gesammelt.
3. Zu allen Themen werden Lösungen gesucht und in einem Ergebnisbuch festgehalten.
4. Es gibt einen Diskussionsleiter, einen Zeitwächter und einen Protokollanten.
5. Über die Sitzung des Klassenrates wird ein Protokoll geschrieben.

Wenn ihr euch zu einem strittigen Thema austauschen sollt, könnt ihr zunächst einmal mit einem **Meinungsbild** beginnen:
– Schreibt die zwei gegensätzlichen Meinungen auf je ein Blatt.
– Legt die beiden Blätter mit Abstand auf den Boden.
– Markiert dazwischen eine Linie (Schnur oder Klebeband).
– Stellt euch eurer Meinung entsprechend auf die Linie.
Nach der Diskussion könnt ihr ein neues Meinungsbild erstellen.

Wollt ihr zu einem Thema möglichst viele Meinungen sammeln, könnt ihr eine **Kartenabfrage** machen:
- Schreibt je eine Meinung auf eine Karte.
- Sammelt alle Karten an der Tafel oder an einer Pinnwand.
- Ordnet die Karten nach gleichen oder ähnlichen Meinungen.

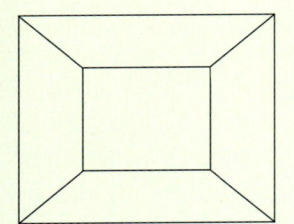

Wenn ihr euch in einer Gruppe zu einem Thema austauschen sollt, könnt ihr mit einem **Placemat** arbeiten (Abbildung rechts):
- Jeder schreibt in sein Feld, was ihm zum Thema einfällt.
- Anschließend liest jeder still die Ergebnisse der anderen.
- Nun einigt ihr euch im Gespräch auf ein gemeinsames Ergebnis. Dieses schreibt ihr in das mittlere Feld des Placemat.

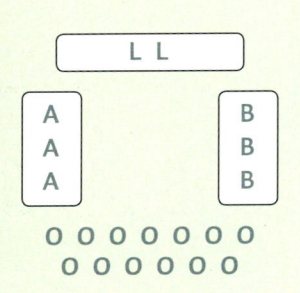

Wenn ihr ein **Streitgespräch** zu einem bestimmten Thema führen wollt, ist es gut, vorher ein Meinungsbild zu erstellen. Danach teilt ihr euch in Gruppen ein und sammelt **Argumente** auf Stichwortzetteln, die für eure Meinung sprechen. Überlegt auch, wie ihr Gegenargumente entkräften könnt. Findet ein kurzes **Statement**, in dem ihre eure Meinung darstellt. Bestimmt einen oder zwei Gruppensprecher, einen Diskussionsleiter und mehrere Beobachter. Ablauf:
- Der Diskussionsleiter begrüßt alle Teilnehmer.
- Der Gruppensprecher der ersten Gruppe gibt ein Statement ab.
- Der Gruppensprecher der zweiten Gruppe gibt ein Statement ab.
- Nun folgt abwechselnd der Austausch der Argumente.
- Am Schluss wird über das Thema abgestimmt.
- Die Beobachter äußern sich über den Verlauf des Streitgesprächs.

L = Gesprächsleiter
A = Sprecher A
B = Sprecher B
O = Beobachter

↪ Seite 122

Eine besondere Form des Streitgesprächs ist die **Rollendiskussion**. Hier sind die Meinungen der Diskussionsteilnehmer durch die jeweilige **Rollenkarte** festgelegt.

Du kannst eigene Erlebnisse oder ausgedachte Geschichten **erzählen**. Die Zuhörer müssen mitbekommen, wer etwas getan hat und was in welcher Reihenfolge passiert ist. Ein Erzählfaden, Erzählkarten oder Erzählbilder helfen dir dabei.

↪ Seite 146

Du kannst Gedichte, Dialoge oder Ausschnitte aus Büchern vorlesen. Auf das **Vorlesen** solltest du dich gut vorbereiten:
- Möglichst im Text Pausen und betonte Wörter markieren.
- Laut und deutlich sprechen.
- Nicht zu schnell sprechen.
- Pausen machen und die Zuhörer anschauen.

Nachschlagen: Sprechen und zuhören

Stichworte auf einem Stichwortzettel dienen als Gedächtnisstütze, um dir zu merken, was du sagen willst, was du gehört oder gelesen hast. Schreibe als Stichworte wichtige Nomen oder Verben auf. Längere Sätze solltest du vermeiden. Du kannst auch einen **Steckbrief**, ein **Cluster** oder eine **Mindmap** mit deinen Stichwörtern bilden.

In einem **Vortrag** informierst du andere. Du musst die Sachverhalte vollständig, verständlich und in der richtigen Reihenfolge präsentieren. Auch einen Vortrag solltest du durch Stichwortkarten oder Stichwortzettel vorbereiten. Präsentiere die Gliederung deines Vortrags auf einer Folie oder einem Plakat.

→ Seite 167

Wenn du deinen Vortrag hältst:
– Lies dir deine Stichworte vorher noch einmal genau durch.
– Bilde mit deinen Stichworten eigene Sätze.
– Atme noch einmal durch und verschaffe dir einen guten Stand.
– Sprich laut und deutlich, damit dich alle verstehen können.
– Schaue deine Zuhörer beim Vortrag an.
– Schreibe das Thema an die Tafel. Du kannst auch Bilder, Plakate und Schaubilder benutzen.
– Unterstreiche deinen Vortrag mit Mimik und Gestik.
– Nach dem Vortrag dürfen deine Zuhörer Fragen stellen.
– Bedanke dich am Ende bei deinen Zuhörern.

Nach einem Vortrag könnt ihr euch **Notizen** machen:
Ihr schreibt auf, was ihr verstanden habt. So überprüft ihr, ob eure Mitschüler sich verständlich ausgedrückt haben und ob ihr aufmerksam zugehört habt.

Wenn du ein Buch vorstellst, nennt man das **Buchpräsentation**.
Bei einer Buchpräsentation ist ein Steckbrief hilfreich.
Du solltest Folgendes beachten:
– Zeige den Zuhörern das Buch.
– Stelle das Buch mithilfe eines Steckbriefes vor.
– Präsentiere einen Buchauszug:
   Ordne den Text in den Zusammenhang des Buches ein.
   Lies anschließend den Text unter Beachtung der Vorlesetipps vor.

→ Seite 167

Ein Buch, einen Autor, eine Person oder einen Beruf könnt ihr in der Klasse in einer **Stafetten-Präsentation** vorstellen:
- Alle Schülerinnen und Schüler kommen zur Tafel.
- Der erste Schüler heftet sein Plakat an die Tafel oder legt seine Folie auf.
- Er trägt der Klasse seinen Vortrag vor.
- Der Schüler beantwortet nun Fragen der Klasse.
- Die Klasse gibt dem vortragenden Schüler eine Rückmeldung.
- Nun kommt der nächste Schüler an die Reihe.

Wenn du etwas von anderen erfahren möchtest, kannst du allein oder mit anderen eine Befragung durchführen: ein Interview oder eine Umfrage.

Seite 31

Befragst du eine Person, so machst du ein **Interview**.
Bei einem Interview gehst du so vor:
- Fragen an den Interviewpartner überlegen.
- Fragen aufschreiben, Platz für die Antworten lassen.
- Partner begrüßen, Fragen einzeln stellen.
- Antworten in Stichworten notieren.
  Du kannst auch eine Kassettenaufnahme machen.
- Sich am Ende für das Gespräch bedanken.

Wenn du <u>mehrere</u> Personen befragst, nennt man das eine **Umfrage**.
Eine mündliche Umfrage bereitest du so vor:
- Überlege dir Fragen für die Umfrage.
- Überlege dir Antwortmöglichkeiten, die man ankreuzen kann.
- Erstelle einen Fragebogen.
- Führe die Umfrage durch, kreuze die Antworten auf dem Fragebogen an.
- Werte den Fragebogen mithilfe eines Balkendiagramms aus.

Manchmal musst du dir Informationen durch ein **Telefongespräch** verschaffen. Dazu ist es nützlich, dir vorher einen Notizzettel zu machen. Lasse genug Platz zwischen den Fragen, damit du die Antworten mitschreiben kannst. Außerdem solltest du dir überlegen, welche Rückfragen dein Telefonpartner stellen könnte.
- Überlege dir eine Begrüßungsformel.
- Erkläre den Grund deines Anrufs.
- Trage dein Anliegen kurz und deutlich vor.
- Schreibe wichtige Informationen stichwortartig auf dem Notizzettel mit.
- Überlege dir, wie du dich bedanken und verabschieden möchtest.

Schreiben

Das Schreiben vorbereiten

1. Überlege: **Was für einen Text** willst oder sollst du schreiben?
Eine spannende Geschichte, eine Spielszene, eine Stellungnahme, eine Buchkritik, ein Rezept, eine Arbeitsplatzbeschreibung, einen Bericht …

2. Plane deinen Text. Dafür gibt es verschiedene Möglichkeiten:

Mit einer **Stichwortliste** kannst du Stichwörter, die du vorher gesammelt hast, in eine sinnvolle Reihenfolge bringen. Du kannst die Stichwörter auch auf **Karteikarten** notieren und sortieren.   ▶ Seite 167

In einem **Cluster** kannst du alles notieren, was dir zu einem Thema einfällt:
– Schreibe das Thema in die Mitte eines Blattes. Kreise es ein.
– Notiere alles, was dir zu dem Thema einfällt, stichwortartig um das Wort.
– Verbinde Notizen, die zusammengehören.

In einer **Mindmap** kannst du verschiedene Aspekte eines Themas übersichtlich und geordnet aufschreiben. Sie hilft dir und anderen, wenn du Arbeitsergebnisse in einem Vortrag vorstellst. Sie ist aber auch eine gute Vorbereitung zum Schreiben einer schriftlichen Zusammenfassung.   ▶ Seite 11
Arbeitsschritte:
– Schreibe das Thema der Mindmap in die Mitte eines Blatts.
– Davon gehen „Äste" aus, auf die du stichwortartig die Gliederungspunkte des Themas schreibst.
– Von den „Ästen" gehen „Zweige" ab. Darauf schreibst du stichwortartig wichtige Informationen zu den Gliederungspunkten.
– Du kannst die Mindmap mit Farben, Symbolen und kleinen Abbildungen noch übersichtlicher und anschaulicher gestalten.

Wenn du eine Meinung begründen willst, hilft zur Vorbereitung eine **Pro-und-kontra-Tabelle**. Damit notierst du, was dir spontan zu einer Streitfrage einfällt.

W-Fragen helfen, einen Bericht vorzubereiten. Beantworte dazu   ▶ Seite 94
die folgenden W-Fragen in Stichworten:
Was ist geschehen? Wann ist es passiert? Wer war beteiligt?
Wo ist es geschehen? Wie ist es passiert? Welche Folgen hat es?

Den Text schreiben

Beim Schreiben formulierst du aus deinen Notizen Sätze und verbindest sie zum Text. Für jede Textsorte musst du bestimmte Schreibregeln beachten:

Eine Spielszene schreiben
- Gib an, wo und wann die Szene spielt. Nenne die Mitspieler.
- Schreibe in wörtlicher Rede auf, was die Mitspieler sagen.
- Notiere mit kurzen Sätzen in Klammern, wie etwas gesagt wird, wer was tut und was sonst noch passiert.

Aus einer anderen Perspektive schreiben
- Schreibe zuerst die einzelnen Handlungsschritte der Geschichte auf.
- Überlege dir dann, aus Sicht welcher Person du erzählen möchtest.
- Schreibe die Geschichte bzw. das Geschehen aus Sicht dieser Person.
- Denke daran, nur das zu schreiben, was diese Person auch wissen kann.

▣ Seite 80

Eine Stellungnahme schreiben:
- Überlege dir zunächst, welche Meinung du zum Thema hast.
- Suche dann nach Gründen, die deine Meinung unterstützen.
- Schreibe einen Einleitungssatz, um deine Meinung mitzuteilen.
- Schreibe anschließend deine Argumente/Gründe auf.
- Finde verdeutlichende Beispiele und verbinde sie mit deinen Argumenten.
- Bekräftige am Ende noch einmal deine Meinung.
 Vielleicht hast du auch einen Lösungsvorschlag für das Problem.

Folgende Satzmuster können dir helfen:
Wir haben in der Schule über … gesprochen.
Ich bin für/gegen … Ich bin der Meinung, dass …
Ein weiteres Argument dafür/dagegen ist …
Das sind die Gründe, warum ich für/gegen … bin.
Eine mögliche Lösung wäre zum Beispiel …

▣ Seite 161

Eine Person beschreiben und charakterisieren
Du beschreibst die äußeren Merkmale sowie die Eigenschaften und das Verhalten einer Person oder einer Figur aus einem Text.
So kannst du deine Charakteristik aufbauen:
- Einleitung: die Person/Figur vorstellen
- Hauptteil: 1. das Äußere beschreiben
  2. Eigenschaften und Verhalten beschreiben
- Schluss: kurze eigene Meinung zu der Person/Figur

Nachschlagen: Schreiben

Eine Zusammenfassung schreiben
Seite 11

Zur Vorbereitung kann dir das Erstellen einer Mindmap helfen. In der schriftlichen Zusammenfassung gibst du die Informationen aus der Mindmap in ganzen Sätzen wieder:
- Überlege dir, in welcher Reihenfolge du die verschiedenen Bereiche der Mindmap aufschreiben willst.
- Schreibe zuerst einen Einleitungssatz, der dem Leser verrät, worum es in deiner Zusammenfassung geht.
- Schreibe dann die Informationen aus den einzelnen Bereichen in ganzen Sätzen darunter.
- Überlege dir einen passenden Schlusssatz.
- Schreibe im Präsens.

Einen Vorgang beschreiben
Seite 40

- Überlege zunächst, was für einen Vorgang du beschreiben sollst: ein Rezept, eine Spielanleitung, einen Arbeitsablauf …
- Schreibe dann auf, welche Hilfsmittel/Materialien man braucht.
- Mache dir Notizen zu den einzelnen Schritten des Vorgangs.
- Überlege dir, ob du etwas durch Abbildungen verdeutlichen kannst.
- Schreibe die Schritte in der richtigen Reihenfolge auf. Entscheide dich dabei für eine Sprachform:
  Du nimmst … – Nimm … – Man nimmt … – … nehmen – … wird genommen
- Denke daran, im Präsens zu schreiben.
- Schreibe sachlich und vermeide wörtliche Rede oder Gefühle.

Einen Bericht schreiben
Seite 40, 94

- Gib die Ereignisse kurz in der richtigen Reihenfolge wieder.
- Beantworte die W-Fragen: *Was? Wann? Wer? Wo? Wie? Warum?* …
- Schreibe im Präteritum.
- Verzichte auf Gefühle oder Gedanken.
- Verwende nicht die wörtliche Rede.

Sich um einen Praktikumsplatz bewerben
Seite 31

Mit einer schriftlichen Bewerbung machst du Werbung für dich selbst. Deine Bewerbungsunterlagen sollten also sorgfältig verfasst und ansprechend gestaltet sein. Zu den vollständigen Bewerbungsunterlagen gehören:
- der tabellarische Lebenslauf,
- ein Bewerbungsfoto,
- das Anschreiben (Bewerbungsschreiben).

⌕ Seite 38

Eine Praktikumsmappe führen

Dein Praktikum dokumentierst du in einer Praktikumsmappe.
Sie kann folgende Bestandteile enthalten:
- deine Bewerbungsunterlagen für das Praktikum,
- deine Erwartungen an das Praktikum,
- eine Beschreibung der Firma,
- einen ausführlichen Tagesbericht,
- ein Wahlthema (z. B. Beschreibung eines Arbeitsplatzes/Arbeitsablaufs),
- deine Reflexion/Bewertung des Praktikums.

Ein Schreibgespräch führen
- Schreibt auf große Blätter Papier das Thema des Schreibgesprächs.
- Jeder schreibt nun seine Meinung zum Thema auf eines der Blätter.
- Lest die Meinungsäußerungen der anderen und schreibt etwas dazu.
- Am Ende könnt ihr über das Geschriebene sprechen und Fragen stellen.

Das Geschriebene überarbeiten

Am Ende überarbeitest du deinen Text gründlich. Dies kannst du in einer Schreibkonferenz mit anderen oder auch allein tun.
Wenn ihr eure Texte gemeinsam in einer **Schreibkonferenz** überarbeitet, einigt euch zuerst, worauf ihr besonders achten wollt und wer welche Textlupe bekommt.
Jeder liest nun die Texte der anderen und markiert die Textstellen, die überarbeitet werden sollten, in der Farbe seiner Textlupe und gibt am Rand oder unter dem Text Tipps zur Überarbeitung. Auch auf Textstellen, die gut gelungen sind, kann man hinweisen.
Zum Schluss überarbeitet jeder seinen Text mithilfe der Tipps allein.

Wenn du **allein** arbeitest, kannst du den Text mit den einzelnen Lupen nacheinander in mehrern Durchgängen überarbeiten. Achte bei jedem Durchgang nur auf eine Fehlerquelle.
Wenn du keine Textlupen zur Hand hast, können diese Fragen helfen.
- Hast du die wichtigsten **Schreibregeln** eingehalten?
- Ist dein Text **vollständig**?
- Hast du eine sinnvolle **Reihenfolge** eingehalten?
- Hast du **unterschiedliche Satzanfänge** gefunden?
- Hast du **sinnvolle Satzverbindungen** geknüpft?
- Hast du die **Regeln der Rechtschreibung und Zeichensetzung** beachtet?

⌕ Seite 249

Benutze deine **Korrekturkarte**!

Texte und Medien

Du hast in den verschiedenen Kapiteln ganz **unterschiedliche Texte** gelesen: Geschichten und Gedichte, Berichte und Beschreibungen, Interviews, Sachtexte, Grafiken, Werbetexte und Anleitungen.

Du kannst unterscheiden, wozu die verschiedenen **Texte gemacht sind**:
– um jemanden zu unterhalten oder zum Nachdenken anzuregen (*literarische* Texte),
– um über etwas zu informieren (*informierende* Texte),
– um zu sagen, was man tun soll oder nicht tun darf (*appellierende* Texte).

Ein **Text** hat meistens eine **Überschrift**, die dir sagt, wie der Text heißt oder worum es im Text geht. Sie steht über dem Text, oft zusammen mit dem Namen des Autors.
Sachtexte haben neben der Überschrift manchmal auch Bilder und/oder Grafiken, die dir etwas über den Inhalt verraten.

Eine Reihe in einem Text nennt man **Zeile**. Bei Gedichten sagt man auch **Vers** dazu.
Bei Gedichten nennt man die Zeilen, die zusammenstehen, **Strophe**.
Bei anderen Texten nennt die Zeilen, die zusammengehören, **Absatz**.

Wenn zwei Zeilen auf gleiche oder ähnliche Laute enden (*gehen – stehen, Mäuschen – Häuschen ...*), dann reimen sie sich. **Reime** kommen oft in Gedichten vor.

Paarreim heißt, dass zwei aufeinanderfolgende Verse sich reimen. Paarreime findest du z. B. in dem Gedicht auf Seite 146 oben.

Wenn sich immer die Verse jeder zweiten Zeile reimen, nennt man das *Kreuzreim* (*schnaufen – Schnee - laufen – See*).

Jemanden, der Texte schreibt, nennt man **Autor/Autorin** (Schriftsteller/Schriftstellerin). Schriftsteller, die Bücher speziell für Jugendliche schreiben, nennt man **Jugendbuchautoren**.

Jemand, der zu einem Text etwas zeichnet, ist ein **Illustrator** oder eine **Illustratorin**.

◧ Seite 270   Zu den **literarischen Texten** gehören z. B. ***Jugendbücher, Märchen, Fabeln, Sagen, Moritaten, Balladen, Detektivgeschichten, Kurzgeschichten, Gedichte*** und ***Bildergeschichten***.
Sie sind meistens frei erfunden oder ein Teil an ihnen ist wahr. Sie regen zum Lachen, zum Nachdenken oder zum Träumen an.

Märchen sind erfundene Geschichten, die die Leute sich in früheren Zeiten erzählt haben. Es werden wunderbare Ereignisse erzählt, die meist gut enden. Die Brüder Grimm und andere haben die Märchen gesammelt und aufgeschrieben.

Sagen sind Geschichten, die wie die Märchen mündlich erzählt und später aufgeschrieben wurden. Sie beziehen sich aber meist auf wirkliche Orte oder Ereignisse, für die sie eine erfundene, oft fantastische Erklärung geben.

Fabeln sind kleine Geschichten, in denen Tiere menschliche Verhaltensweisen zeigen. Sie wollen den Lesern eine Lehre erteilen, die entweder am Ende des Textes steht oder die man selbst ergänzen muss.

◧ Seite xx   *Moritaten* und *Bänkellieder* sind Lieder, die von schauerlichen Ereignissen berichten. Früher wurden sie von Bänkelsängern auf Märkten und Jahrmärkten vorgetragen, zur Information und Unterhaltung.

◧ Seite xx   Auch *Balladen* erzählen in Versform von spannenden, dramatischen Ereignissen. Viele berühmte Dichter wie Goethe, Schiller, Fontane und andere haben solche kunstvollen Texte geschrieben.

Detektivgeschichten erzählen die Aufklärung von Verbrechen. Ein Detektiv oder Kommisar ermittelt, deckt die Wahrheit auf und überführt den Täter.

◧ Seite 55   *Kurzgeschichten*, sind Geschichten, oft von alltäglichen Situation erzählen. Man kann eine *Kurzgeschichte* an folgenden Merkmalen erkennen:
– Sie hat einen *offenen Anfang*.
– Sie hat einen *offenen Schluss*.
– Sie hat einen überraschenden *Wendepunkt*.
– Sie spielt *im Alltag*.
– Sie ist in *Alltagssprache* geschrieben.

Nachschlagen: Texte und Medien

Das kannst du z. B. mit diesen Texten tun:
- Die Überschrift/den Textanfang lesen und vermuten, was passieren wird.
- Eine Geschichte weiterschreiben oder verändern.
- Einen Paralleltext schreiben.
- Aus einer Geschichte eine Spielszene machen.
- Bildergeschichten als Geschichte aufschreiben.
- Zu einem Buch ein Lesetagebuch führen.
- Ein kleines Gedicht zu einem Text schreiben: *Elfchen, Haiku, Rondell ...*
- Gedichte oder Geschichten vorlesen oder spielen.
- Einen Buchtipp schreiben.
- Die Geschichte aus Sicht einer Person schreiben, z. B. als Brief.

Du hast dich in diesen und den vergangenen Schuljahren mit verschiedenen Büchern und Autoren beschäftigt, sie anderen kurz vorgestellt, eine Lesetagebuch geführt und eine kleine Buchkritik geschrieben etc.
Wenn man sich über einen längeren Zeitraum intensiv mit einem Buch beschäftigt und die Arbeitsergebnisse in einer Mappe darstellt, spricht man von einer schriftlichen **Literaturarbeit**. Du zeigst darin dein Verständnis des gelesenen Buchs und stellst unterschiedliche Aspekte ausführlich dar: Informationen zum Inhalt und zum Autor, eine Charakterisierung der Hauptpersonen und ihrer Beziehungen, was du für die Kernaussage des Buches hältst und eine perönliche Stellungnahme. Außerdem solltest du einen eigenen, kreativen Beitrag zum Buch leisten. Am Ende präsentierst du das Buch deinen Mitschülerinnen und Mitschülern.

Seite 154

Zu den **informierenden Texten** gehören **Sachtexte** zu einem bestimmten Thema (z.B. in einem Lexikon oder Schulbuch), **Zeitschriftenartikel**, **Berichte, Diagramme, Tabellen** und **Interviews, Biografien, Kochrezepte, Spielbeschreibungen** und andere **Anleitungen**.

So kannst du Sachtexte besser verstehen:
- Überschrift/Bilder ansehen und vermuten, worum es geht.
- Überlegen: Was weiß ich schon über das Thema?
- Fragen an den Text stellen: Was will ich wissen?
- Den Text mehrfach lesen.
- Unbekannte Wörter klären (aus dem Zusammenhang erschließen, nachschlagen, andere fragen)
- Abschnitte finden und ihnen Überschriften geben.
- Wichtiges unterstreichen.
- Notizen machen.

Seite 77/78 So kannst du **Schaubilder (Grafiken)** besser verstehen:
1. Einen Überblick verschaffen:
   - Um welche Art von Schaubild handelt es sich:
     Balkendiagramm, Säulendiagramm, Kreisdiagramm, Tabelle ...
   - Mit welchem Thema beschäftigt sich das Schaubild?
   - Wann und von wem wurde es erstellt?
   - Was fällt besonders auf?
2. Die Grafik genauer beschreiben:
   Die vorliegende Grafik zeigt ... Sie stammt ...
   Besonders interessant/auffällig/überraschend finde ich ...

Appellierende Texte sind Texte,
- die dazu auffordern, etwas zu tun oder nicht zu tun,
- die andere von etwas überzeugen wollen.

Seite 126 Dazu gehören **Werbung, Einladungen, Regeln** (z. B. Klassenregeln), **Buchtipps, Piktogramme** und **Schilder**.

Einen Text, in dem jemand seine Meinung zu einem Thema aufschreibt und begründet, nennt man **Argumentation**.

Medien unterscheidet man ganz ähnlich wie Texte:
- Es gibt Medien wie das **Internet** oder **Zeitschriften**, die man gut zur Information und zum Arbeiten nutzen kann.
- Andere Medien wie **Computerspiele, Hörbücher** oder **CDs** benutzt man, um Spaß zu haben oder sich zu entspannen.
- Die meisten Medien, z. B. **Bücher, Fernsehen** oder **Computer**, kann man aber zum Spaß und zur Information nutzen.

Seite 90 Ein wichtiges Informationsmedium ist die **Zeitung**.
Eine Tageszeitung ist nach verschiedenen Themengebieten (Ressorts) aufgebaut. Die sechs Grundressorts einer Tageszeitung sind:
Politik, Wirtschaft, Kultur, Sport, Lokales und Vermischtes.
Je nach Tageszeitung können diese Bezeichnungen auch etwas abweichen.

In der Tageszeitung unterscheidet man **informierende Darstellungsformen** wie den **Bericht** oder eine **Nachricht** und **meinungsäußernde Darstellungsformen** wie **Kommentar** und **Leserbrief**.

Autoren- und Quellenverzeichnis

Aichinger, Ilse
Das Fenster-Theater S. 60
Aus: I. Aichinger. Der Gefesselte. Erzählungen I.
Frankfurt a. M.: Fischer 1954. S. 62 ff.

Al-Deen, Laith
Dein Lied S. 145
Songtext von der CD „Melomanie", Columbia 2002.
Text von A.C. Boutsen. Sony Music Entertainment
Germany GmbH, München.

Blobel, Brigitte
Die Clique S. 71, 72, 75
Aus: B. Blobel. Die Clique. Würzburg:
Arena 2005. S. 42, 31 ff., 56.

Brecht, Bertolt
Der hilflose Knabe S. 57
Aus: B. Brecht. Gesammelte Werke in 20 Bänden.
Frankfurt a. M.: Suhrkamp 1967. Bd. 12. S. 381.
Freundschaftsdienste S. 142
Aus: B. Brecht. Geschichten vom Herrn Keuner.
Erste vollständige Ausgabe aller 121 Geschichten.
Frankfurt a. M.: Suhrkamp 2006. S. 102.
Morgens und abends zu lesen S. 144
Aus: B. Brecht. Gesammelte Gedichte. Bd. 2.
Frankfurt a. M.: Suhrkamp 1976. S. 586.

Busch, Wilhelm
Eine Nachtgeschichte S. 59
Aus: W. Busch. Sämtliche Werke in zwei Bänden.
Hrsg. von Rolf Hochhuth. Gütersloh: Bertelsmann 1982.

Clormann-Lietz, Nora
Was zum Kuss gehört S. 144
Aus: Großer Ozean. Gedichte für alle. Hrsg. von
Hans Joachim Gelberg. Weinheim und Basel:
Beltz & Gelberg 2006. S. 201.

Dietl, Erhard
Voll kitschig – total süß! XXX
Aus: E. Dietl. Das Leben ist voll hart.
Stuttgart/Wien: Thienemann 2000.

Dörrie, Doris
„Es gibt da eine kleine Ente …" S. 54
Aus: Kurz und bündig. Die schnellsten Geschichten
der Welt. Hrsg. von Daniel Kampa. Zürich: Diogenes 2007.

Friedrich, Joachim
Hmmh! Lecker! Currywurst! S. 124
Aus: J. Friedrich. Internet und Currywurst.
Hamburg: Carlsen 2004. S. 88 ff.

Fröhlich, Pea
Der Busfahrer S. 56
Aus: P. Fröhlich. Zwei Frauen auf dem Weg zum Bäcker.
Köln: Dumont 1987.

Gernhardt, Robert
Geständnis S. 144
Aus: R. Gernhardt. Gedichte 1954-1994.
Frankfurt a. M.: Haffmans 1998. S. 198.

Gotthelf, Jeremias
Das Testament S. 53
Aus: J. Gotthelf. Sämtliche Werke, Hrsg. von Rudolf
Hunziker und Hans Blosch. Erlenbach-Zürich: Rentsch 1943.

Heine, Heinrich
Ein Jüngling liebt ein Mädchen S. 146
Aus: H. Heine. Sämtliche Schriften. München:
Deutscher Taschenbuch Verlag 1997.

Ilies, Florian
Die 80er-Jahre: … wie eine gigantische Endlosschleife S. 21
Aus: F. Ilies. Generation Golf. Frankfurt a. M.:
Fischer 2001. S. 9 f. (gekürzt)

Kishon, Ephraim
England S. 50
Aus: E. Kishon. Der seekranke Walfisch oder ein Israeli
auf Reisen. Ins Deutsche übertragen von Friedrich Tormann.
Bergisch-Gladbach: Bastei-Lübbe 1995.

Konecny, Jaromir
Der erste Kuss S. 143
Aus: J. Konecny. Hip und Hop und Trauermarsch.
München:ctb 2006. S. 20.

Lange, Kathrin
Ein Larijon … S. 161
Aus: K. Lange. Das graue Volk. Braunschweig:
Schroedel 2007. S. 6 ff.

Mai, Manfred
Der erste Schritt S. 147
Aus: M. Mai. Tausend Wünsche. Ravensburg:
Otto Maier 1986.

Massaquoi, Hans Jürgen
Neger, Neger, Schornsteinfeger S. 17
Aus: H. J. Massaquoi. Neger, Neger, Schornsteinfeger.
Meine Kindheit in Deutschland. Übersetzt von Ulrike Wasel
und Klaus Timmermann. Bern/München/Wien:
Fretz & Wasmuth 1999. S. 107 ff. (gekürzt)

Ringelnatz, Joachim
Ein männlicher Briefmark S. 146
Aus: J. Ringelnatz. Das Gesamtwerk in sieben Bänden.
Hrsg. von Walter Pape. Berlin: Henssel 1985.

Ruck-Pauquét, Gina
Freunde S. 140
Aus: G. Ruck-Pauquét. Tag- und Traum-Geschichten-
buch. Ravensburg: Otto Maier 1976. S. 35 f.

Saint-Exupéry, Antoine de
Der kleine Prinz und der Fuchs S. 138
Aus: A. d. Saint-Exupéry. Der Kleine Prinz.
Ins Deutsche übertragen von Grete und Josef Leitgeb.
Düsseldorf: Karl Rauch 1999. S. 66 ff.

Tolstoi, Leo
Gurkenstehlen S. 51
Aus: L. Tolstoi. Die Brüder des Zaren. Übersetzt
von Hans Baumann. Gütersloh: Mohn 1964.

Tucholsky, Kurt
Der Floh S. 52
Aus: K. Tucholsky. Gesammelte Werke in drei Bänden.
Reinbek bei Hamburg: Rowohlt 1960. S. 457.

Zimmermann, Tanja
Eifersucht S. 59
Aus: Total verknallt. Ein Liebeslesebuch.
Hrsg. von Marion Bolte u.a. Reinbek bei Hamburg:
Rowohlt 1984. S. 119.

Texte ohne Verfasserangabe und Texte unbekannter Verfasser

13-Jähriger lenkt Wagen mit bewusstlosem Fahrer S. 94
dpa, Hamburg.

14-Jährige fassen Taschenräuber S. 94
dpa, Hamburg.

17 Tote bei schwerem Anschlag in Damaskus S. 106
AP, Frankfurt a. M.

Als Gemeinsamkeit lässt sich feststellen ... S. 82
www.neukoelln-jugend.de/freizeitstudie

An den geliebten Mann S. 151
An die geliebte Frau S. 150, 151
Aus: Das Hohe Lied Salomos. In der Übertragung
von Karsten Fischer, Dettingen/Teck (1995).

Arbeitsagenturen fehlen 7000 Vermittler S. 106
AP, Frankfurt a. M.

Aus dem Internetauftritt des Museums
Kindheit und Jugend, Berlin S. 26
www.berlin-kindheitundjugend.de

Bombenterror gegen Urlauber S. 98
Aus: BILD-Bundesausgabe vom 10. 08. 2009. S. 9.

Community bedeutet auf Deutsch ...
www.handysektor.de/index.php/a_bis_z/page/community

Das Ende (Comic) S. 182
Aus: Die Dramen des Herrn Shakespeare.
Inszeniert von Marcia Williams. Aus dem Englischen
von Harald Sachse. Hamburg: Carlsen 1998.

Das Jugendmuseum Tempelhof Schöneberg S. 244
www.jugendmuseum.de/m_jugend/dasmuseum_fr.html

Das zweite Gehirn S. 24
Aus: Eirik Newth: Abenteuer Zukunft - Projekte
und Visionen für das 3. Jahrtausend. München:
Deutscher Taschenbuch Verlag 2002. S.138.

Die berühmte Balkonszene S. 178
Aus: William Shakespeares „Romeo und Julia".
Die Geschichte nacherzählt von Leon Garfield.
Aus dem Englischen von David Chotjewitz.
Frankfurt a. M.: Fischer 1997. S. 93–-101 (gekürzt).

Ein guter Werbespruch S. 127
Aus: Sabine Jaeger/Hermann Schulz. Schmeckt's?
Alles übers Essen. Düsseldorf: Patmos 2008. S. 63.

Fast drei Viertel der 12- bis 19-Jährigen ... S. 79
JIM-Studie 2008. www.mpfs.de/index.php?id=117

Ford Ka läuft in Polen vom Band S. 107
dpa, Hamburg.

„Ich möchte nicht zurück zu Mama" S. 13
Text von Hauke Friederichs.
Aus: GEO kompakt 17/2008. S. 128 ff.

Jubel in Polen und der Ukraine S. 106
dpa, Hamburg.

Jugendliche essen regelmäßig Fast Food S. 121
AP, Frankfurt a. M.

Kindheit im 19. Jahrhundert S. 10
www.gah.vs.bw.schule.de/leb1800/erzie.htm

Lehrerin klebt störenden Schülern den Mund zu S. 102
AP, Frankfurt a. M.

Maskierter überfällt Spielhalle S. 106
Aus: Hannoversche Allgemeine vom 29. 09. 2008.

Mit 16 Jahren alleine um die Welt S. 104
dpa, Hamburg.

Ob auf Plattformen ... S. 79
JIM-Studie 2008. www.mpfs.de/index.php?id=117

Pizza ist das beliebteste Fast-Food-Gericht
Deutschlands S. 120
www.konzept-analyse.de

Pup-Verbot für „Peggy" S. 107
dpa, Hamburg.

Rezept: Pizza Margherita S. 118
Aus: Marcel Grauls: Lord Sandwich und Nellie Melba.
Wie berühmte Persönlichkeiten auf der Speisekarte
landeten. München: Piper 2001. S. 125f.

Schamanen-Schau im Linden-Museum S. 107
dpa, Hamburg.

Schülerin im Internet gemobbt S. 79
www.3sat.de/neues/sendungen/magazin/131059/index.html

Schüsse auf Gerichtsvollzieher S. 94
dpa, Hamburg.

Trauerfeier für die Soldaten S. 108
dpa, Hamburg.

Thomas Gottschalk und die Gummibärchen S. 127
Aus: Sabine Jaeger/Hermann Schulz. Schmeckt's?
Alles übers Essen. Düsseldorf: Patmos 2008. S. 62.

Weitere ETA-Anschläge auf Mallorca S. 98
Aus: Generalanzeiger Bonn vom 10.08.2009.

Wie die Pizza Margherita zu ihrem Namen kam S. 118
Aus: Marcel Grauls: Lord Sandwich und Nellie Melba.
Wie berühmte Persönlichkeiten auf der Speisekarte
landeten. München: Piper 2001. S. 125 f.

Zweijähriger fährt Auto S. 112
Aus: Kölner Stadt-Anzeiger vom 09.08.2009
(Bericht leicht verändert und gekürzt).

Bildquellenverzeichnis

action press, Hamburg: 117 (REX FEATURES LTD.), 137.5 (Everett Collection), 217 (Marcus Krüger);
adpic Bildagentur, Bonn: 79.4 (S. Bober), 208 (D. Cervo);
akg-images, Berlin: 8.1, 8.3, 11, 12, 16.1, 16.3, 48.1, 48.2, 49.3;
alamy images, UK-Oxfordshire: 69.2 (WoodyStock);
alimdi.net, Deisenhofen: 83.2 (Jiri Hubatka), 96 (Thomas Frey);
ANDIA.fr, F-Pacé: 231 (Bénard);
AOL Deutschland Medien GmbH, Hamburg: 79.1;
Archivi Alinari, I-Florenz: 116;
Arena Verlag GmbH, Würzburg: 71;
Avenue Images, Hamburg: 90 (Chris Rogers), 93.6 (Chris Rogers);
Axel Springer AG, Hamburg: 98 (BILD);
Bridgeman Berlin, Berlin: 8.2, 135.4 (Samuel Courtauld Trust, The Courtauld Gallery, London), 209;
CARLSEN Verlag GmbH, Hamburg: 154.1; 182 (Marcia Williams)
Caro Fotoagentur, Berlin: 120 (Oberhaeuser);
Cinetext Bildarchiv, Frankfurt: 135.1, 137.1, 137.2, 174.2;
Corbis, Düsseldorf: 85.1 (zefa/E. Klawitter);
Deepol, Wiesbaden: 220 (Oliver Ruether);
Deutscher Taschenbuch Verlag GmbH & Co. KG, München: 24, 155.1;
dfd Deutscher Fotodienst GmbH, Berlin: 83.4 (David Hecker/ddp), 119 (a-life/fit for fun/Rolf Seiffe), 137.3 (defd);
Escher, Thomas, Hamburg: 114 (alle), 115 (alle), 122 (alle), 124, 125, 129 (alle), 130 (alle), 132, 140, 141, 147;
F1online digitale Bildagentur, Frankfurt: 69.3 (PBY), 247 (Paul);
Fabian, Michael J., Hannover: 28, 29.2, 31, 32, 33, 35 (alle), 37, 84, 134 (alle), 135.2, 135.3, 155.3, 168;
Facebook.inc, US-Palo Alto: 79.2;
getty images, München: 44 (Mark Lewis), 68.2 (Jonatan Fernstrom);
Hilse, Jennifer, Bonn: 74 (alle)
iglo GmbH, Hamburg: 216;
Intro, Berlin: 68.1 (David Ausserhofer);
iStockphoto: 14 (HultonArchive);
Jahreszeiten Verlag, Hamburg: 121.1 (Martina Urban);
Joker, Bonn: 109.1 (Martina Hengesbach);
Jugend Museum, Berlin: 244;
Junges Theater Bonn, Bonn: 174.1, 187.1, 188 (alle), 189.1, 189.2, 191;
Karl Rauch Verlag, Düsseldorf: 138, 139, 150, 222;
Klett-Cotta Verlag, Stuttgart: 154.2;
Konzept und Bild Cathrin Bach, Berlin: 83.3;
Kopp, Florian, Dorfen: 121.2;
Kuttig, Siegfried, Lüneburg: 83.5;
Lange, Kathrin, Hoheneggelsen: 160;

Lippold, Christa, Pulheim: 197.1
mauritius images, Mittenwald: 232 (alamy);
Medienpädagogischer Forschungsverbund Südwest c/o Landesanstalt für Kommunikation, Stuttgart: 77, 78;
Naturschutzjugend (NAJU) im NABU, Berlin: 83.1;
OKAPIA KG Michael Grzimek & Co, Frankfurt: 219 (G.I. Bernard/OSF);
Phillipp Reclam Verlag, Ditzingen: 174.4;
Picture-Alliance GmbH, Frankfurt: 16.2 (akg-images), 20, 29.1 (ZB), 48.3 (dpa Bilderdienste), 49.2 (dpa-Report), 49.4 (Frank Mächler), 49.6 (Jörg Carstensen/dpa-Report), 63 (Frank Mächler), 66.1 (dpa Bilderdienste), 104 (Chris Ison/PA_Wire/FILE_PHOTO), 107 (Humphreys/PA_Wire/FILE_PHOTO), 127 (dpaweb), 137.4 (KPA), 183.2 (Photoshot);
Pitopia, Karlsruhe: 38, 197.2 (© 2006 Sabine Engelhard);
Schwarz, Thies, Hannover: 161, 163
Schwarzstein, Yaroslav, Hannover: 21.2, 50, 51, 52, 53, 55, 56, 57, 58, 59, 60, 61, 62, 64, 65, 175, 176, 177 (alle), 178, 180 (alle), 181, 192, 223, 225, 226, 227;
Science & Society Picture Library, Berlin: 25 (SSPL/Science Museum);
Stiftung Stadtmuseum Berlin: 26;
Stock4B, München: 9.3 (Kay Blaschke);
StockFood, München: 29.3 und 29.4 (FoodPhotogr. Eising), 41 (FoodPhotogr. Eising), 118.2 (Susie M. Eising);
studiVZ Ltd, Berlin: 79.3;
Sudermann, Peter, Lippstadt: 83.6;
Surrey, Detlef, Berlin: 234, 248
Thalemann, Marlene, Hennef: 184 (alle), 185, 186, 187.2, 187.3, 189.3
The George Sim Johnston Archives of The New York Society for the Prevention of Cruelty to Children: 13;
Thienemann Verlag, Stuttgart: 173 (Erhard Dietl);
Tonn, Dirk, Bovenden: 70, 86, 87, 92, 93.1 bis 93.5, 95 (alle), 102, 110, 112, 126, 228, 230, 234;
ullstein bild, Berlin: 9.1, 9.2 (dpa), 10 (Archiv Gerstenberg), 49.1 (keystone), 66.2 (keystone), 69.1 (Hechtenberg/Caro), 174.3 (AISA), 183.1 (AISA);
Verband der Filmverleiher e.V., Berlin: 49.5;
Verlagsgruppe Beltz, Weinheim: 154.3, 170;
Verlagsgruppe Random House GmbH, München: 143;
Visum Foto GmbH, Hamburg: 21.1 (The Image Works);
Weisflog, Rainer, Cottbus: 103;
Zentralverband des Deutschen Bäckerhandwerks e. V., Berlin: 39, 43

Trotz intensiver Nachforschungen ist es uns in manchen Fällen nicht gelungen, die Rechteinhaber zu ermitteln. Wir bitten diese, sich mit dem Verlag in Verbindung zu setzen.

Textsortenverzeichnis

Beispielgeschichten, Gleichnisse, Parabeln
S. 57 B. Brecht, Der hilflose Knabe
S. 138 A. de Saint-Exupéry, Der kleine Prinz und der Fuchs
S. 142 B. Brecht, Freundschaftsdienste

Bildergeschichten, Comics
S. 92 Der Weg der Nachricht
S. 114 Pizza, Pommes & Co.
S. 182 Romeo und Julia – Das Ende

Dialogische Texte, Spielszenen, Interviews
S. 31 Interview mit Herrn Schneider
S. 178 Die berühmte Balkonszene
S. 230 Gespräch über Computerspiele
S. 231 Interview mit einem Skater

Erzählende Texte
S. 17 H.J. Massaquoi, Neger, Neger, …
S. 21 F. Ilies, Die 80er-Jahre
S. 71 B. Blobel, Die Clique
S. 124 J. Friedrich, Hmmh! Lecker! Currywurst!
S. 140 G. Ruck-Pauquét, Freunde
S. 143 J. Konecny, Der erste Kuss
S. 161 Aus: K. Lange, Das graue Volk
S. 173 E. Dietl, Voll süß!
S. 176 Romeo und Julia verlieben sich
S. 180 Vom Unglück bedroht
S. 181 Glück und Verzweiflung

Gedichte und Lieder
S. 144 B. Brecht, Morgens und abends zu lesen
S. 144 N. Clormann-Lietz, Was zum Kuss gehört
S. 144 R. Gernhardt, Geständnis
S. 145 L. Al-Deen, Dein Lied
S. 146 J. Ringelnatz, Ein männlicher Briefmark
S. 146 H. Heine, Ein Jüngling liebt ein Mädchen
S. 147 M. Mai, Der erste Schritt
S. 150 An die geliebte Frau
S. 151 An den geliebten Mann

Gesetzestext
S. 76 Das Jugendschutzgesetz

Grafiken, Formulare, Tabellen, Karten, Plakate …
S. 76 Das Jugendschutzgesetz
S. 77 Aussagen zu Communities
S. 93 Der Weg der Nachricht
S. 126 Wie Werbung funktioniert

Informierende Texte
S. 10 Kindheit im 19. Jahrhundert
S. 13 „Ich möchte nicht zurück zu Mama"
S. 16 Kindheit und Jugend im Nationalsozialismus
S. 20 Die 50er-Jahre: Rebellion in Jeans
S. 24 Das zweite Gehirn
S. 26 Kinder haben Rechte
S. 78 Schülerin im Internet gemobbt
S. 79 Fast drei Viertel der 12- bis 19-Jährigen …
S. 82 Befragung Berliner Jugendlicher
S. 116 Wie die Pizza entstanden ist
S. 118 Wie die Pizza Margherita zu ihrem Namen kam
S. 118 Rezept: Pizza Margherita
S. 119 Pizza beim Italiener, …
S. 120 Pizza ist das beliebteste Fast-Food-Gericht
S. 121 In einem Presseartikel …
S. 121 Jugendliche essen regelmäßig Fast Food
S. 127 Die Tricks der Werbung
S. 127 Ein guter Werbespruch
S. 183 Haben Romeo und Julia wirklich gelebt?
S. 186 Das Enseemblegespräch
S. 247 Tipps für das Bewerbungsgespräch

Kurze Geschichten, Anekdoten
S. 50 E. Kishon, England
S. 51 L. Tolstoi, Gurkenstehlen
S. 52 K. Tucholsky, Der Floh
S. 53 J. Gotthelf, Das Testament
S. 54 D. Dörrie, „Es gibt da eine kleine Ente …"
S. 56 P. Fröhlich, Der Busfahrer
S. 58 W. Busch, Eine Nachtgeschichte
S. 59 T. Zimmermann, Eifersucht
S. 60 I. Aichinger, Das Fenster-Theater

Sprüche, Aphorismen
S. 137 Sprüche zum Thema „Freundschaft"

Zeitungstexte
S. 94 13-Jähriger lenkt Wagen …
S. 94 Schüsse auf Gerichtsvollzieher …
S. 94 14-Jährige fassen Taschenräuber …
S. 96 Vorsicht vor EC-Karten-Betrug!
S. 98 Bombenterror gegen Urlauber
S. 98 Weitere ETA-Anschläge auf Mallorca
S. 100 Augen auf
S. 102 Lehrerin klebt störenden Schülern …
S. 104 Mit 16 Jahren alleine um die Welt
S. 106 Maskierter überfällt Spielhalle
S. 106 17 Tote bei schwerem Anschlag …
S. 106 Jubel in Polen und der Ukraine
S. 107 Ford Ka läuft in Polen vom Band
S. 107 Schamanen-Schau im Linden-Museum
S. 107 Pub-Verbot für „Peggy"
S. 108 Trauerfeier für die Soldaten
S. 108 Arbeitsagenturen fehlen 7000 Vermittler
S. 112 Zweijähriger fährt Auto

Stichwortverzeichnis

ä/e, äu/eu 239
ableiten 239
Abonnementszeitung 98/99
Absatz 263
Adjektiv 26/27, 47, 130, 152/153, 195, 212, 221/222, 244
Adverb 86, 209, 212, 223
adverbiale Bestimmung 64/65, 224
Akkusativ 217
Akkusativobjekt 64/65, 224
Akrostichon 136
Anredepronomen 46
Anschreiben 32, 36
appellieren 263, 266
Apposition 130
Argument/Argumentation 266
Artikel 26/27, 212, 217–219, 243
Attribut 130/131, 225, 228
Aufforderungssatz 227
Aufzählung 66, 228, 245
Aussagesatz 227
Autor/in 148, 159/160, 263

b/p, d/t, g/k am Wortende 238
Balkendiagramm 77, 78, 82
Ballade 264
Bänkellied 264
Befragung/Umfrage 77–79, 82, 85, 120/121, 258
begründen 62, 76
Bericht 96–99, 104, 107, 166, 261
berichten 40/41, 51, 58, 94–99, 109–111, 261
beschreiben 9, 20, 22, 35, 39, 40, 42, 44/45, 69, 92, 118, 135, 161–163, 260, 261
bewerben 31–37, 261
Bewerbungsfoto 35
Bewerbungsgespräch 247
Bewerbungsschreiben 32, 36
Bewerbungsunterlagen 31–36
Bindestrich 47
Boulevardzeitung 98/99
Brief 143, 166
Buch vorstellen 154–169, 207, 257, 265
Bühnenbildner/in 190

charakterisieren 161–163, 260
ck 132/133, 236
Cluster 70, 136, 259
Collage 20, 22, 74, 135
Computer 196–207

Dachzeile 96
das/dass 112/113, 230/231
Dativ 217
Dativobjekt 64/65, 224
Detektivgeschichte/-roman 264
Dehnungs-h 172/173, 239, 242
Demonstrativpronomen 209, 220
Diagramm 77/78, 82, 266
Dialog 166, 178–181
Diktat 253/254
direkter Fragesatz 232
diskutieren 37, 122/123, 129, 142
Doppelkonsonant 132/133, 238
Doppelvokal 242
Drehbuch 166
drucken 206

E-Mail 143
End-/end- 241
Ent/ent- 241
Entscheidungsfrage 227
Ergänzungsfrage 227
erklären 20, 70, 83, 91, 139
erzählen 156

Fabel 264
Fachwörter 43
Fall, Fälle 217
Fehler 246/247
Fließtext 96
Fragepronomen 232
Fragesatz 101, 193, 227, 232
Fremdwort 210/211
Fuge 240
Futur 24, 213–215

Gedicht untersuchen 147/147
Genitiv 217
Genitivattribut 130, 225
Gesprächsregeln 255
Getrennt- und Zusammenschreibung 152/153
Gliederung, gliedern 200
Grafik 266
Großschreibung 26/27, 243–245, 254
Grundform 195, 221
Gruppenpuzzle 185

Hauptsatz 66/67, 229, 245
Hilfsverb 212
Höchstform 221
Homepage 159
Hörspiel 166

i/ie 242, 252
Illustrator 263
Indikativ 214/215
indirekte Rede 110/111, 231
indirekter Fragesatz 193, 232
Infinitiv (Grundform) 170/171, 213, 233
informieren 21, 23, 30, 33, 84, 85, 184–189, 263
Inhaltsangabe 164, 176/177, 180/181
Inhaltsverzeichnis 167, 203
Intendant/in 190
Interview 31–33, 258

Jugend-/Umgangssprache 59
Jugendschutz(gesetz) 76, 85

Karteikarte 259
Kartenabfrage 256
Klassenrat 255
Klassenzeitung 109, 207
Komma 65–67, 112/113, 171, 228/229, 233, 245
Kommentar 100
Komparativ 221
Konjunktion 87, 112/113, 212, 223, 229–231
Konjunktiv 110/111, 214/215, 231
Korrekturkarte 249
Kostümbildner/in 190
ks 242
Kreuzreim 263
Kurzgeschichte 55, 62/63, 264

Layout 93, 98/99, 198/199
Lead-Stil 97
Lebenslauf 33, 34/35, 159, 207
Leitartikel 100
Lernwörter 248
Lernwörterkartei 248
Leserbrief 101–105
Lesetagebuch 157
Literaturangaben 167
Literaturarbeit 265

Mal/mal 251
Märchen 264
Medien 266
Meinungsbild 255
Mengenwörter 27
Merkwörter 239, 242
Metapher 150/151
Mindmap 11, 12, 23, 157, 259

Modalverb 192, 212
Monolog 166
Moritat 264

Nachricht 94/95, 106/107, 108
Nachrichtenagentur 108
Nachsilbe 240
Nebensatz 66/67, 112, 229, 245
Nomen 26/27, 44/45, 152/153, 195, 212, 217/218, 243/246
Nominativ 217
Nominalisierung 44/45, 218, 244
Notizen machen 257

Oberbegriff 39, 217
Objekt 64/65

Paar/paar 251
Paarreim 263
Partizip 130, 221/222, 241
Passiv 214
Perfekt 25, 213–215
Personalform 213
Personalpronomen 219
perspektivisch erzählen 53, 59, 62, 146, 260
pf 242
Placemat 256
Plural 217
Plusquamperfekt 213–215
Pointe 141
Positiv 221
Possessivpronomen 220
Prädikat 64/65, 224
Praktikum 28-47, 261
Praktikumsmappe 38–43, 196–206, 262
Präposition (Verhältniswort) 26/27, 130, 212, 222/223, 243
Präsens 213–215
präsentieren 167/168, Personalpronomen 209
Possessivpronomen 209
Präteritum 213–215
Prognosen stellen 24/25, 117
Pronomen 212, 219/220, 243
Pro-und-kontra-Tabelle 259

recherchieren 21, 23
Rechtschreibgespräch 234, 250
Rechtschreibstrategie 234–245, 253
Redensart/-wendung 63
reflektieren 42

Regisseur/in 190
Reim 148, 263
Relativpronomen 112/113, 209, 219
Relativsatz 113, 130
Ressort/Rubrik 106, 109
Rezept 118
rhetorische Frage 101
Rollendiskussion 112/123, 129, 256

s, ss, ß 88/89, 237
Sachtexte untersuchen 10–17, 116, 118–121, 126/127, 183, 265
Sage 264
Satzarten 227
Satzbau 208/209
Sätze untersuchen 243–245
Satzgefüge 66/67, 229, 245
Satzglied 64/65, 208/209, 224–226
Schaubild 77/78, 93, 146, 162, 266
Schauspieler 186-189
Schlagzeile 96
Schlüsselbegriffe 16/17
Schreibgespräch 262
Schülerzeitung 33
Silbe, offen/geschlossen 235
silbentrennendes h 172/173, 238, 240
Singular 217
Spielszene 260
Sprachbild 148, 150/151
Sprichwort 63, 137
Staffetten-Präsentation 258
Standpunkt vertreten 86/87, 114/115
Steckbrief 63, 183
Steigerungsformen 221
Stellung nehmen 17, 80/81, 85-87, 125, 165, 260
Stichpunkte/-worte 11, 15, 35, 40, 44, 62, 73, 104, 257, 259
Straßennamen 47
Streitgespräch 256
Strophe 148, 263
Subjekt 64/64, 224
Superlativ 221
Szene 178/179

Tabelle 9, 29, 40, 109, 119, 141, 161, 201, 207
Tagebuch 63, 75, 143, 166
Tagesbericht 40/41
Telefongespräch 30, 258
Text 208/209, 263
Theaterbesuch organisieren 191
Themenlandkarte 149

Titelseite 196/197, 204, 207
tz 132/133, 236

überarbeiten 81, 262
Überschrift 163
Übungsideen 253/254
Umstellprobe 64/65
Unterzeile 96

v 242
Veranstaltungstechniker/in 190
Verb 44, 152/153, 195, 212–216, 244
Vergleich 150/151
vergleichen 136, 141
Vergleichsform 221
verlängern 237/238
Vers 148, 163
Vollverb 212
Vorgangsbeschreibung 261
vorlesen, vorspielen, vortragen 177, 179, 256, 260
Vorsilbe 240
Vorspann 96
Vorstellungsgespräch 37, 247
Vortrag 257

Wandzeitung 84, 85
Werbung 125, 126–128, 129
W-Fragen 94, 164, 259
wieder/wider 252
Word-Tabelle 201, 207
Wort 212
Wortart 212
Wortbaustein 240/241
Wörter merken 242
Wörter nachschlagen 194/195
Wörter sammeln 253
Wortfamilie/-verwandte 239/240
Wortform 212
wörtliche Rede 110/111
Wortstamm 213, 240

Zahlwörter 47
Zeile 263
Zeitangaben 46, 245
Zeitform 213, 215/216
Zeitleiste 15, 117
Zeitung, Zeitschrift 90–113, 266
zerlegen 235/236, 240/241
zusammenfassen 11/12, 15, 17, 23, 143, 164, 261
Zusammen- und Getrenntschreibung 152/153